CLV

Erwin Lutzer

10 Lügen über Gott

clv
Christliche
Literatur-Verbreitung e.V.
Postfach 110135 · 33661 Bielefeld

1. Auflage 2001

Christliche Literatur-Verbreitung
Postfach 110135 • 33661 Bielefeld
Internet: www.clv.de

Originaltitel: Ten Lies About God
Übersetzung: Christiane Eichler
Satz: CLV

ISBN 3-89397-287-0

Inhalt

Vorwort

Von meinem zu Ihrem Herzen

Als mehrere Armeen übermächtig vor König Josaphat standen, wusste er, dass Gott seine einzige Hoffnung war. In seiner Verzweiflung betete er: »Unser Gott, willst du sie nicht richten? Denn in uns ist keine Kraft vor dieser großen Menge, die gegen uns kommt. Wir erkennen nicht, was wir tun sollen, *sondern auf dich sind unsere Augen gerichtet*« (2Chr 20,12, Hervorhebung vom Autor). Er wusste, dass das Hinschauen auf Gott für uns immer das Entscheidende ist. Je klarer wir ihn erkennen, desto stärker ist unsere Motivation, ihm zu vertrauen, ihm zu gehorchen und ihn anzubeten. A. W. Tozer hatte Recht, wenn er sagt: »Unser Leben wird entscheidend von unserem Gottesbild geprägt.«

Doch an welche Art von Gott sollen wir glauben?

Umfragen belegen, dass 92 Prozent der Amerikaner an Gott glauben. Und doch hat das woran sie glauben, wenig oder nichts mit dem Gott der Bibel zu tun. Der Journalist Chris Stamper sagt: »Die Gottheit ähnelt heute immer weniger dem einen wahren Gott und immer mehr dem Star eines Do-it-yourself-Evangeliums, den wir uns vom Tablett unserer postmodernen Cafeteria geholt haben.«[1] Unsere Generation hat den Glauben an einen transzendenten Gott abgeschafft. Einen Gott, der wirklich auf unser Leben Einfluss nehmen kann, der unsere Prioritäten umkrempelt und uns mit diesem schrecklichen Konzept – der *Sünde* – konfrontiert.

Unsere Generation befriedigt ihre spirituellen Bedürfnisse, indem sie sich einen Glauben zusammenkauft. Elemente des Christentums vermischt man mit Scientology, Buddhismus und Vorstellungen, die sich von »persönlichen Erfahrungen« ableiten. Wenn auch viele behaupten, an Gott zu glauben – ihre Vorstellungen von Gott werden doch so unterschiedlich sein, wie Waren in einem Kaufhaus. Nietzsche hatte Recht: Sobald Gott für tot erklärt ist, folgt eine Flut von Göttern, wobei jeder die Gottheit seiner Wahl verehrt.

In weiten akademischen Kreisen begegnen wir dem Postmodernismus. Hier wird behauptet: Das Gottesbild ist ein sozialer Entwurf. Keine äußere Realität legt die Auffassung von Gott fest, sondern ein Individuum oder eine Gruppe von Individuen entscheiden darüber. Angeblich gibt es also gar keine Wahrheit zu entdecken, weder eine religiöse noch eine sonstige, man muss sich die Wahrheit nur »zurechtlegen«. Die gegenwärtige Gesellschaft lehnt jeden Anspruch auf objektive Vernunftgründe ab und erklärt stattdessen: »Alles Existierende besteht nur in meinem Kopf und meine Vorstellungen sind allein deshalb wahr, *weil ich sie denke.*«

Diese Trends sind angesichts unserer kulturellen Verschiebungen verständlich, bedauerlich ist jedoch die Tatsache, dass sich solche verkehrten Ansichten über Gott auch unter bekennenden Christen breit machen. Die große Schau von Gott, die uns die Verfasser der Bibel vor Augen stellen, ist zu einem großen Teil verloren gegangen. Stattdessen liegt die Betonung auf »Bedürfnissen«, »Gesundheit« und »Reichtum«. Schlimmer noch: Leute, die auf die Bezeichnung »Evangelikale« Wert legen, leugnen, dass Gott die Zukunft kennt, oder dass wir allein durch den Glauben an Christus gerettet werden müssen. Viele Gottesdienstbesucher leiten ihre Vorstellungen über Gott nicht mehr ausschließlich von der Bibel ab, sondern auch von der herrschenden Kultur. Sie lehnen das Christentum nicht von vornherein ab, sondern sie lassen weg, was ihnen nicht passt, damit es sich mit dem Pluralismus der heutigen »Wohlfühl«-Religion verträgt.

»Kurz gesagt«, schreibt Os Guiness, »es ist eine Krankheit unseres Zeitalters, dass wir zwar unseren Körper fit halten, aber einen schlaffen Geist und leere Seelen haben. Wir sind nicht bereit, uns den Herausforderungen dieses Zeitalters zu stellen – wie ein müder Typ, der nach dem Essen einschläft und sich nicht aufraffen kann, ans Telefon zu gehen.«[2] Wenn es gelingt, die christlichen Kirchen wachzurütteln, sie soweit zu bringen, dass sie die Stimme Gottes wieder vernehmen, dann besteht Hoffnung, dass sich unsere Verwöhn-Kultur aufrafft und einen zweiten Blick auf ihre ethischen und geistlichen Probleme wirft. Doch es fängt bei Einzelnen an, bei Leuten, die bereit sind, zum Gott der Schrift zurückzukehren, die sich nicht von dem vereinnahmen lassen, was C. S. Lewis ein »verwässertes Christentum« nannte (Es gibt einen guten Gott im Himmel und deshalb brauchen wir uns nicht mit solch schwierigen Lehren wie Sünde, Hölle und Erlösung zu beschäftigen).

Noch einmal: Die Lügen, um die es in diesem Buch geht, finden nicht nur in der Populärkultur Glauben, sondern auch mitten unter bekennenden Christen. Ich decke die Lügen zwar auf, allerdings bilde ich mir nicht ein, dass damit das letzte Wort zum Thema Gott gesagt wurde. Auch andere Schriftsteller werden das Thema nicht erschöpfend behandeln können. Diese Studie machte mich demütig. Je mehr ich über ihn weiß, desto mehr erkenne ich, wie viel noch zu entdecken bleibt. Es erstaunt mich, wie oft in der Schrift zum Ausdruck gebracht wird, dass seine Wege unauslotbar sind. Den Charakter Gottes so weit zu erkennen, wie es uns Sterblichen nur möglich ist, kann sicherlich eines der höchsten Ziele für Verstand und Herz sein. Ich bin auf einer Reise und ich hoffe, Sie kommen mit mir.

Drei Überzeugungen leiteten mich beim Schreiben dieses Buches:

Erstens: Die Bibel muss unsere einzige Quelle für unser Wissen über Gott sein. Persönliche Erfahrungen oder Vorlieben dürfen dabei keine Rolle spielen.

Natürlich glaube ich nicht, dass es uns gelingt, alle kulturellen Einflüsse auszublenden. Doch soweit möglich dürfen wir nicht danach fragen, was wir *wollen*, dass die Bibel sagt, sondern danach, was sie wirklich sagt. Wir werden bald entdecken, dass sich der Gott der Bibel von allen Gottheiten deutlich unterscheidet, die mit ihm in Konkurrenz treten. Dieser Gott überragt selbst die faszinierendsten Götzen.

Götzendienst stellt auch für mich eine Gefahr dar. Damit meine ich, dass ich versucht bin, mir einen Gott zu schaffen, der meinen Neigungen und Erfahrungen entspricht. Sozialwissenschaftler sagen uns, dass es überzeugende Beweise für die Tatsache gibt, dass jede Kultur sich ihre eigenen Götter schafft. Oft sind diese Götter von der Kultur selbst kaum zu unterscheiden. Bauernvölker machen aus Sonne und Regen Gottheiten; Völker, die am Meer leben, verehren Meer und Mond. Und wir Amerikaner, die wir von Konsum und Luststeigerung beherrscht sind, schufen uns einen Gott, der unseren Lebensstil toleriert, der uns bestimmen lässt, der uns hilft, unsere Potenziale zu entfalten. Er ist »gerade richtig« für uns als Gott.

Ich denke, dass niemand den Mut hätte, sich den heiligen, transzendenten Gott auszudenken, wie wir ihn in der Bibel finden. Dieser Souverän erforscht unsere verborgensten Gedanken, er fordert uns auf, Buße zu tun und befiehlt uns eine Verehrung, die völlig auf persönliche Selbsterhebung verzichtet. Dieser Gott wurde vom Himmel her offenbart, wie wir in den folgenden Kapiteln sehen werden. Unsere Aufgabe ist es, ihn so zu verstehen, wie er sich offenbarte, und nicht so, wie wir ihn uns vorstellen.

Zweitens: Je besser wir Gott kennen lernen, desto besser kennen wir uns selbst.

Ich stimme Calvin zu, wenn er sagte: »Kein Mensch kann sich selbst kennen, wenn er nicht zuerst Gott erkennt.« In der Gegenwart des Allmächtigen finden wir den Maßstab, nach dem wir uns selbst beurteilen können. In seiner Gegenwart werden wir schnell zu der Einsicht kommen, die vor uns schon andere Heilige hatten: »Wehe mir, denn ich bin verloren. Denn ein Mann mit unreinen Lippen bin ich, und mitten in einem Volk mit unreinen Lippen wohne ich. Denn meine Augen haben den König, den Herrn der Heerscharen, gesehen« (Jes 6,5). Gott sei Dank lässt Gott uns nicht »verloren« zurück, sondern schenkt uns Heilung durch seine liebevolle Gnade und Barmherzigkeit.

Das Wissen um uns selbst hilft uns, unser Leben nach ewigen Werten auszurichten. Die Unruhe in uns wird dem Frieden der Erkenntnis weichen, sobald wir die Ursache für unsere Existenz kennen. Unsere Suche nach Gott wird alle Lebensbereiche gründlich beeinflussen. Wir werden unser Leben – auch wenn sich Tragödien ereignen sollten – mit dem Glauben Josaphats angehen, der bekannte: »Auf dich sind unsere Augen gerichtet.«

Drittens: Je besser wir Gott kennen, desto eifriger werden wir ihn verehren.

Als Hiob erfuhr, dass seine zehn Kinder in einem Sturm getötet worden waren, wandte er sich an Gott und betete ihn an. Denken Sie daran, dass er zu diesem Zeitpunkt seiner spirituellen Reise keine Ahnung hatte, warum dies geschah. Doch lesen wir:

> Da stand Hiob auf und zerriss sein Obergewand und schor sein Haupt; und er fiel auf die Erde und betete an. Und er sagte: Nackt bin ich aus meiner Mutter Leib gekommen, und nackt kehre ich dahin zurück. Der Herr hat gegeben und der Herr hat genommen, der Name des Herrn sei gepriesen! (Hi 1,20-21).

Hiob lernte, Gott ohne Erklärungen anzubeten. Er war nicht in der Lage, Gottes Vorhaben zu ergründen, durfte nicht Einsicht nehmen in das Kleingedruckte der verborgenen Ratschlüsse Gottes, und doch wusste Hiob, dass sein Platz auf dieser Erde zu den Füßen dieses geheimnisvollen Gottes war, dem zu vertrauen er gelernt hatte.

In diesem Buch tue ich nicht so, als ob ich alle unsere Fragen über Gott beantworten könnte. Ich werde allerdings Themen ansprechen, über die mancher Leser vielleicht nie zuvor nachgedacht hat. Doch in dem Ausmaß, in dem wir Gott in seiner Herrlichkeit und Souveränität erkennen, *müssen* wir anbeten! Ich stimme mit John Stott überein, der sagte: »Grundsätzlich stimmt etwas nicht, wenn wir nur akademisch an Gott interessiert sind. Gott ist kein Objekt kühler, kritischer, unverbindlicher, wissenschaftlicher Beobachtung und Beurteilung. Nein, echtes Wissen über Gott wird uns zur Anbetung führen. ... In Anbetung vor ihm liegend – das ist unser Platz.«[3]

Unser sehnsüchtiges Verlangen ist es, anbetend vor ihn hinzufallen. Deshalb füge ich jedem Kapitel den Abschnitt »persönliche Reaktion« an. Ich hoffe, das motiviert Sie, Ihrer Anbetung Ausdruck zu verleihen. Ich lade Sie ein, ein freudiges Opfer der Anbetung und Ehrfurcht zu bringen. Ich bete darum, dass Sie durch das Nachdenken über unseren großen und barmherzigen Gott genauso verändert werden wie ich.

Wir wollen eine Reise machen, die die Geheimnisse des Allmächtigen ausloten soll. Eine Reise, die uns dazu bringen wird, unseren Platz neben Hiob einzunehmen, mit dem Angesicht im Staub, unsere Herzen in Anbetung erhoben.

1. Lüge

Gott ist genau so, wie ich ihn mir wünsche

Art Linkletter sah einen kleinen Jungen, der wild auf einem Blatt Papier herumkritzelte. »Was malst du denn da?«, fragte Linkletter.

»Ich male ein Bild von Gott.«

»Das geht nicht, denn keiner weiß, wie Gott aussieht.«

»Wenn ich fertig bin, werden alle es wissen.«

Wie sieht Gott *wirklich* aus? Können wir ihn nach unseren Vorstellungen portraitieren? Ob wir es zugeben oder nicht – wir sind dazu geboren, nach dem Sinn zu fragen und nach geistlichem Leben zu hungern. Und hinter diesen Fragen steht unsere Suche nach Gott. Der Protagonist eines Liedes von Carly Simon vollzog seine eigene spirituelle Reise von den Hallen Cambridges zu einem Leben auf dem Land nach, nur um zu dem Schluss zu kommen:

> Jetzt hast du einen Buchladen,
> Und du hast eine Frau
> Und trägst Flicken auf den Ellenbogen
> Und führst ein leichtes Leben.
> Doch bist du jetzt wirklich zufrieden?
> War es das, wonach du gesucht hast?
> Oder hast du manchmal die Ahnung,
> dass es noch etwas mehr geben könnte? [1]

Wir alle sehnen uns nach »dem gewissen Etwas«. Und alle Zeitalter hindurch waren die größten Denker der Welt der Ansicht, dass die Menschheit nur in Gott dieses »gewisse Etwas« finden kann. »Die Seele des Menschen … leidet brennenden, unauslöschlichen Durst«, schrieb Henry Scougal im siebzehnten Jahrhundert. »Die Seele kennt weder dauerhafte Freude noch Erfüllung, bis sie – ihrer selbst überdrüssig – allem entsagt und sich dem Ursprung ihres Seins hingibt.« [2] *Ein brennender, unauslöschlicher Durst!*

Blaise Pascal, ein Philosoph desselben Jahrhunderts, erhob seine Stimme zusammen mit denen, die wissen, dass nur Gott das menschliche Herz zufrieden stellen kann. Er spricht vom erfolglosen Versuch des Menschen, die Leere seiner Seele mit Materie zu füllen: »Er sucht vergebens und findet doch keine Hilfe. Dieser unendliche Abgrund kann nur durch den ausgefüllt werden, der unendlich und unveränderlich ist. Mit anderen Worten, er kann nur durch Gott selbst ausgefüllt werden.« [3]

Jahrhunderte zuvor sagte Augustinus zu Gott: »Der Gedanke an dich rührt den Menschen so sehr, dass er nicht zufrieden sein kann, ehe er dich preist, weil du uns für dich erschaffen hast und unser Herz keinen Frieden findet, bis es ruht in dir.« [4] Eigene Erfahrung befähigte ihn zu dieser Aussage. Die Gebete seiner Mutter zeigten Folgen. Augustinus, bis dahin ein verhärteter Sünder, bekehrte sich nach intensivem Bibelstudium gründlich. Und er entdeckte in Gott die Antwort auf seine Rastlosigkeit.

Vielleicht geben uns die Psalmen die zutreffendste Beschreibung dieses »unstillbaren Durstes«: »Wie eine Hirschkuh lechzt nach Wasserbächen, so lechzt meine Seele nach dir, o Gott!« (Ps 42,2). »Gott, mein Gott bist du; nach dir suche ich. Es dürstet nach dir meine Seele, nach dir schmachtet mein Fleisch in einem dürren und erschöpften Land ohne Wasser« (Ps 63,1).

Schon immer suchte die Menschheit nach Gott, doch in unserem pluralistischen Zeitalter stellen sich Fragen wie: »*Welchen Gott sollen wir suchen?* Wo werden wir ihn finden? Und woran werden wir erkennen, dass wir ihn gefunden haben?«

Von Gott zu den Götzen

»Ich glaube an Gott«, ist wohl eine der banalsten Aussagen, die wir heute machen können. Das Wort *Gott* ist zu einer Leinwand geworden, auf der jeder nach Belieben sein eigenes Portrait des Göttlichen malen kann. Wie der Junge an seinem Tisch können wir uns einen Gott kreieren, der allen unseren Anforderungen entspricht. Die einen nennen ihn »psychische Energie«, für andere ist er »was immer stärker ist als ich selbst«, oder »eine innere Kraft, die uns zu höherem Bewusstsein führt.« Wer sagt: »Ich glaube an Gott«, könnte damit einfach meinen, dass er sich selbst in einem großen Spiegel betrachtet.

Wo sollen wir also unsere Reise beginnen, um Gott zu finden?

Ich teile die Auffassung des Schweizer Theologen Karl Barth, wenn er sagt, dass es nur zwei Wege gibt, um Wissen über Gott zu erlangen: Entweder man beginnt beim Menschen und versucht, sich in Richtung Gott hinaufzudenken, oder man beginnt bei Gott und nimmt seine Offenbarung an.

Wir wollen erst einmal beim Menschen anfangen und uns in Richtung Gott hinaufdenken. Wir werden Vorstellungen von Gott entdecken, die seiner unwürdig sind – Vorstellungen, die sich Menschen in ihrem Herzen ausgedacht haben, Bilder eines Pseudogottes, entstanden aus rohen Trieben des menschlichen Geistes. Donald McCullough schreibt: »Wenn alles offenbar wird, sei es aus historischer Perspektive oder im vollkommenen Licht der Ewigkeit, könnte sich herausstellen, dass die schlimmste Sünde der Kirche des 20. Jahrhunderts die Bagatellisierung Gottes war. … Wir ziehen die Illusion einer Gottheit vor, die man unter Kontrolle hat.« [5]

Die »Bagatellisierung Gottes«! Eine »Gottheit, die wir kontrollieren können«! Ein »Gott von handlicher Größe«! Welch schockierende Anklagen. Doch lesen Sie weiter.

Wann immer wir beim Menschen anfangen und uns höher denken, machen wir uns einen Götzen. Wir sind versucht, Vorstellungen von Gott in unser Denken einfließen zu lassen, die entweder einfach falsch sind oder ihn zurechtstutzen. Götzendienst ist mehr als das Tanzen um eine Statue aus Gold oder Silber. Auch wenn wir uns eine Vorstellung von Gott zurechtzimmern, die wenig Ähnlichkeit mit dem wirklich existierenden Gott hat, ist das Götzendienst. Wir verleihen unserer Ansicht über Gott, die wir nach unserem Bild geschaffen haben, bürgerliche Wohlanständigkeit. Götzendienst macht sich eine Vorstellung von Gott nach unseren Neigungen und Vorlieben. Damit begrenzen wir Gott auf eine »handliche Größe«.

Im Alten Testament vergleicht der Psalmist die Götzen mit dem lebendigen Gott, den er durch persönliche Offenbarung kennen gelernt hatte. Beachten Sie die Unterschiede:

> Unser Gott ist in den Himmeln. Alles, was ihm wohlgefällt, tut er. Ihre Götzen aber sind Silber und Gold, ein Werk von Menschenhänden. Einen Mund haben sie, reden aber nicht. Augen haben sie, sehen aber nicht. Ohren haben sie, hören aber nicht. Eine Nase haben sie, riechen aber nicht. Sie haben Hände, tasten aber nicht; Füße, gehen aber nicht. Keinen Laut geben sie mit ihrer Kehle. Ihnen gleich sollen die werden, die sie machten, ein jeder, der auf sie vertraut (Psalm 115,3-8).

Warum wir unsere eigenen Vorstellungen dem wahren Gott vorziehen, hat gute Gründe. Die Israeliten machten ein goldenes Kalb, weil sie ungeduldig wurden, als Mose länger auf dem Berg blieb. Die Verzögerung machte sie nervös und sie fragten sich, ob er wohl jemals wiederkommen würde: »Aber dieser Mose, der uns aus dem Land Ägypten heraufgeführt hat, – wir wissen nicht, was ihm geschehen ist« (2Mo 32,1). Gott schien weit weg und desinteressiert zu sein, deshalb suchten sie einen gegenwärtigeren, realistischeren Gott. Sie machten ein Kalb, das sie sehen, berühren und tragen konnten – einen »handlichen Gott«.

Das ist der erste Grund, warum wir so viele Vorstellungen von Gott haben, die Götzenbildern gleichen: Wir sind ungeduldig, weil er in diesem verwirrten Zeitalter zu schweigen scheint. Donald McCullough zitiert den Kolumnisten Russell Baxter, der seinen Vater durch frühzeitigen Tod verlor und sagte: »Danach betete ich nie mehr mit wirklicher Überzeugung, noch erwartete ich von jemandes Gott mehr als Gleichgültigkeit.« [6] Wir sind der Ansicht, dass Gott – wenn er schon allmächtig ist – den Leiden dieser Welt ein Ende setzen müsste. Deshalb konstruieren wir uns einen Gott, der dem Bösen aus dem gleichen

Grunde gleichgültig gegenübersteht wie wir: Er kann nichts daran ändern. Oder wir wenden uns von der Realität ab und leugnen die Existenz des Bösen.

Wir sollten ehrlich zugeben, dass eine wachsende Zahl von Menschen in der westlichen Welt überzeugt ist, dass die Kirche an Bedeutung verliert. Schlimmer noch, man nimmt es dem Gott der Bibel krumm, dass er keine anderen Götter neben sich duldet und dass er die »Sündenfrage« auf den Tisch bringt, sobald man ihn besser kennen lernt. Und weil uns eine solche Einmischung nicht passt, ziehen wir einen handlichen Gott vor. Wir wollen keinen allmächtigen Gott, sondern einen der sich verpflichtet, uns bei der Verwirklichung unserer menschlichen Möglichkeiten zu unterstützen.

Ein weiterer Grund, warum wir Götzen den Vorzug geben ist, dass wir einen Gott wollen, der tolerant ist, der wenig verlangt und niemanden verurteilt. Als ein Freund von mir seine Frau verließ, um mit einer anderen Frau zusammenzuleben, zog er sich von seinen Freunden in der Gemeinde zurück und schloss neue Freundschaften in Kneipen und auf Sportplätzen. Er fühlte sich besser, wenn er sich mit Menschen abgab, die seine Entscheidungen akzeptieren konnten, ohne ihn zu verurteilen. Er wollte angenommen sein und nicht dafür zur Rechenschaft gezogen werden, dass er den »Mut« besessen hatte, seine Frau zu verlassen. Und aus demselben Grund wollen wir einen Gott, der sich nicht in die wichtigsten Angelegenheiten unseres Leben einmischt.

Auch unser Individualismus gibt dem Götzendienst Nahrung. Die Leute der westlichen Welt stellen sich an einem religiösen Buffet ihr Menü zusammen und versuchen, eine Gottheit zu finden, die ihrem Geschmack am besten zusagt. Das Bild einer Kantine trifft hier genau den Punkt: Wenn ich die Vorspeisen nach meinem Geschmack zusammenstelle, bleibe ich selbst derjenige, der entscheidet. Es könnte sein, dass ich etwas auswähle, das meine Mutter mir nicht erlaubt hätte, aber vielleicht auch nicht. Und am wichtigsten ist, dass dies meine ganz *persönliche* Zusammenstellung von Leckereien ist, und keine Zusammenstellung besser ist als eine andere. Ich verurteile nicht denjenigen vor mir, der sich etwas ganz anderes ausgesucht hat. Und so treffe ich meine Wahl und bilde mir eine Vorstellung von Gott, die »mir passt«. Und angesichts der großen Wahlmöglichkeiten am Buffet ist jedes Glaubenssystem denkbar. Millionen von Europäern und Nordamerikanern sagen mit Thomas Paine: »Mein Geist ist meine Kirche.«

Natürlich ist diese Form des geistigen Götzendienstes nichts Neues. Vor vielen Hunderten von Jahren zeichnete Asaf diese Worte Gottes auf: »Das hast du getan, und ich schwieg; du dachtest, ich sei ganz wie du. Ich werde dich zurechtweisen und es dir vor Augen stellen« (Ps 50,21). Ja, auch heute noch denken wir, *dass Gott so ist wie wir sind.*

Das Wesen des Götzendienstes besteht darin, dass wir bestimmten Gedanken über Gott Raum geben. Wenn wir uns unsere eigene Gottesvorstellung zusammenzimmern, ist dieser Götzendienst im Herzen genauso schlimm wie

Götzendienst, den wir sichtbar ausüben. Der Prophet Hesekiel hatte diese treffende Botschaft für solche Götzendiener: »Und das Wort des Herrn geschah zu mir so: Menschensohn, diese Männer haben ihre *Götzen in ihrem Herzen* aufkommen lassen und den Anstoß zu ihrer Schuld vor ihr Gesicht gestellt« (Hes 14,2-3, Betonung vom Autor). »Götzen in ihren Herzen«! Kein Wunder, dass Calvin sagte: »Der menschliche Geist ist eine Götzenfabrik!«

Begleiten Sie mich, wenn ich nun untersuche, wie unsere Vorstellungen von Gott unser Denken, unseren Gottesdienst und unser Leben beeinflussen. Ich bin überzeugt, dass das Ergebnis unser Bild von Gott verändern wird, vorausgesetzt wir bleiben unvoreingenommen. Notwendigerweise werden wir uns danach auch selbst mit anderen Augen sehen. Und unser Wunsch wird es sein, den wahren Gott von ganzem Herzen zu suchen.

Wir wollen ein paar der Götzen unserer heutigen Kultur unter die Lupe nehmen. Wir wollen herausfinden, wie verführerisch es ist, sich eine Vorstellung von Gott zusammenzuschustern, die unseren Bedürfnissen und Interessen entspricht.

Götzen, die zerstört werden sollten

Natürlich sind einige unserer modernen Vorstellungen von Gott nicht ganz falsch, sondern nur ein wenig verzerrt; andere dagegen sind so weit von der Realität entfernt, wie irgend möglich. Solange wir denken, dass es prinzipiell möglich ist, Gott zu erfassen, indem wir vom Menschen ausgehen, eben von unten nach oben denken, ist jedes beliebige Gottesbild möglich. Sogar wenn wir die Bibel in der einen und unsere persönliche Wunschliste mit den Eigenschaften Gottes in der anderen Hand halten, werden wir schief liegen.

In dem Buch *Die Trivialisierung Gottes* nennt Donald W. McCullough mehrere Beispiele dafür, wie wir Menschen unser Gottesbild unseren jeweiligen Vorlieben anpassen. Ich werde hier drei seiner Beispiele herausgreifen und noch eigene hinzufügen. Einige Vorstellungen enthalten noch Spuren biblischer Aussagen, andere dagegen schöpfen fast ausschließlich aus den Abgründen menschlicher Sehnsüchte und Wünsche.

Der Gott meiner Gesundheit und meines Wohlstandes

Angesichts des Stellenwertes, den wir Erfolg, Geld und Freizeit heute einräumen, sollten wir nicht erstaunt sein, dass sich in den letzten Jahrzehnten ein für die westliche Welt typisches Gottesbild entwickelte. Manche halten diese Vorstellung von Gott für biblisch, doch widerspiegelt sie eher den westlichen Kapitalismus, als eine ernsthafte Auslegung biblischer Texte zu sein. Dieser Gott wird zu unserem Finanzberater, unserem Geldautomaten, unserem Buchhalter. Gloria Copeland, die Frau des Pfarrers Kenneth Copeland, schrieb: »Das Wort

Gottes offenbart ganz einfach, dass Mangel und Armut nicht dem Willen Gottes für den Gottesfürchtigen entsprechen. ... Erlauben Sie dem Heiligen Geist, Ihrem Geist die Wahrheit zu offenbaren, bis Sie nicht mehr daran zweifeln, dass Reichtum Gottes Wille ist.« [7] Sie spricht von Diamanten, BMWs und neuen Häusern – nicht von geistlichen Reichtümern.

Dieses Evangelium hätte im alten Rom nicht gepredigt werden können, auch nicht auf Haiti, in Weißrussland oder Angola. Es wäre in der Tat schwierig gewesen, die Märtyrer der Kirche zu überzeugen, dass Gesundheit und Reichtum ihr gottgegebenes Recht sei. – Sie wären mit Armut zufrieden gewesen, wenn sie nur vor dem Löwenrachen oder dem mörderischen Schwert bewahrt worden wären.

Nein, der »Gott meiner Gesundheit und meines Reichtums« ist der Gott des Westens, der Gott des Kapitalismus und des Konsums. Korrekt ausgelegt kann die Bibel in allen Kulturen gepredigt werden. Was wir über Gott sagen, muss sowohl in Kriegs- wie in Friedenszeiten Gültigkeit haben, ob wir arm oder gesund sind, im Leben so wie im Tod. Der »Gott meiner Gesundheit und meines Reichtums« findet sich nur scheinbar in der Bibel, tatsächlich geht es um eine verdrehte Auslegung, in deren Fahrwasser sich Tausende Enttäuschte tummeln.

Wie können wir an solch einen Gott glauben, wenn Jesus gesagt hat: »Die Füchse haben Höhlen und die Vögel des Himmels Nester, aber der Sohn des Menschen hat nicht, wo er das Haupt hinlege« (Mt 8,20). Und Paulus – im Gefängnis sitzend – schrieb: »Ich habe es gelernt, mich darin zu begnügen, worin ich bin« (Phil 4,11).

Der Gott meiner seelischen Bedürfnisse

Aus unserer Kultur ist Therapie kaum wegzudenken. Angeblich befinden wir uns alle gerade in einer Phase des Heilungsprozesses oder aber wir leugnen, dass wir Therapie nötig hätten. Wir vertauschten die Sprache der Bibel gegen den Wortschatz von *Psychologie Heute*. [8] Sünde wird umdefiniert in mangelndes Selbstvertrauen. Wo findet man heute noch die Auffassung, dass es das vornehmste Lebensziel ist, Gott zu erkennen? Es wird uns empfohlen, Selbsterkenntnis und das Bedürfnis nach Selbstbewusstsein in unserer Theologie an die oberste Stelle zu setzen. In den 80er Jahren des letzten Jahrhunderts schrieb Pastor Robert Schuller: »Wir brauchen heute eine Theologie der Erlösung, die mit dem Wunsch jedes einzelnen Menschen nach Herrlichkeit anfängt und endet.« Nach seiner Vorstellung ist Gott kein Richter, gegen dessen Gebote wir verstoßen haben, sondern ein Diener, der nur auf die Gelegenheiten wartet, unsere Würde zu bestätigen. Schuller fährt fort: »Die Evangeliumsbotschaft ist nicht falsch, doch manchmal kann sie gefährlich werden, wenn sie einen Menschen erst einmal herunterziehen muss, um ihn anschließend wieder aufzubauen.« [9] Es ist schlimm, sagen zu müssen, dass solche Vorstellungen heute Teil unseres Denkens geworden sind und in den Gemeinden problemlos überleben.

Unsere Way of life will mir weismachen, dass ich Hilfe erfahre, indem ich mich in eine Talkshow setze und mein Innerstes nach außen kehre. Ich bin für eine Viertelstunde berühmt und die Sache kommt in Ordnung. Ein Gott existiert zwar und seine Aufgabe ist es, mich ohne Vorbedingung anzunehmen, weil mir das zusteht. Es ist sein Job, für meine Bestätigung zu sorgen. Was ich am meisten brauche ist nicht die Buße, sondern Versöhnung mit meiner ursprünglichen und einzigartigen Persönlichkeit. Der bekannte Historiker Joseph Haroutunian schreibt: »Früher ging es in der Religion um Gott. Früher war alles böse, was nicht unmittelbar zur Verherrlichung Gottes diente. Heute ist alles böse, was nicht zum Glück des Menschen beiträgt, und es wäre ungerecht und unmöglich, es Gott zuzuschreiben. … Früher lebte der Mensch, um Gott zu verherrlichen, heute lebt Gott, um den Menschen zu dienen.« [10]

Der Soziologe Robert Wuthnow sagt: »Spiritualität wird in Amerika nicht länger als etwas Gutes angesehen, weil sie absoluten Standards der Wahrheit oder des Guten entspricht, sondern weil sie mir hilft, in dieser Welt klarzukommen. Ich bin der Richter über ihren Wert.« [11] Mit anderen Worten – Gott *dient mir* als mein großer kosmischer Therapeut.

Natürlich steckt einiges an Wahrheit in diesen Aussagen. Jesus verspricht Frieden, jedoch keinen Frieden ohne Leid. Hier ist kein Friede ohne Konflikte gemeint. Selbst heute noch werden viele Nachfolger Christi verfolgt, manche erleiden sogar den Märtyrertod. Er verheißt uns, bei uns zu sein und nicht, dass es in unserem Leben keine Probleme gibt. Er kam, um unser Leid und unsere Sorgen zu tragen. Wenn jedoch mein Bedürfnis nach Anerkennung wichtiger wird als mein geistliches Bedürfnis nach Rechtfertigung, wenn ich meine, dass Gott mir Erfüllung schuldet, wenn mein Wunsch nach persönlicher Erfüllung größer ist als mein Wunsch, meinen Schöpfer in aller Demut anzubeten, dann habe ich vergessen, dass ich zu seiner Ehre leben soll und nicht zu meiner eigenen.

Wie können wir Gott auf ein Hilfsmittel für emotionale Ausgeglichenheit reduzieren, wenn wir an Jesu Worte denken:

> Meint nicht, dass ich gekommen sei, Frieden auf die Erde zu bringen; ich bin nicht gekommen, Frieden zu bringen, sondern das Schwert. Denn ich bin gekommen, den Menschen zu entzweien mit seinem Vater und die Tochter mit ihrer Mutter und die Schwiegertochter mit ihrer Schwiegermutter; und des Menschen Feinde werden seine eigenen Hausgenossen sein (Mt 10,34-36).

Der Gott meines Geschlechts

Radikale Feministinnen versuchen, Gott nach ihren Vorstellungen und Vorlieben zurechtzustutzen. Hier eine Zusammenfassung ihrer Argumentation: Gott wird in der Bibel als männlich dargestellt; Männer unterdrücken Frauen, also ist das biblische Vorbild die Ursache dieser Unterdrückung. Solange Gott männlich ist und als unser »Vater« bezeichnet wird, akzeptieren wir stillschweigend die männliche Dominanz. Um es einfach auszudrücken: Wenn Gott männlich ist, dann sind Männer Götter.

Um dieses Bild zu tilgen und eine Göttin zu schaffen, die mit dem Anliegen des Feminismus konform geht, müssen wir Gott in eine weibliche Form umdefinieren. So beschreibt Rosemary Radford Ruether, eine der führenden feministischen Autorinnen, ihre Göttin: »… die ursprüngliche Muttergottheit, der große Uterus, aus dem alle Dinge, die Götter und Menschen, der Himmel, die Erde, die menschlichen und die nichtmenschlichen Lebewesen entstehen.« [12] Einige Gemeinden in Amerika benutzen bereits Gesangbücher und Bibeln mit einer »einschließenden« Sprache, die alle männlichen Aussagen über Gott tilgen. Wenn Gott der Titel »König« gegeben wird, dann fügen sie das Wort »Königin« hinzu, Gott als Vater wird mit »Gott Vater und Mutter« wiedergegeben oder sogar nur als »Mutter«. So wird die Schrift neu geschrieben, um den Anforderungen des Feminismus gerecht zu werden.

Es stimmt: Männer misshandelten Frauen, Männer missbrauchten ihre Autorität in egoistischer Absicht. Frauen wurden in Gemeinden und am Arbeitsplatz oft auf unfaire Weise diskriminiert. Doch müssen wir Gott ändern, um diese Probleme zu lösen?

Offensichtlich ist der Gott der Bibel geschlechtslos. Geschlechtlichkeit beschränkt sich auf Geschöpfe und betrifft den Schöpfer nicht. Doch ob es uns passt oder nicht, Gott gefiel es, über sich selbst in maskuliner Form zu sprechen. Das hat gute Gründe: Einmal betont die Schrift den Unterschied zwischen Geschöpf und Schöpfer. Alle Versuche, Gott zu verweiblichen, führten dazu, pantheistische Gottesvorstellungen zu kreieren, bei denen Gott mit der Schöpfung, die »sie erhält«, verschmilzt. Ich will eine Konferenz in Erinnerung rufen, die vor einigen Jahren in Minneapolis abgehalten wurde. Es ging um Re-Imaging (der Versuch, durch Psychotechniken aktiv Vorstellungen im Bewusstsein des Einzelnen zu ändern, Anm. d. Übers.). Die Teilnehmer huldigten der Göttin »Sophia« (gr. für Weisheit, Anm. d. Übers.) und nicht Jesus Christus. Das ist das Ergebnis, wenn wir »von unten nach oben denken« und Gott neu definieren. In einer Nachfolge-Konferenz lernten die Teilnehmer, dass die Gottheit sichtbar werden würde, wenn Frauen ihr Innerstes offenbaren. »Und nun, Sophia, träume die Vision, teile uns die Weisheit mit, die tief in uns schlummert«, beteten die Teilnehmerinnen. [13] Dies ist eine Gottheit – *von* Frauen *für* Frauen geschaffen.

Zweitens betraute Gott den Mann in der Ehe mit der Führung, um so die Beziehung zwischen Jesus und der Gemeinde bildlich darzustellen. Es ist die Aufgabe der Ehemänner, für ihre Frauen wie Christus zu sein, der sie als Dienender führt, und die Frauen wiederum sollen die Rolle der Gemeinde einnehmen, indem sie sich der Autorität ihrer Ehemänner unterordnen. In diesem Modell wird Gott in der Schrift als Mann dargestellt.

Kurz gesagt – die Gesellschaft wird andere Möglichkeiten finden müssen, die Diskriminierung von Frauen einzudämmen, als die Bibel umzuschreiben. Wie können wir an den »Gott meines Geschlechts« glauben, wenn Jesus betonte, dass Gott Männer und Frauen schuf (Mt 19,4) und dass Gott der Vater ist? »Denn der Vater richtet auch niemand, sondern das ganze Gericht hat er dem Sohn gegeben, damit alle den Sohn ehren, wie sie den Vater ehren« (Joh 5,22-23).

Ein verwandtes Konzept findet man in einer Theologie, die sich mit dem »Gott meiner sexuellen Ausrichtung« beschäftigt. Dabei geht es um die Ansicht, dass Gott meinen sexuellen Lebensstil gut heißt, ganz gleich wie er aussieht. Die Zahl der Bücher über »homosexuelle Theologie« nimmt zu. Homosexuelle interpretieren die Schrift zu Gunsten ihres Lebensstils um. Sie beten Gott in dem Glauben an, ihre sexuelle Orientierung spiele keine Rolle. So forderte z. B. Paul Sherry von der United Methodist Church sein Wahlgremium auf, Lesben und Homosexuellen volle Teilnahme am Dienst seiner Kirche zu gewähren. Er betonte dabei, dass Leute mit gegenteiliger Meinung »die Bibel mit neuen Augen lesen und dem heiligen Geist mit neuen Ohren zuhören sollten«. [14] Der Grund für diese neue Lesart ist eindeutig: Wir sollen die Bibel auf eine Weise auslegen, die mit dem homosexuellen Lebensstil in Einklang steht.

Auch hier müssen wir zugeben, dass Homosexuelle durch das aggressive Verhalten von Kirchen und Gemeinden tief verletzt wurden (und werden). Man stellte sie als Sünder an den Pranger, als ob andere Sünden nicht zählen würden. Verletzt wie sie sind, gehen einige dazu über, die Schrift so umzudeuten, dass Gott ihren Lebensstil toleriert. Doch ist das die beste Möglichkeit, diese Probleme zu lösen? Es wäre hilfreich, wenn man nicht nur biblische Aussagen studiert, die die Homosexualität verurteilen, sondern auch die bemerkenswerte Lehre von der Gnade, Barmherzigkeit und Macht Gottes.

Wie können wir den »Gott meiner sexuellen Ausrichtung« akzeptieren angesichts der Tatsache, dass Jesus streng am alttestamentlichen Gesetz festhielt? »Wer nun eines dieser geringsten Gebote auflöst und so die Menschen lehrt, wird der Geringste heißen im Reich der Himmel; wer sie aber tut und lehrt, dieser wird groß heißen im Reich der Himmel« (Mt 5,19).

Der Gott meiner Selbstbestätigung

Die Ursache für diese und viele andere Fehlinterpretationen ist der tief verwurzelte Glaube an die Theologie vom »Gott meiner Selbstbestätigung«. Ein Beispiel findet sich in dem Buch »*Conversations with God*« (Gespräche mit Gott). Neale Donald Walsch behauptet, dass in dem Buch Gott selbst seine Fragen beantwortet. Walsch erklärt sogar, dass er dieses Buch eigentlich nicht selbst schrieb, sondern eher ein Diktat aufnahm.

Was sagt Gott hier angeblich? – Wir sollen alle maßgeblichen Quellen ablehnen, denn die Wahrheit komme zu uns über unsere Gefühle. Der Gott, den Walsch schuf, lehnt die Vorstellung ab, dass er/sie/es ein allmächtiges Wesen sei, das einige Gebete beantwortet und andere nicht. Um den Walsch'schen Gott wörtlich zu zitieren: »Dein Wille für dich ist Gottes Wille für dich. Du führst dein Leben auf *deine* Art, und ich habe in dieser Angelegenheit keine Vorlieben. Du bist in der großen Illusion verfangen, dass Gott sich auf die eine oder andere Art darum kümmert, was du tust. Ich kümmere mich nicht darum, und das ist hart für dich zu hören.« [15]

Nach Walsch sagt Gott, dass wir nirgendwo nach der Wahrheit über Gott suchen sollten. Stattdessen empfiehlt er uns: »Höre auf deine Gefühle. Höre auf deine höchsten Gedanken. Höre auf deine Erfahrung. Wann immer deine Gefühle, Gedanken oder Erfahrungen von den Aussagen deiner Lehrer oder vom Inhalt von Büchern abweichen, dann vergiss das. Wenn Wahrheit übermittelt werden soll, sind Worte das schlechteste Transportmittel.« Walsch drückt sich jedoch sehr unklar aus, wenn es darum geht abzuklären, wie wir unsere höchsten Gedanken von den niedrigen unterscheiden sollen. Die Auffassung, dass es seiner Meinung nach »kein Falsch und kein Richtig, kein Gut oder Böse, kein besser oder schlechter« gibt, verkompliziert die Angelegenheit noch. Vielleicht hilft uns folgender Hinweis, die Antwort zu finden: »Es geht nur darum herauszufinden, was dir nützt und was dir nicht nützt.« Also sind unsere höchsten Gedanken die, die *uns* den größten Nutzen bringen. Irren Sie sich nicht, am besten geht es uns, wenn wir unsere eigene Autorität sind. [16]

Lassen wir einmal den Widerspruch beiseite, dass Gott sich angeblich nicht durch Worte, sondern durch Gefühle mitteilt (schließlich gibt derselbe Gott dem Autor doch eine recht wortreiche Offenbarung, die Hunderte von Seiten umfasst!). Und doch bleibt die Frage: Warum findet dieser Gott unseren Lebensstil, unseren Glauben und unsere Werte so gut? Zu niemandes Überraschung entspricht dieser Gott ganz genau unserem Wunschdenken. Es gibt bei ihm nicht einmal falsch oder richtig! Das Wort *böse* ist in einer Welt ohne transzendenten Gott seiner Bedeutung beraubt. Der Gott, den Walsch schuf, ist gezähmt. Man könnte das so ausdrücken: »Wir halten Kühe, um Milch zu bekommen; Schafe, um Wolle zu erhalten; und wir halten Gott, um uns ständig Bestätigung und Annahme zu sichern.«

Wie können wir den »Gott meiner Selbstbestätigung« akzeptieren, angesichts der Warnung Jesajas: »Wehe denen, die das Böse gut nennen und das Gute böse; die Finsternis zu Licht machen und Licht zu Finsternis; die Bitteres zu Süßem machen und Süßes zu Bitterem! Wehe denen, die in ihren eigenen Augen weise sind und sich selbst für verständig halten!« (Jes 5,20,21). Wir können hinzufügen: »Wehe denen, die sich in einem Spiegel sehen und behaupten, Gott gesehen zu haben!«

Der Gott meiner Todeserfahrung

Betty Eadie sei hier stellvertretend für Menschen genannt, deren Gottesbild durch eine Todeserfahrung geprägt ist. In ihrem Buch *Embraced by the Light* berichtet sie von ihrer Begegnung mit Christus in der Grauzone zwischen Leben und Tod; sie widmet ihr Buch sogar diesem Christus. Jetzt, so sagt sie, wisse sie, dass es nach dem Tod kein Gericht geben werde, sondern nur ein freudiges Eintreten in einen Bereich, den man am besten als Ort beschreibt, an dem jeder nett sei. Sie appelliert an unser Verlangen, das Land jenseits des Jordan zu betreten, ohne die Erwartung, Fragen gestellt zu bekommen. [17] Wir erfahren darin auch, dass die Welt nicht – wie die meisten annehmen – voller Leid ist, denn schließlich sind Menschen keine sündigen Geschöpfe.

Doch wie können wir an einen Gott glauben, der nicht richtet, wenn uns Jesus voraussagte, dass alle Toten auferstehen werden – »die das Gute getan haben, zur Auferstehung des Lebens, die aber das Böse verübt haben, zur Auferstehung des Gerichts« (Joh 5,29)?

Ähnliche Vorstellungen finden sich auch in anderen populären Büchern. Sie haben ein gemeinsames Thema: Wenn ich Gott begegne, dann begegne ich einem undefinierbaren Wesen, das liebt und mir Selbstbestätigung gibt. Ich bin Mitschöpfer Gottes, ich habe Anteil am Göttlichen. Das Böse ist nur eine Illusion und wir befinden uns alle auf unserem Weg zu evolutionärer Transformation. Solche pantheistischen Vorstellungen, so lautet die Argumentation, teilen wir mit den alten Meistern, und letztlich ist Gott jemand, der mir hilft, mein Potenzial voll auszuschöpfen. Solche Bücher reduzieren Religion auf Therapie, und sie reduzieren Erkenntnis Gottes zu wenig mehr als Selbsterkenntnis.

Alan Jacobs, Professor für Englische Sprache am Wheaton College, weist darauf hin, dass wir solche Glaubenssysteme sympathisch finden, weil wir von Natur aus »Gottes laute Bestätigung für jeden unserer Wünsche« suchen. [18] Letztlich stellt sich heraus, dass Gottes Offenbarung nichts weiter ist als das Echo unserer eigenen Stimme, wenn wir über den Abgrund zu Gott hinüberrufen.

Hören wir, wie Jeremia solche Götzen beschreibt: »Sie sind wie eine Vogelscheuche im Gurkenfeld und reden nicht; sie müssen getragen werden, denn sie gehen nicht. Fürchtet euch nicht vor ihnen! Denn sie tun nichts Böses, und Gutes tun können sie auch nicht« (Jer 10,5). In diesem Abschnitt kommen einige Eigenschaften von Götzen zur Sprache. Zunächst einmal müssen sie getragen werden – ein Götze lässt mein Ich im Zentrum, und ich selbst behalte die Kontrolle. Zweitens kann ich dem Götzen jede Form geben, die mir gefällt – und deiner kann anders aussehen als meiner – er wird genau zu dem, zu dem ich ihn mache. Ich kann ihn mit Rätseln, mit Magie und Bedeutungen ausstatten, die ihren Ursprung in meinem Geist haben. Und letztlich bin ich mein eigener Gott, weil ich die Realität erschaffe.

Wenn wir unser Gottesbild »vom Menschen aufwärts« entwickeln, dann müssen wir natürlich jeden Anspruch auf Wahrheit aufgeben. Der Gott, den Sie sich gemacht haben, könnte erhebliche Unterschiede zu meinem aufweisen. Hitler hatte seinen Gott, Sie haben Ihren. Die Anhänger all dieser neuen Glaubensrichtungen können triumphierend weitermachen und so viele Vorstellungen von Gott erfinden, wie es Bedürfnisse auf der Welt gibt. Vor zwanzig Jahren hieß es: »Wenn du dich gut dabei fühlst, tu es!« Heute heißt es: »Wenn du dich gut dabei fühlst, *glaube* es!«

C. S. Lewis drückte es deutlicher aus als jeder andere: »Der Gott des Pantheisten tut nichts und fordert nichts. Wenn du ihn brauchst, ist er da, wie ein Buch im Regal. Er wird dir nicht nachlaufen.« [19] Die Bibel lehrt, dass Gott den Menschen nach seinem Bild schuf, und nun versucht der Mensch, ihm den gleichen Gefallen zu tun. Kein Wunder, dass wir von den Götzendienern lesen: »Es ist keine Furcht Gottes vor ihren Augen« (Röm 3,18).

Der verborgene und der suchende Gott

Als Gott zu Mose sagt: »Ich bin, der ich bin« (2Mo 3,14), könnten wir das so umschreiben: »Ich bin, der ich bin und nicht der, als den du mich gerne sehen würdest.« Wenn wir den Versuch aufgeben, uns selbst ein Gottesbild »von unten nach oben« zu schaffen und stattdessen seine Selbst-Offenbarung akzeptieren, dann begegnet uns ein Gott, der majestätisch und geheimnisvoll, heilig und barmherzig ist. Wir finden einen Gott, der das Potenzial hat, unseren brennenden Durst zu stillen und wir brauchen uns nicht dafür schämen, wenn wir behaupten, die Wahrheit gefunden zu haben.

Ein ernsthaftes Studium des biblischen Gottes zeigt einen Gott, der unserer heutigen Kultur diametral gegenübersteht: Er unterscheidet sich von allen Angeboten des religiösen Buffets unserer Zeit. Wer heute konsequent biblisch denkt, wird Auseinandersetzungen hervorrufen, denn er erklärt kulturellen Mythen, die sich über Generationen entwickelten, den Krieg. Er sieht sich auch mit einem Gott konfrontiert, der uns nicht so lässt, wie er uns antrifft. Egal wie ausführlich wir die Bibel studieren, unsere Erkenntnis Gottes bleibt immer unvollständig. Nicht falsch, aber eben unvollständig. Je intensiver ich die Bibel studiere und lese, zu welchen Erkenntnissen andere gelangt sind, desto mehr bin ich davon überzeugt, dass das, was uns von Gott verborgen bleibt, viel umfangreicher ist als das, was wir wissen.

Nehmen Sie sich einen Moment Zeit zum Nachdenken: Wenn seine Gegenwart das Universum erfüllt, ist dann nicht all seine Erkenntnis im Universum verteilt? Beschäftigt er sich ständig mit allen Gedanken, die in seinem Geist sind? Jeden Augenblick passieren Dinge im Universum, die sein Wohlwollen und seinen Zorn hervorrufen; wie geht er mit diesen verschiedenen »Emotionen« um? Durchdringen seine »Gefühle« gleichzeitig das ganze Universum? Sie können dieser Liste sicherlich eigene Fragen hinzufügen. Unsere Herausforderung besteht darin, so gut es geht »seinen Gedanken nachzudenken«.

Wir sind nach dem Bilde Gottes erschaffen, doch entsprechen wir nicht genau seinem Bild. »Denn wir sehen jetzt mittels eines Spiegels, undeutlich, dann aber von Angesicht zu Angesicht. Jetzt erkenne ich stückweise, dann aber werde ich erkennen, wie auch ich erkannt worden bin« (1Kor 13,12). Wir sehen nur einen kleinen Ausschnitt des »riesigen Unbekannten«. John Wesley stellte richtig fest: »Bringen Sie mir einen Wurm, der den Menschen verstehen kann, und ich werde Ihnen einen Menschen bringen, der den dreieinigen Gott verstehen kann.«

Zophar, der mit Hiob in seinem Leid spricht, fragte:

> Kannst du die Tiefen Gottes erreichen oder die Vollkommenheit des Allmächtigen ergründen? Himmelhoch sind sie – was kannst du tun? – tiefer als der Scheol – was kannst du erkennen? Länger als die Erde ist ihr Maß und breiter als das Meer (Hi 11,7-9).

Die Geheimnisse Gottes zu ergründen ist die lohnenswerteste Lebensaufgabe überhaupt.

Der verborgene Gott

Jesaja schrieb: »Wahrlich, du bist ein Gott, der sich verborgen hält, Gott Israels, ein Retter« (Jes 45,15). Luther erkannte richtig, dass Gott sich selbst dann noch verbirgt, wenn er sich offenbart. Es erfüllt uns mit Dankbarkeit, dass er auch ein Gott ist, der uns nahe ist.

> Denn so spricht der Hohe und Erhabene, der in Ewigkeit wohnt und dessen Name der Heilige ist: In der Höhe und im Heiligen wohne ich und bei dem, der zerschlagenen und gebeugten Geistes ist, um zu beleben den Geist der Gebeugten und zu beleben das Herz der Zerschlagenen (Jes 57,15).

In diesem Abschnitt beschreibt Jesaja Gottes Transzendenz (Größe im Himmel) und seine Immanenz (seine Nähe zu uns). Ein anderer Prophet berichtet von der Frage Gottes: »Bin ich nur ein Gott aus der Nähe, … und nicht auch ein Gott aus der Ferne? Oder kann sich jemand in Schlupfwinkeln verbergen, und ich, *ich* sähe ihn nicht? … Bin ich es nicht, der den Himmel und die Erde erfüllt?« (Jer 23,23-24). Ein Götze ist nahe und füllt nur den Raum, den er einnimmt, doch Gott ist nahe und erfüllt doch den Himmel.

Es ist schwer für uns, die Transzendenz Gottes zu verstehen. Stellen Sie folgende Überlegung an: Das Licht reist mit etwa 300 000 Kilometern pro Sekunde. Weil die Sonne knapp 150 Millionen Kilometer von der Erde entfernt liegt, braucht das Sonnenlicht acht Minuten, bis es auf unserem Planeten ankommt. Doch im Vergleich dazu braucht das Licht des Sterns Beteigeuze im Sternbild Orion 520 Jahre, um uns zu erreichen! [20]

Denken Sie an die Zeit zurück, als Martin Luther seine 95 Thesen an die Tür der Schlosskirche zu Wittenberg heftete – das war am 31. Oktober 1517. Das Licht, das den Orion zu diesem Zeitpunkt verließ, hat uns noch immer nicht erreicht, doch es ist unterwegs und rast mit 300 000 Kilometern pro Sekunde auf uns zu! Denken Sie nur, der Durchmesser des Orion ist doppelt so groß wie die Erdumlaufbahn um die Sonne; das sind *etwa* 640 Millionen Kilometer (er befindet sich in ständiger Bewegung). Doch ist dies nur eine Sternkonstellation unter Millionen anderer und man schätzt, dass der Durchmesser des Universums etwa 10 Milliarden Lichtjahre beträgt! [21] »Wie zahlreich sind deine Werke, o Herr! Du hast sie alle mit Weisheit gemacht, die Erde ist voll deines Eigentums« (Ps 104,24).

Gott ist nicht nur der allmächtige Schöpfer, sondern sein Wesen ist Heiligkeit, d. h. er ist vollkommen rein und getrennt von allem Bösen. Er übersteigt jegliches Vorstellungsvermögen. Wir erleben zwar Momente der Offenbarung, doch letztendlich können wir nicht erfassen, was Jesaja sah, als er einen Schimmer Gottes wahrnahm (Jes 6,1). Nässe gehört zum Wasser, Licht zur Sonne und Heiligkeit zu Gott. Ganz gleich, wie sehr wir versuchen, uns Gott vorzustellen, unsere Vorstellungen werden Gott nie gerecht.

Die heidnische Welt war immer der Überzeugung, dass Gott unerkennbar sei. Plato sagte, wenn es überhaupt möglich sei, Gott zu finden, dann gebe es doch keine Ausdrücke, die ihm gerecht würden und uns verständlich seien. Aristoteles sprach von Gott als der letzten Ursache, von der alle Menschen träumen, doch die niemand erkennen könne. Die Philosophen hatten in einer Hinsicht Recht: Ohne Offenbarung können wir wirklich nichts Sicheres über Gott wissen. Wir können dankbar sein, weil wir durch seine Initiative in der Lage sind, das Feld der Spekulationen zu verlassen und Gott persönlich kennen zu lernen. Aus diesem Grund hat Gott gesprochen, und er sprach dabei klar und deutlich.

Der suchende Gott

Und doch lässt sich dieser verborgene Gott zu unserer Welt herab. »Ich wohne … bei dem, der zerschlagenen und gebeugten Geistes ist, um zu beleben den Geist der Gebeugten und zu beleben das Herz der Zerschlagenen« (Jes 57,15). Die Schrift zeigt Gott sogar bei einer Suchaktion: »Denn des Herrn Augen durchlaufen die ganze Erde, um denen treu beizustehen, deren Herz ungeteilt auf ihn gerichtet ist« (2Chr 16,9). Er sucht diejenigen, die nach ihm verlangen, er bleibt bei denen, die einen »zerschlagenen Geist« haben. »Aber auf den will ich blicken: auf den Elenden und den, der zerschlagenen Geistes ist und der da zittert vor meinem Wort« (Jes 66,2).

Ein zerschlagener Geist bedeutet, dass uns unsere Schuld drückt, dass wir traurig sind über unsere Sünden. Unsere Gotteserkenntnis führt uns unausweichlich zur überwältigenden Erkenntnis unserer eigenen Sündhaftigkeit. Calvin schrieb: »Ohne Gotteserkenntnis gibt es keine Selbsterkenntnis. ... Es ist sicher, dass der Mensch sich selbst nie gründlich erkennt, es sei denn, er habe zuvor Gottes Angesicht gesehen und komme dann vom Nachdenken über Gott zur Erforschung seiner selbst.« [22]

Als Kind hängt unser Selbstwertgefühl von unseren Eltern ab, die uns entweder ablehnen oder lieben. Wir sehen unseren Wert in Relation zu ihnen und anderen Menschen um uns herum. Wenn wir ein Gottesbewusstsein entwickeln, revidieren wir unsere Meinung über uns selbst anhand unserer Beziehung zu unserem Schöpfer. Unglücklicherweise gibt uns die New-Age-Theologie keine Anhaltspunkte, denn sie bietet uns keine Grundlage, aufgrund derer wir zu einer realistischen Selbsteinschätzung kommen können. Aus diesem Grund kann ein Buch wie *One Day My Soul Just Opened Up* (»Eines Tages öffnete meine Seele sich einfach«) von Iyanla Vanzant ein solch optimistisches Bild der Menschheit zeichnen. Die moderne Religiosität gibt sich große Mühe zu zeigen, dass wir alle vollkommen und schön sind. Denn solange ich meine Seele als Maßstab nehme, um meine Seele zu beurteilen, stehe ich vor mir selbst natürlich recht gut da.

Kürzlich saß ich im Flugzeug neben einer Frau, die moderne Spiritualität sehr ernst nahm. Sie betonte, dass die Sünde und das Böse nicht existent seien. Sogar Hitler sei nicht ausschließlich schlecht gewesen. Er habe einige Fehler gemacht und »unkluge Entscheidungen« getroffen, habe jedoch keine Sünden, keine Verbrechen begangen und nichts wirklich Böses getan. Kein Wunder, dass sie keinen Bedarf für einen rettenden Gott hatte, denn ihr Gott war nicht gerechter als sie selbst. Ich nehme jedoch an, dass sie ihren Glauben an die Nichtexistenz des Bösen sicherlich revidieren wird, falls sie selbst jemals Opfer eines Verbrechens wird. Ich glaube auch, dass sie eines Tages auch ihre Ansicht revidieren wird, dass sie selbst gut sei. Doch als ich sie traf, glich sie einer Fabrik, welche die Uhr, die ihre Sirene steuerte, nach der Rathausuhr richtete, wobei später herauskam, dass die Rathausuhr nach der Fabriksirene gestellt wurde!

Was ist in unserer Welt nur schief gelaufen? Mit dem Verlust des biblischen Gottes ist uns das Bewusstsein für Sünde abhanden gekommen, und ohne ein Bewusstsein für Sünde verlieren wir den Maßstab für unser Verhalten. Die Folge ist der Zusammenbruch der Gesellschaft. Vor ein paar Jahren gab es einen Leitartikel in der New York Times, der die moralische Verwirrung unserer Welt zum Inhalt hatte:

> Während der Jahre der [kulturellen und sexuellen Revolution] redeten die wenigsten Leute – auch innerhalb der Kirchen – über die Sünde, noch machten sie sich Sorgen darüber. Über das Konzept der Sünde kann man sagen: Es gab zumindest einen Rahmen für die Beurteilung des persönlichen Verhaltens. Als dieser Rahmen entfernt wurde, blieben nicht nur die Schuldgefühle auf der Strecke. Wir verloren auch den Maßstab für persönliche Verantwortung. ... Jeder ist auf sich selbst angewiesen. Nun stellt sich heraus, dass die vielen Verirrten eine Landkarte gut hätten gebrauchen können. [23]

Sie erinnern sich, wie Hiob mit dem Problem kämpfte, warum Gott ihm seine Kinder und seine Gesundheit nahm, obwohl er nichts erkennbar Falsches getan hatte. Er sehnte sich danach, von Gott selbst etwas zu hören, und gegen Ende seines Monologes wurde sein Wunsch erfüllt. Der Allmächtige sprach zu ihm aus dem Sturm. In diesem Augenblick spektakulärer Offenbarung vergaß Hiob alle seine Argumente und rief: »Vom Hörensagen hatte ich von dir gehört, jetzt aber hat mein Auge dich gesehen. Darum verwerfe ich mein Geschwätz und bereue in Staub und Asche« (Hi 42,5-6).

Hiob erkannte letztendlich, wer er selbst ist und wer Gott ist. Er hatte eine »Identitätskrise«, die seinem schmerzenden Herzen Heilung brachte. Wenn wir anfangen zu verstehen, wer Gott ist, dann merken wir, dass wir es nicht einfach ignorieren können, wenn er in unser Leben eingreift. Seine Gegenwart offenbart unsere verdorbenen Seelen als das, was sie sind, doch finden wir bei ihm auch Vergebung und Barmherzigkeit. Die Majestät Gottes will uns nicht entmutigen, sondern uns einladen, uns in einer Haltung von Buße und Demut zu nähern. Nur ein richtender Gott kann uns auch erretten. *Götzen richten uns zwar nicht, doch sie können uns auch nicht erlösen.*

Wenn wir Gottes Heiligkeit abstoßend finden, dann werden wir wahrscheinlich auch seine Gnade abstoßend finden. Ted Bundy brachte dreiundzwanzig junge Frauen um. Es wird berichtet, dass er Jesus als seinen Retter annahm, ehe die Todesstrafe an ihm vollstreckt wurde. Wenn er das wirklich tat (wer von uns kann das sicher wissen?), dann ist er jetzt im Himmel. Wenn Bundy eine meiner Töchter brutal umgebracht hätte, dann würde ich mir natürlich wünschen, dass er in der Hölle braten möge. Doch Gott denkt ganz anders als wir. Er sagt: »Ich kann selbst einen Ted Bundy annehmen, wenn er Buße tut und das Opfer Jesu Christi für sich in Anspruch nimmt.« Das ist Gnade.

Der Beginn unserer Reise

Um den wahren Gott zu erkennen, müssen wir folgende Verheißungen in unser Reisegepäck schnüren: »Ohne Glauben aber ist es unmöglich, ihm wohlzugefallen; denn wer Gott naht, muss glauben, dass er ist und denen, die ihn suchen, ein Belohner sein wird« (Hebr 11,6). »Naht euch Gott, und er wird sich euch nahen« (Jak 4,8).

Wir erkennen demütig, dass für uns nur Gottes eigene Offenbarung wichtig ist; wir müssen seine Auffassungen nicht begründen können. Ich weiß nicht, warum Gott seine Leute manchmal nicht rettet, wenn sie zu ihm rufen. Die Lehre von der ewigen Hölle ist mir ein Rätsel. Ich kenne die Gründe nicht, warum Gott gerade diese Welt und diesen Weg wählte, obwohl ihm doch sicherlich andere Möglichkeiten offen gestanden hätten. Das Portrait Gottes, wie es die Schrift zeichnet, wird nicht immer mit unseren Vorurteilen übereinstimmen. Da wir gesehen haben, dass es hoffnungslos ist, »beim Menschen zu beginnen und uns hochzudenken«, wollen wir den weisen Entschluss fassen und von Gottes Offenbarung an uns ausgehen.

Im vierzehnten Jahrhundert schrieb ein unbekannter christlicher Schriftsteller ein Buch mit dem Titel *Die Wolke der Ungewissheit.* Dieser Autor betont im Gegensatz zu anderen das, was wir von Gott nicht wissen, und nicht das, was wir wissen. Die Quintessenz aus seinen Überlegungen lautet, dass es in diesem Leben immer eine »Wolke der Ungewissheit« zwischen uns und Gott geben wird und dass uns diese Tatsache nicht entmutigen, sondern anspornen sollte. Ja, wir sehen nur undeutlich wie in einem Spiegel, doch Gott sei Dank, sehen wir überhaupt etwas. Der oben genannte Autor schrieb:

> Zögere nicht, sondern bemühe dich, bis dein Begehren erfüllt ist. Denn wenn du dich zunächst an die Arbeit machst, ist alles, was du findest, Finsternis – eine Art Wolke der Ungewissheit. Du kannst nicht sagen was es ist, außer, dass du in deinem Willen eine einfache Sehnsucht nach Gott fühlst. Finsternis und Wolke sind immer zwischen dir und Gott, ganz gleich, was du tust, und sie hindern dich daran, ihn klar durch das Licht des Verstehens zu erfassen und ihn in der Süße der Liebe deiner Zuneigung zu erfahren. Deshalb solltest du dir vornehmen, dieser Finsternis so lange zu widerstehen wie du kannst und immer nach ihm zu rufen, den du liebst. Denn wenn du ihn überhaupt erfahren und sehen willst, soweit es hier auf Erden möglich ist, muss es immer in dieser Wolke und dieser Finsternis geschehen. Deshalb, wenn du dich mit all deiner Aufmerksamkeit darum bemühst, wie ich dich geheißen habe, dann vertraue ich darauf, dass du diesen Punkt durch seine Barmherzigkeit erreichen wirst. [24]

Wie werden wir uns für diese Reise rüsten? Wir wollen alles andere vergessen, uns absondern und uns von ganzem Herzen Gott hingeben. Der Verfasser betont, dass wir durch Kontemplation zur Erkenntnis Gottes gelangen können, durch das Verlangen des Herzens, unsere Gedanken auf Gott zu konzentrieren.

»Wir müssen«, so sagt er, »eine Liebe zu Gott haben, die uns drängt, ihn in der »Finsternis des Nicht-Verstehens« zu suchen, indem wir alle anderen Begierden und alles Anziehende hinter uns lassen.«[25] Gott und nur Gott allein kann den Hunger und die Sehnsucht unseres Geistes wirklich stillen. Wenn wir ihn suchen, wird Gott uns die Erfahrung seiner selbst geben. Hinter der Wolke der Ungewissheit ist die *göttliche Gegenwart* selbst.

Ein Mann erzählte mir von seinem Freund, einem Dozenten an einer Bibelschule, der endlich persönlich zu den Erkenntnissen durchgedrungen war, über die er schon so viele Jahre gelehrt hatte. Als er seinen Kollegen von seiner wachsenden Vertrautheit mit Gott berichtete, reagierten sie desinteressiert. Was er sagte, war ihnen nicht neu, denn sie hatten das alles schon in der Schule gelernt. Als dieser Mann, der Gott so liebte, über ihre Reaktion nachdachte, war es ihm, als ob der Allmächtige selbst zu ihm sagen würde: »Nur Menschen, die mich von weitem sehen, meinen, sie wüssten alles über mich.« Ja, je näher wir Gott kommen, desto erstaunter sind wir über unsere Unwissenheit.

Es gibt eine Geschichte von einem Bauern, der immer wieder einen Freund in seinen Obstgarten mit Apfelbäumen einlud, um die Früchte zu probieren und Most zu machen. »Um ehrlich zu sein«, sagte sein Freund, »habe ich einige deiner Äpfel probiert, und sie sind sauer.«

»Welche Äpfel?« fragte der Bauer.

»Die, die an der Straße über den Zaun gefallen sind«, antwortete der Nachbar.

»Ah, ja«, sagte der Bauer, »die sind sauer. Ich habe sie dort gepflanzt, um die Jungs, die in der Gegend wohnen, an der Nase herumzuführen. Doch wenn du in die Mitte des Obstgartens kommst, dann findest du einen besseren Geschmack.«

An der Grenze zum Christentum wachsen einige saure Äpfel – Sündenerkenntnis, Selbstverleugnung, Heiligung –, die Heuchler und Scheinheilige abhalten sollen. Doch mitten im Obstgarten wachsen die köstlichsten Früchte. Je näher wir Gott kommen, desto süßer die Freude. Unser brennender Durst nach Gott kann gestillt werden.

In seinem ausgezeichneten Buch *Desiring God* (Sehnsucht nach Gott) schreibt John Piper: »Gott wird von uns am meisten verherrlicht, wenn wir von ihm am meisten erfüllt sind.«[26] C. S. Lewis beschrieb Gott als das »all-befriedigende Thema«. Bernhard von Clairvaux trank von einer Quelle, die den Durst seiner Seele stillte, und schrieb:

Jesus, du Freude der liebenden Herzen,
Du Quelle des Lebens, du Licht der Menschen.
Von der größten Freude, welche die Welt zu bieten hat,
Wenden wir uns unerfüllt wieder zu dir.
(Jesus, du Freude liebender Herzen)

Gott zu erkennen ist immer das Befriedigendste.

Persönliche Reaktion

Es soll unser Ziel sein, über die Selbstoffenbarung Gottes in seinem Wort nachzusinnen. Wir haben erfahren, dass Gott verborgen ist und weit weg, gleichzeitig ist er aber auch nahe und bereit, die tiefsten Bedürfnisse der menschlichen Seele zu stillen. Er ist zwar aufgrund seiner Heiligkeit von uns getrennt, doch ist er ebenso von uns getrennt durch seine Barmherzigkeit.

Ich habe oft über Psalm 42 nachgedacht und ich möchte Sie auffordern, diesen Psalm zu Ihrer persönliche Antwort auf Gottes Einladung zu machen, »den Herrn zu suchen, während er sich finden lässt« (Jes 55,6). Hier ein paar Verse aus dem Psalm, obwohl ich hoffe, dass Sie den ganzen Psalm in Ihrer Bibel nachlesen:

> Wie eine Hirschkuh lechzt nach Wasserbächen, so lechzt meine Seele nach dir, o Gott! Meine Seele dürstet nach Gott, nach dem lebendigen Gott: Wann werde ich kommen und erscheinen vor Gottes Angesicht? Was bist du so aufgelöst, meine Seele, und stöhnst in mir? Harre auf Gott! – denn ich werde ihn noch preisen für das Heil seines Angesichts (Ps 42,2-3.5).

Vor uns liegt eine Herausforderung. Wir wollen Gott kennen lernen, doch wie können wir uns ihm nähern? Was bringen wir ihm, damit er uns annimmt? Lassen Sie uns die Reise fortsetzen.

2. Lüge

Viele Wege führen zu Gott

Wenn ich im Flugzeug sitze, spielt sich fast immer das gleiche ab: Ich komme mit meinem Sitznachbarn ins Gespräch, wir reden vom Wetter und kommen über Religion auf Christus zu sprechen. Vor ein paar Jahren saßen meine Frau und ich nebeneinander, als uns auffiel, dass die Frau auf der anderen Seite des Ganges ein Kreuz um den Hals trug. In der Hoffnung, eine Diskussion in Gang zu bekommen, sagte ich: »Danke, dass Sie ein Kreuz tragen. Wir haben einen wundervollen Erretter, nicht wahr?«

Sie verdrehte ihre Augen und antwortete: »Ich glaube nicht, dass ich Ihre Auffassung vom Kreuz teile. Schauen Sie mal ...« Sie zeigte mir, dass sich unter dem Kreuz ein Davidsstern befand und darunter hing noch ein Anhänger, der einen Hindu-Gott symbolisiert. »Ich bin Sozialarbeiterin«, sagte sie mir, »Ich bin zu der Überzeugung gekommen, dass ein Mensch Gott auf verschiedene Weise finden kann. Das Christentum ist nur ein Weg zu Gott.« Sie führte weiter aus, dass sie Spiritualität höher einschätze als Religion, und die Suche nach Erfahrungen höher als bestimmte Glaubenssätze. Sie glaube an einen pantheistischen Gott, eine Kraft, die wir nicht fürchten müssten.

Solche Unterhaltungen bestärken mich in der Ansicht, dass Spiritualität zunimmt, man aber gleichzeitig die Auffassung vertritt, dass es viele Wege zu Gott gebe. Glaubensbekenntnisse sind out, Gefühle sind in. Der Drehbuchautor und Hollywood-Produzent Marty Kaplan schreibt in der *Times*: »Was die Meditation für mich anziehend machte, war ihre religiöse Neutralität. Sie brauchen gar nichts zu glauben, Sie müssen nur etwas tun. Zuerst hatte ich Bedenken und dachte, dass ich aus mir selbst Glauben hervorbringen müsse – den ich aber nur vortäuschen könnte –, um in den Genuss der Vorteile der Meditation zu kommen. Doch es freute mich zu erfahren, dass es bei der Meditation zu 90 % darum ging, überhaupt hinzugehen.« [1] Um wirklich spirituelle Erfahrungen zu machen, so wird uns gesagt, ist ein Glaubensbekenntnis nicht nur unnötig, sondern sogar unerwünscht. »Die Amerikaner«, so sagte einmal jemand, »sind ständig auf der Suche nach unorthodoxen Wegen zu dem Ziel, zu dem sie ohnehin unterwegs sind.«

Man definiert das Christentum so um, dass es zunehmend schwierig wird, es vom Buddhismus oder anderen fernöstlichen religiösen Vorstellungen zu unterscheiden. Wir können nun auch ohne Gott und ohne Glauben religiöse Erfahrungen machen. Diese Verschiebung zum Pantheismus führt gegenüber dem historischen Christentum zu Intoleranz. An einer staatlichen Universität war ein Schild angebracht: »Es ist in Ordnung, wenn du denkst, dass du Recht hast. Es ist aber nicht in Ordnung, wenn du denkst, dass der andere Unrecht hat.« In den letzten zehn Jahren wurde die Sünde wegdefiniert: Wenn es überhaupt noch etwas gibt, das die Bezeichnung Sünde verdient, dann ist es der Gedanke, dass der andere Unrecht hat. Wahrheit wird folgendermaßen definiert: Wahrheit ist nichts, das man entdecken kann. Wahrheit wird erfunden. Entweder man kreiert Wahrheit individuell oder durch Konsens. Und dabei messen wir den eigenen Gefühlen mehr Bedeutung bei als beispielsweise den Worten Jesu.

Unsere pluralistische Kultur lehnt die Behauptung ab, dass man Gott nur auf eine einzige Weise begegnen kann. Sobald die Südlichen Baptisten in den USA ihre Mitglieder zum Gebet für ihre jüdischen Mitbürger aufrufen, damit sie Jesus Christus finden mögen, erhebt sich ein Proteststurm. Die Einheit der Weltreligionen scheint als Ziel so erstrebenswert, dass jeder, der diese Einheit gefährdet, als arrogant, bigott oder intolerant dasteht.

Zu meiner Studentenzeit vertrat man in der intellektuellen Elite die Meinung, dass der Glaube an Gott antiquiert sei. Sowohl Studenten als auch Professoren waren der Ansicht, dass es sich bei Gott um ein Relikt aus einfacheren, naiveren Zeiten handle. Doch diese Zeit hinterließ in der menschlichen Seele ein Vakuum, und deshalb schwang das Pendel zurück Richtung Spiritualität, obwohl man damit heute meist die New-Age-Spiritualität meint.

Wenn der Säkularismus Gott aus in den Himmel verbannte, dann brachte die Esoterik-Welle Gott in unsere Mitte zurück. Nach heutigen religiösen Vorstellungen findet Gott sich in allem, was uns umgibt. Nicht der Schöpfer ist uns heilig, sondern das Geschöpf. Man will uns weismachen, dass von unserem Bewusstsein bis zur Erde und den Tieren alles heilig sei. In dem Buch *Your Sacred Self* (»Dein heiliges Selbst«) schreibt Dr. Wayne W. Dyer: »Ich will Sie dem leuchtenden himmlischen Licht vorstellen und Sie das Wunder kennen lernen lassen, dass unser heiliges Selbst über die Ansprüche des Ego-Selbst siegen kann, dessen größter Wunsch es ist, Sie zurückzuhalten.« [2] Dieses Denken spricht die Verherrlichung, die eigentlich Gott vorbehalten ist, den Geschöpfen zu, genau wie Paulus es beschrieb: »Indem sie sich für Weise ausgaben, sind sie zu Narren geworden und haben die Herrlichkeit des unverweslichen Gottes verwandelt in das Gleichnis eines Bildes vom verweslichen Menschen und von Vögeln und von vierfüßigen und kriechenden Tieren« (Röm 1,22-23).

Die heutige Religiosität definiert Gott folgendermaßen: Gott ist ein Arbeitgeber, der jedem die gleiche Chance gibt. Er ist die universelle Energiequelle, die nur darauf wartet, dass wir sie anzapfen. Was wir glauben, ist unwesentlich. Es kommt darauf an, dass die höhere Macht, die schon in uns schlummert, unser Selbstverständnis durchdringt. Wenn wir Vergebung brauchen, dann müssen wir uns einfach selbst vergeben, denn wir haben kein Gesetz eines persönlichen Gottes gebrochen. Da es keinen Gott gibt, vor dem wir schuldig werden, gibt es auch keinen Gott, dessen Vergebung wir suchen müssen. *Es geht heute nur um Selbsterlösung durch Selbsterkenntnis.*

Angenommen, Sie fühlen sich schuldig. Dabei sind Sie Anhänger einer Glaubensgemeinschaft, die lehrt, dass Gut und Böse gar nicht existieren! So erging es Glenn Tinder, einem Veteranen des 2. Weltkrieges: Sein Gewissen war schwer belastet, nachdem er im Krieg zwei japanische Soldaten erschossen hatte. Er nahm an, sie seien bewaffnet, irrte sich aber. Seine Tat verfolgte ihn. Doch er war mit dem Gedankengut der »Christlichen Wissenschaft« aufgewachsen, das in vielem den Ideen des New Age gleicht: Das Böse existiert nicht, Krankheit ist eine Illusion und Gottes Vergebung ist nicht notwendig. Vor seinen Kriegserlebnissen hatte Tinder gedacht: »Gott ist einfach jemand, der ein gutes Universum schuf, sich dann zurückzog und den Menschen diese Wahrheit hinterließ, damit sie sie genießen können.« Doch als er an die Männer dachte, die er umgebracht hatte, kam ihm das Wort »Mörder« in den Sinn. Er wusste, dass er ein Verbrechen begangen hatte: »Da war nun – unerwartet – ein zorniger Gott – oder zumindest ein göttliches, unumstößliches Gesetz, das mir drohte, das ich verletzt hatte, das über mir stand. Die ›Christliche Wissenschaft‹ konnte mir nicht helfen: Da sie alles Böse leugnet, hat sie nichts zum Thema Vergebung beizutragen.« [3] Jahrzehntelang hatte Tinder die Wahrheit gesucht und konnte endlich Christus erfassen, der seine Sünde vergab und sein Gewissen reinigte.

Psychologen bestätigen es: Wir können unsere Schuldgefühle nicht ersticken, indem wir uns einreden, dass wir schon in Ordnung sind und keine Vergebung von Gott nötig haben. Die medizinische Forschung erkannte längst, dass Menschen sehr viel seelische Energie aufbringen müssen, um ihr beunruhigtes Gewissen und ihren verzweifelten Verstand zu neutralisieren, wenn der Verdacht an ihnen nagt, dass sie doch nicht ganz in Ordnung sind.

Nietzsche sah, welche Folgen der zu tragen hat, der nicht an die Existenz eines transzendenten Gottes glaubt. Bekanntlich war er ja der Meinung, dass Gott tot sei, von Menschenhand getötet. Deshalb fragte er:

> Wie sollen wir, Mörder aller Mörder, uns trösten? Das Heiligste und Mächtigste, das die Welt je besessen hat, ist unter unseren Klingen verblutet. Wer wird uns das Blut abwaschen? Womit können wir uns reinwaschen? Welche Vergebungsrituale, welche heiligen Spiele müssen wir erfinden? Ist nicht die Größe dieser Tat für uns zu groß? Müssen wir nicht selbst Götter werden, um dieser Tat würdig zu sein? [4]

Wenn wir diese Aussage in den Kontext der heutigen Zeit stellen, könnten wir sagen: »Wir haben Gott umdefiniert, wir haben ihm seine Transzendenz gestohlen, seine Persönlichkeit, und nun haben wir niemanden mehr, der uns sagt, ob uns vergeben worden ist!« Und doch ist Vergebung gerade das, was wir brauchen. In seinem Buch *What's So Amazing about Grace?* (»Was ist so erstaunlich an der Gnade?«) erzählt Philip Yancey die Geschichte einer Prostituierten. Sie war krank, arm und obdachlos. Unter Schluchzen und vielen Tränen bekannte sie, dass sie ihre zweijährige Tochter an einen Mann verkauft hatte, der abartigen Sex wollte! Sie habe es tun müssen, sagte sie, um ihre Drogensucht zu finanzieren. Als man sie fragte, warum sie sich nicht an eine Gemeinde um Hilfe gewandt habe, antwortete sie: »Warum hätte ich dort wohl hingehen sollen? Ich fühle mich schon schlecht genug. In einer Gemeinde hätte ich mich nur noch mieser gefühlt.« [5]

Ist es fair zu behaupten, dass sie sich durch den Kontakt zur Kirche »noch mieser« fühlt? Vielleicht für einige Zeit, doch das Ergebnis wäre, dass es ihr später besser geht. Jesus würde sagen, dass es für diese Frau mehr Hoffnung gibt als für Menschen, die meinen, keinen Grund zu haben, sich »noch mieser« zu fühlen. Die Götter der Pop-Kultur haben dieser armen Frau nichts zu sagen, außer vielleicht, dass sie sich bessern und es das nächste Mal anders machen soll. Gott sei Dank tut der Gott der Bibel sehr viel mehr: Er bietet uns Vergebung an, ein reines Gewissen, und er beschenkt uns mit seinem Geist. Hier haben wir eine Frau, die mehr braucht als eine Predigt über die Heiligkeit ihres Inneren. Sie braucht mehr als einen Gott, der sie »bestätigt«. Sie braucht den transzendenten Gott, der ihr sagt: »Deine Sünden sind dir vergeben.«

In den folgenden Abschnitten werden wir von der Strenge Gottes, seiner kompromisslosen Heiligkeit und sogar von seinem Zorn sprechen. Doch danach wollen wir uns der Gnade Gottes zuwenden und sehen, wie er böse, unwürdige Sünder annimmt. Beim Wort »Heiligkeit« erwacht unser Sündenbewusstsein, doch Gott lässt uns an dieser Stelle nicht allein. Er hebt uns auf, reinigt uns und gibt uns das Geschenk der Gerechtigkeit, die wir so nötig brauchen. Letztendlich werden wir uns »besser« fühlen – *sehr viel* besser!

Sich Gott nähern

Die Bibel warnt uns zweifach: Erstens warnt sie uns davor, uns einen Gott nach unseren Vorstellungen zu zimmern. »Du sollst keine andern Götter haben neben mir« (2Mo 20,3) lautet das erste Gebot. Diese Worte waren gerade frisch in Moses Steintafeln gehauen worden, als die Israeliten das Gebot schon übertraten, indem sie sich einen goldenen Gott in Form eines Kalbes schufen. Heute üben wir Götzendienst, indem wir uns in unseren Herzen einen Götzen aufrichten. Wir haben davon schon im vorhergehenden Kapitel gehört.

Doch – und das ist wichtig – es reicht nicht aus, dass wir Götzen verachten und uns dem wahren Gott zuwenden. Es ist auch notwendig, uns ihm in richtiger Weise zu nähern. Selbst in evangelikalen Kreisen hört man oft, dass es angeblich keine Rolle spiele, wie man zu Gott komme, sondern dass nur zähle, dass wir überhaupt zu ihm kommen. Aber einige Menschen in der Bibel erlebten das Gegenteil.

Kain und Abel waren sich nicht einig, wie Gott anzubeten sei. Abel brachte ein Opfer von den Erstlingen seiner Herde. Kain war kreativer und dachte, er könne Gott auf seine Art anbeten. Doch Gott interessierte es kaum, wie viel ihn sein Opfer gekostet hatte. Kain brachte das falsche Opfer, deshalb wurde es abgelehnt (1Mo 4,5). Das Neue Testament berichtet von Menschen, die »den Weg Kains gingen« (Jud 11). Sie meinten, sie könnten aus eigener Kraft die Würde erlangen, um für die Gegenwart Gottes passend zu sein. Doch Kain musste zur Kenntnis nehmen, dass auch die Art, wie wir Gott nahen, wichtig ist.

Nadab und Abihu waren Aarons Söhne und Moses Neffen. Sie waren für Gott ausgesondert, die Schüler der Bibelschule von damals, und bereiteten sich auf den »vollzeitlichen Dienst« vor. Eines Tages brachten sie dem Herrn »fremdes Feuer« dar, und Gott reagierte entsprechend: »Da ging Feuer vom Herrn aus und verzehrte sie. Und sie starben vor dem Herrn« (3Mo 10,2).

Wir sind versucht, Gott hier eine übertriebene Reaktion vorzuwerfen. Das waren doch junge Männer, die eine zweite Chance verdient hätten, außerdem waren sie doch Söhne des Hohenpriesters Aaron. Wir würden ein wenig Nachsicht erwarten. Doch gerade hier, vor dem Altar Gottes, wurden Nadab und Abihu unmittelbar ausgelöscht – ohne Gerichtsverhandlung, ohne eine zweite Chance.

Warum tat Gott das? Gott selbst erklärte: »Bei denen, die mir nahen, will ich geheiligt und vor dem ganzen Volk will ich verherrlicht werden« (3Mo 10,3). Mose bat zwei Männer, die Leichen zu holen und sie zu begraben. Wir lesen, dass sie noch ihre Gewänder trugen. Mose sagte Aaron, dass er sich besser nicht darüber aufregen sollte, sonst würde er auch sterben. Er sollte das Zelt der Begegnung nicht verlassen, sondern dort bleiben, bis die Ruhe in diesem Bereich wieder hergestellt war.

Nicht alles ist heilig, aber Gott *ist* heilig. Dein Ich ist wichtig, aber es ist nicht heilig. Die Erde ist wichtig, aber sie ist nicht heilig. Der Fehler dieser Männer war nicht, dass sie zu dem falschen Gott kamen, sie kamen auf die falsche Weise zu Gott. Sie dachten, sie könnten die Vorschriften fallen lassen. Aber sie lernten auf die harte Tour, dass nicht jeder Weg zu Gott gleich gut ist.

Wenn wir die falsche Art wählen, uns Gott zu nähern, dann spielen Begleitumstände keine Rolle. Vielleicht werden wir in diesem Leben nicht gleich erschlagen (die Gründe dafür werde ich im nächsten Kapitel nennen), aber wir werden vor dem jüngsten Gericht erscheinen müssen. Stellen Sie sich die Bestürzung vieler Menschen vor, die meinen, dass der Himmel ihnen sicher sei und die sich dann auf der falschen Seite der Himmelstür wiederfinden!

Wie können wir uns also Gott nahen? Die gute Nachricht lautet: Es geht nicht darum, wie groß unsere Sünde ist, sondern es geht um die von Gott vorgeschriebene Methode. Wir sind eingeladen, ins »Allerheiligste« zu treten, aber wir dürfen nicht allein kommen. Denken Sie daran: Gottes Eigenschaften, seine Heiligkeit, seine Gerechtigkeit und Macht sind unveränderlich; und er muss sich selbst treu bleiben. Wir wagen es nicht, in den Fehler zu verfallen, die Barmherzigkeit Gottes auf Kosten seiner Gerechtigkeit und Heiligkeit zu betonen. Auch wagen wir nicht, seine Gerechtigkeit und Heiligkeit zu betonen, ohne diese Eigenschaften durch seine Liebe und Barmherzigkeit ins Gleichgewicht zu bringen. Die Allmacht Gottes ohne Gnade ist erschreckend, und die Heiligkeit Gottes ohne Barmherzigkeit führt in die Verzweiflung.

»Machen Sie sich keine Sorgen um mich, denn mir geht es gut«, sagte mir ein Mann im Flugzeug. Ich hatte ihm erklärt, dass er einen Mittler zwischen sich und dem Allmächtigen brauche und dass Gott ihn ohne das richtige Opfer ablehnen würde. Doch er dachte, dass bei ihm alles in Ordnung sei, weil er seinen imaginären Götzen verehrte, einen Gott, der ihm versicherte, dass er in Ordnung sei. Er konnte vor seinem selbst fabrizierten Gott voller Selbstvertrauen erscheinen. Weil er nie mit der Heiligkeit Gottes konfrontiert worden war, hatte er, wie so viele Menschen der Postmoderne, die Fähigkeit verloren, seine Sünde zu sehen und zu verachten.

Weil Gott heilig ist, ist die Sünde ein persönlicher Angriff auf seine Schönheit, seine Heiligkeit und seinen Charakter. Wenn wir denken, wir können einfach in seine Gegenwart treten, dann liegt das daran, dass wir weder ihn noch uns verstehen. Augustinus hatte Recht, als er sagte: »Wer die Heiligkeit Gottes versteht, der verzweifelt bei dem Bemühen, ihn zufrieden zu stellen.« Einen ähnlichen Standpunkt nimmt Donald McCullough ein, wenn er schreibt: »Man kann vor anderen Göttern voller Selbstvertrauen erscheinen, ohne das Gefühl einer Bedrohung zu haben. Sie rühren sich nicht, sie nehmen immer schön den Platz ein, den das menschliche Ego ihnen in der Absicht zuweist, die Zügel selbst in der Hand zu behalten. Doch der Gott, der sich in Jesus Christus offenbarte, ist heilig, und ein heiliger Gott kann weder beherrscht noch gezähmt werden. Dieser Gott ist so, völlig anders.« [6]

Das Protokoll einhalten

Man erzählte mir, dass Besucher über das Protokoll aufgeklärt werden, bevor sie eine Audienz bei einem König oder einer Königin antreten. Es wäre wirklich seltsam, wenn man sich Gott ohne jegliche Vorkehrungen nähern könnte, ohne einen Gedanken an den Abstand zu verschwenden, der zwischen uns und seiner Heiligkeit klafft. Je unähnlicher uns Gott ist, desto achtsamer müssen wir sein, wie wir uns ihm nähern.

Gott hat ausdrücklich die richtige Art und Weise beschrieben, wie wir in seine Gegenwart treten dürfen. Wir wollen ein paar Fakten aus dem Alten Testament betrachten. Damals ging der Hohepriester einmal im Jahr – am Versöhnungstag – in das Allerheiligste. Wie Sie sich sicherlich erinnern werden, war das Allerheiligste ein kleiner Raum, in dem Gott nach seiner Verheißung gegenwärtig war. Natürlich ist Gott allgegenwärtig, doch dies war der Ort, den er erwählt hatte, um seine Herrlichkeit auf Erden zu zeigen. Wenn ein Priester sich vorbereitete, in dieses Allerheiligste zu treten, dann traf man Vorkehrungen. Der Historiker Josephus berichtet, dass die anderen Priester ein Seil am Fuß des Hohenpriesters befestigten. Auf diese Weise konnten sie ihn herausziehen, ohne dass sie selbst das Allerheiligste betreten mussten, falls er eine der Vorschriften übertrat und Gott ihn erschlug. Bei einer Audienz muss man das Protokoll eben genau einhalten.

Ich hatte Gelegenheit, die Stätten der Reformation zu besuchen. Mindestens viermal stand ich in Erfurt an dem Altar, an dem Martin Luther seine erste Messe las. Ich stellte mir vor, wie er plötzlich erstarrte. Schweiß brach auf seiner Stirn aus. Er war fast gelähmt, als er zu den Worten kam: »Wir opfern dir, dem lebendigen, wahren und ewigen Gott …« Später erklärte er:

> Bei diesen Worten war ich wie gelähmt und erschrocken. Ich dachte bei mir selbst: Mit welcher Zunge soll ich solch eine Majestät ansprechen, wo ich wusste, dass alle Menschen selbst in der Gegenwart eines irdischen Königs zittern? Wer war ich, dass ich meine Augen oder meine Hände zur göttlichen Majestät erheben sollte? Die Engel umgeben ihn. Sein Nicken lässt die Erde erzittern. Und soll ich, ein elender Winzling, sagen: »Ich möchte dies, ich bitte um jenes?« Denn ich bin Staub und Asche und voller Sünde, und ich spreche mit dem lebendigen, ewigen und wahren Gott. [7]

Solche Worte klingen für einen Menschen unserer Zeit seltsam. Heute reden Menschen über Gott, als ob es keinen Grund zur Furcht gebe, keinen Grund, sich unwürdig zu fühlen. Solche Frechheit beweist nur, dass völlig Blinde das Licht nicht schätzen können und dass die Toten das Gewicht der Sünde in ihrer Seele nicht spüren. Als Mose danach verlangte, die Herrlichkeit Gottes zu sehen, lautete die Antwort: »Kein Mensch kann mich sehen und am Leben bleiben« (2Mo 33,20). Heute tritt der moderne Mensch voller Selbstbewusstsein in die Gegenwart Gottes ohne die geringste Furcht, er könne einen Fehler machen.

Warum müssen wir uns an Regeln halten? Zunächst einmal, weil die moralische Entfernung zwischen uns und Gott unendlich ist. Wenn es um Reinheit geht, dann fehlt Mensch und Gott jede gemeinsame Basis. Die Seraphim rufen:

»Heilig, heilig, heilig ist der Herr der Heerscharen! Die ganze Erde ist erfüllt mit seiner Herrlichkeit!« (Jes 6,3). Heiligkeit ist Gottes wichtigste Eigenschaft. Wie schon zuvor erwähnt – alles an ihm ist heilig: Seine Liebe ist heilig, sein Zorn ist heilig, und seine Gerechtigkeit ist ebenfalls heilig.

Und dann ist da die Kluft zwischen uns und der Majestät und Größe Gottes. Seine Pläne gehen über unseren Horizont, seine Absichten sind uns verborgen, es sei denn, er offenbart sie uns. Unsere erste Frage lautet nicht, ob er denn zu uns passt, sondern ob wir auf eine Weise zu ihm kommen, die ihm passt. Nicht uns zu Gefallen soll gehandelt werden, sondern ihm zu Gefallen.

Wie können wir ihn dann erreichen? Die Bibel lehrt, dass wir nicht zu ihm hinaufreichen können, wenn er sich nicht zunächst zu uns herunterbeugt. Das Alte Testament beschreibt, wie sich der Mensch durch ein Ritual Gott nähern konnte. Der Zweck dieses Rituals war, den Menschen über die Heiligkeit Gottes zu belehren und über die Notwendigkeit, sich ihm wie vorgeschrieben zu nähern. Im Neuen Testament ist nun der Mittler gekommen.

Ein geeigneter Mittler

In die Gegenwart Gottes kann man nur durch einen Mittler kommen, d. h. wir brauchen jemanden, der sowohl unsere Interessen vertreten kann, als auch die der anderen Partei (in diesem Fall Gott). Genauso ist es für einen gewöhnlichen Bürger fast unmöglich, eine Audienz beim Präsidenten der Vereinigten Staaten zu bekommen. Er braucht jemanden, der den Präsidenten kennt, der Beziehungen hat, der die Verbindung schafft. Gott ist gewissermaßen der »Präsident« des Universums und wir haben seine Gerechtigkeit verletzt.

Zur Zeit des Alten Testamentes war es die Aufgabe der Priester, als Mittler zu dienen. Doch weil sie selbst Sünder waren, reichte ihr Dienst nicht aus, um die Sünde vollständig zu sühnen. Sie waren ein Schattenbild für Christus, der endgültig »die Sünde der Welt hinwegnehmen« sollte, wie es Johannes der Täufer ausdrückte (Joh 1,29). Lesen Sie den folgenden Abschnitt und behalten Sie dabei den Unterschied zwischen den alttestamentlichen Priestern und Jesus im Hinterkopf.

> Und jeder Priester steht täglich da, verrichtet den Dienst und bringt oft dieselben Schlachtopfer dar, die niemals Sünden hinwegnehmen können. Dieser aber hat *ein* Schlachtopfer für Sünden dargebracht und sich für immer gesetzt zur Rechten Gottes. Fortan wartet er, bis seine Feinde hingelegt sind als Schemel seiner Füße. Denn mit *einem* Opfer hat er die, die geheiligt werden, für immer vollkommen gemacht (Hebr 10,11-14).

Im Alten Testament brachten viele Priester Opfer dar, sie arbeiteten sogar im

Schichtdienst. Doch Jesus, der ewig lebt, brachte *ein* Opfer dar, das *für alle Zeit* seine Gültigkeit behält. Die alttestamentlichen Opfer konnten nur vergangene Sünden sühnen, deshalb mussten sie immer wiederholt werden. Doch von Jesus lesen wir: »Mit einem Opfer hat er die, die geheiligt werden, *für immer* vollkommen gemacht« (V. 14, Betonung vom Autor). Die alten Priester durften sich während ihrer Schicht nicht setzen. Doch Jesus setzte sich zur Rechten Gottes, weil sein Werk vollendet ist!

Als es bei Hiobs Gespräch mit seinen »Freunden« heiß herging, rief er aus, dass er sich danach sehne, direkt mit Gott zu reden. Er wollte nicht einfach beten, sondern ein Gespräch mit ihm führen – von Angesicht zu Angesicht. In seiner Verzweiflung schrie er: »Denn er ist nicht ein Mensch wie ich, dass ich ihm antworten, dass wir zusammen vor Gericht gehen könnten. Er nehme seine Rute von mir weg, und sein Schrecken ängstige mich nicht mehr« (Hi 9,32-34). Hätten wir doch einen Mittler!

Ein Gottesdienstbesucher sagte mir: »Ich versuche zu Gott durchzudringen, doch ich bin nicht sicher, ob die Verbindung wirklich zustande kommt.« Denken Sie nur wie wunderbar es wäre, wenn wir jemanden hätten, der »die Verbindung zustande bringt« – jemanden, der wie wir ist, nur sündlos, jemanden, der uns vor Gott repräsentieren kann und umgekehrt. Ein Kandidat für dieses Amt müsste die Eigenschaften Gottes haben, damit die moralische und geistliche Kluft zwischen Gott und uns überbrückt werden kann. Jesus alleine besitzt diese Eigenschaften. »Denn einen solchen Hohenpriester mussten wir auch haben, der heilig, unschuldig, unbefleckt, von den Sündern geschieden und höher ist als der Himmel« (Hebr 7,26; Luther 1984).

Jesus ist wie wir ganz Mensch, und er ist auch ganz Gott. Jemand drückte das sogar so aus: »Ein Retter, der nicht ganz wie Gott ist, wäre wie eine Brücke, die am anderen Ende abgebrochen ist.« Jesus vertritt uns nicht nur im Himmel, sondern wir sind sogar schon mit ihm dort: »Er hat uns mitauferweckt und mitsitzen lassen in der Himmelswelt in Christus Jesus« (Eph 2,6). Wir können Gott nur im Kielwasser des einen Menschen erreichen, der das Recht hat, in seine Gegenwart zu treten.

Vielleicht verstehen wir nun, warum es nicht viele Wege in die Gegenwart Gottes geben kann. Nur eine Person erfüllt die Forderungen, die Gott an einen Mittler stellt. Nur eine Person kann uns die Vollkommenheit schenken, die wir brauchen, um selbstbewusst in der Gegenwart des Allmächtigen zu stehen: »Ich bin der Weg und die Wahrheit und das Leben. Niemand kommt zum Vater als nur durch mich« (Joh 14,6).

Sie haben sicherlich schon jemanden sagen hören: »Ich habe mich vom Christentum nicht abgewandt, ich bin nur einen Schritt weiter gegangen zur Spiritualität.« Dieser »Fortschritt« erfreut sich heutzutage allgemeiner Beliebtheit. Doch genau genommen muss man sich vom Christentum abwenden, wenn man darüber »hinausgeht«. Wann immer man etwas hinzufügen will, beschneidet man es in Wirklichkeit. Die Menschen, welche die Einzigartigkeit Jesu Christi aufgeben, geben nicht einfach einen Teil der Botschaft des Evangeliums auf, sie geben es *ganz* auf. Die Mathematik lehrt uns, wie jede Wahrheit, dass man nur auf eine Art richtig liegen kann, aber auf viele Arten falsch.

Wenn wir unseren Glauben auf Jesus setzen, dann brauchen wir keine Schwierigkeiten fürchten, wenn wir auf unserer Reise von der Erde in den Himmel die Grenze überschreiten. Unser Mittler ist ja schon dort, er sitzt an unserem Platz und garantiert, dass wir sicher ankommen. Gott handelt an uns, indem er in Christus mit uns handelt. Wer ohne Mittler in die Gegenwart Gottes tritt, verhält sich wie jemand, der sich hundert Meter von der Sonne entfernt aufhalten will. Gottes Heiligkeit würde uns verdampfen. »Denn *einer* ist Gott, und *einer* ist Mittler zwischen Gott und Menschen, der Mensch Christus Jesus, der sich selbst als Lösegeld für alle gab, als das Zeugnis zur rechten Zeit« (1Tim 2,5-6). Wir sollten nicht denken, dass wir es wagen können, allein in die Gegenwart Gottes zu treten.

Ein wohlgefälliges Opfer

Warum ist ein Opfer nötig, um die Sünde zu sühnen? Die Gerechtigkeit verlangt es. Eine simple Verkehrssünde kann ohne Strafe nicht vergeben werden. Wir machten uns der schlimmsten Verstöße gegen das Gesetz Gottes schuldig. Schon unsere Existenz ist ein Verstoß gegen seine Heiligkeit. Deshalb können wir nicht in Gottes Gegenwart treten, ehe Gottes Zorn abgewandt ist. »Denn mit *einem* Opfer hat er die, die geheiligt werden, für immer vollkommen gemacht« (Hebr 10,14). In der Gegenwart Christi werden wir schuldig gesprochen und angenommen, wir sind unwürdig und doch geehrt.

Es gibt einige Opfer, die Gott nicht annimmt. Eines davon ist das Opfer der *Aufrichtigkeit*. Manche Menschen denken, dass Gott sie annehmen müsse, weil sie es doch gut meinten. Weiter gibt es das Opfer des *Dienstes*. Mancher erinnert sich aller guten Taten, die er vollbrachte und meint, Gott schulde ihm aufgrund seiner Anständigkeit die Annahme. Ein drittes Opfer ist die *eigene geistliche Suche*. Und viele bringen die Opfergabe der *Schuld* – sie geißeln sich, sie glauben, dass sie für ihre Sünden bezahlen können und Gott sie annimmt, wenn sie nur genug Reue zeigen .

Martin Luther hat eine passende Antwort für solche Menschen parat: »Was veranlasst dich zu denken, dass Gott an deinen guten Werken mehr Gefallen habe als an seinem geliebten Sohn?« Es ist richtig, dass wir eine Gabe bringen müssen, ein Opfer für Gott, doch wir können es uns nicht selbst aussuchen, wenn wir Gottes Zustimmung erfahren wollen. *Wir müssen das Opfer bringen, das Gott selbst für uns geschaffen hat.*

Das Opfer muss der begangenen Sünde angemessen sein. Weil unsere Sünden gegen einen unendlichen Gott gerichtet sind, brauchen wir ein Opfer von unendlichem Wert. Daraus folgt, dass nur Gott das Opfer zur Verfügung stellen kann, das er selbst verlangt. Das ist die Bedeutung des Evangeliums: Gott selbst hat seine Ansprüche für uns erfüllt. Erinnern Sie sich an die Geschichte, wo der Angeklagte vor dem Richter stand, weil er zu schnell gefahren war, und der Richter kam selbst von seinem Podium herunter und bezahlte die Strafe? Das ist genau, was Gott für uns getan hat.

Jesu Tod am Kreuz löste das unlösbare Problem. »Denn es ist auch Christus einmal für Sünden gestorben, der Gerechte für die Ungerechten, damit er uns zu Gott führe« (1Petr 3,18). Es gibt keine Sünde, die nicht vergeben werden kann, wenn wir Gottes Barmherzigkeit durch das Werk Christi in Anspruch nehmen.

Die Prostituierte, von der ich ein paar Seiten vorher erzählte, der Vergewaltiger, der mir aus dem Gefängnis schrieb und fragte, ob auch ihm vergeben werden könne – beide und mit ihnen viele andere können von Gott ohne Unterschied völlig angenommen werden. Der Grund ist offensichtlich: Weil Gott versprochen hat, jeden anzunehmen der auf seinen Sohn vertraut, erhalten alle dasselbe Geschenk der Gerechtigkeit und alle werden Glieder derselben Familie.

Augustus Toplady hat das sehr treffend ausgedrückt:

Nicht viele Mühen meiner Hände
Können den Anspruch des Gesetzes erfüllen.
Würde mein Eifer auch keine Grenzen kennen,
Würden meine Tränen ewig fließen.
All das könnte nicht die Sünden sühnen,
Du musst retten, du allein.

Kürzlich fuhr ich mit einigen Mitarbeitern mit dem Taxi. Wir sagten dem Fahrer, einem Muslim, dass Jesus nicht nur ein Prophet gewesen sei, sondern der einzig wahre Erlöser, und forderten ihn auf, Jesus anzunehmen. Er sagte: »Nein, ich muss für meine Sünde bezahlen. Ich darf mich nicht betrinken, aber ich habe es doch getan; ich darf nicht rumhuren, doch ich habe es getan. Deshalb verlangt die Gerechtigkeit, dass ich in der Hölle für meine Sünden leide, und nachdem ich dafür bezahlt habe, werde ich in den Himmel kommen.«

Wir sagten ihm, wie froh wir wären, dass seine Meinung nicht zutrifft. Zum einen kann er für seine Sünden nie wirklich bezahlen, nicht einmal in der Hölle. Wer ohne Vergebung Gottes stirbt, ist für immer schuldig. Außerdem lautet die gute Nachricht, dass Jesus die Schuld für die Menschen, die an ihn glauben, schon bezahlte. Bei allem Respekt für Mohammed – er konnte keine Schuld tilgen, auch nicht Krischna, Gandhi oder Zarathustra. Man kann Jesus mit diesen Lehrern nicht auf eine Ebene stellen. Nur im Christentum sind Mittler und Opfer dieselbe Person. Mit Christus an unserer Seite wagen wir es, uns »Gott zu nähern«.

Eine annehmbare Haltung

Wir wollen sorgfältig lesen, wie die Einladung in die Gegenwart Gottes ausgesprochen wird:

> Da wir nun, Brüder, durch das Blut Jesu Freimütigkeit haben zum Eintritt in das Heiligtum, den er uns bereitet hat als einen neuen und lebendigen Weg durch den Vorhang – das ist durch sein Fleisch –, und einen großen Priester über das Haus Gottes, so lasst uns hinzutreten mit wahrhaftigem Herzen in voller Gewissheit des Glaubens, die Herzen besprengt und damit gereinigt vom bösen Gewissen und den Leib gewaschen mit reinem Wasser (Hebr 10,19-22).

Wir kommen mit unserem Mittler und mit unserem Opfer; wir kommen in dem Wissen, dass wir zu ihm gehören, und er zu uns. Wir kommen mit einem aufrichtigen Herzen, d. h. mit Wahrhaftigkeit und Ehrlichkeit. Wir kommen mit offenem Herzen, obwohl es vieles gibt, das wir lieber verbergen würden. Wir kommen ganz erkannt, völlig aufgedeckt, vollkommen verstanden. Wir kommen, ohne zu versuchen, unsere Sünde und das Leben, das wir geführt haben, doch noch gut hinzustellen.

Wir kommen mit »voller Zuversicht«, sicher, dass wir angenommen werden. Jesus ist ganz angenommen worden, und deshalb werden wir es auch. Hier geben wir anderen Sündern die Hand: Hier steht der religiöse Eiferer neben der Prostituierten, der selbstgerechte Kirchgänger neben dem Mörder. Anstatt uns von Gott wegzutreiben hat unsere Sünde uns zu Gott hingeführt. Je klarer wir unsere Sünde erkennen, desto deutlicher sehen wir die Wunder des Opfers Christi und sein Eintreten für uns.

»Da wir nun gerechtfertigt worden sind aus Glauben, so haben wir Frieden mit Gott durch unseren Herrn Jesus Christus, durch den wir mittels des Glaubens auch Zugang erhalten haben zu dieser Gnade, in der wir stehen« (Röm 5,1-2). Was Paulus hier meint, geht weit über die Tatsache hinaus, dass wir Gottes Ohr erreichen, wenn wir durch Jesus zu ihm kommen. Das Wort »Zugang« bedeutet, dass wir direkt in die Gegenwart Gottes geführt werden; wir stehen im Allerheiligsten.

Vor vielen Jahren war ich mit zweien meiner Töchter in Washington, wo ich bei einer Gemeindefreizeit sprach. An diesem Wochenende nahm auch ein Geheimdienstoffizier des damaligen Präsidenten Bush an der Freizeit teil. Er fragte uns, ob wir am nächsten Tag das berühmte Oval Office besuchen wollten, das Büro des Präsidenten, denn der Präsident sei verreist. Dieses Angebot ehrte uns sehr, und so nahmen wir an.

Am nächsten Morgen trafen wir uns mit ihm an einem der Eingänge des Weißen Hauses. Als wir beim ersten Wachposten vorbeikamen, wollte eine meiner Töchter dem Soldaten ihre Handtasche zum Durchsuchen reichen, doch er winkte sie weiter. »Sie sind in seiner Begleitung«, sagte der Offizier und nickte unserem Freund zu, »Sie dürfen durch.«

Als wir nun das Weiße Haus betraten, trafen wir noch mehr Wachposten. Sie sahen den Agenten, dann uns, und sagten: »Sie sind in seiner Begleitung, Sie dürfen weitergehen.« In einem Flur gab es noch mehr Wachen, und wieder erlebten wir das gleiche: Sie sahen den Agenten, sahen uns an und sagten: »Sie sind in seiner Begleitung, gehen Sie weiter.«

Nun näherten wir uns dem Oval Office und ich konnte die offene Tür schon sehen. Noch ein Wachposten stand an der Tür. Er sah den Agenten und auch er winkte uns herein, weil wir eben den Agenten dabei hatten. Dann traten wir in das Oval Office, obwohl wir nicht viel weiter als durch die Tür gehen durften.

Stellen Sie sich nun vor, dass alle, die an Jesus glauben, zur gleichen Zeit sterben würden. Wenn wir das Todestor durchschritten haben, kommt Jesus uns entgegen, um uns auf unserer Reise in unsere himmlische Heimat zu begleiten. Wir passieren eine Engel-Wache, die den Weg ins neue Jerusalem bewacht. Die Engel sehen Jesus, dann uns, und sagen: »Sie sind bei ihm, Sie dürfen weitergehen.« Dann kommen wir an weiteren Engeln vorbei, und dann noch einmal. Immer sehen sie Jesus, dann uns und es heißt: »Sie sind bei ihm, gehen Sie weiter.« Schließlich nähern wir uns der Wohnung Gottes. Wir werden von dem Licht fast geblendet, die Schrift nennt es »das unzugängliche Licht« (1Tim 6,16). Einen Augenblick lang ziehen in der Erinnerung unsere Sünden und unser Versagen an uns vorüber. In unserer Gesellschaft sind Frauen, die abgetrieben haben, auch die Prostituierte, von der wir erzählten. Ehemalige Ehebrecher stehen neben Homosexuellen und Diebe neben Geizhälsen – und alle sind durch das Blut Christi erlöst und gereinigt.

Unter der Menge gibt es natürlich auch viele, denen solche Sünden erspart blieben, doch hatten sie gegen ähnliche Gedankensünden zu kämpfen. Die Erinnerung ist so mächtig, so real, dass jeder von uns sagt: »Da kann ich nicht hinein!«

Doch die Engel am Tor der Wohnung Gottes sehen Jesus an, dann schauen sie auf uns und sagen: »*Sie sind bei ihm, gehen Sie weiter.*« Und so kommt es, dass uns Jesus Christus in die Gegenwart des allmächtigen Gottes führt.

Glauben Sie nie, dass es viele Wege zu Gott gibt. Jesus ist der eine, geeignete Mittler, das einzige geeignete Opfer, und der einzige geeignete Erlöser.

Persönliche Reaktion

Wenn wir auf Jesus vertrauen, haben wir Anteil an seinem Sieg im Himmel. Die folgende Beschreibung erinnert uns eindrucksvoll daran, dass nur ein Mensch im Zentrum unseres Universums steht, und nur dieser eine Mensch kann uns für die Gegenwart Gottes passend machen. Das Buch der Offenbarung des Johannes beschreibt den Lobpreis, der allein diesem Menschen dargebracht wird:

> Du bist würdig, das Buch zu nehmen und seine Siegel zu öffnen; denn du bist geschlachtet worden und hast durch dein Blut für Gott erkauft aus jedem Stamm und jeder Sprache und jedem Volk und jeder Nation und hast sie unserem Gott zu Königen und Priestern gemacht, und sie werden über die Erde herrschen!
> Und ich sah: und ich hörte eine Stimme vieler Engel rings um den Thron her und um die lebendigen Wesen und um die Ältesten; und ihre Zahl war Zehntausende mal Zehntausende und Tausende mal Tausende, die mit lauter Stimme sprachen: »Würdig ist das Lamm, das geschlachtet worden ist, zu empfangen die Macht und Reichtum und Weisheit und Stärke und Ehre und Herrlichkeit und Lobpreis« (Offb 5,9-12).

Wir wollen ihm danken, dass er uns dem Vater vorgestellt und uns an den Tisch der Gemeinschaft mit ihm eingeladen hat.

3. Lüge
Gott ist heute toleranter als früher

»Ich bin froh, dass heute niemand mehr wirklich der Bibel glaubt, sonst müsste man uns steinigen.« Diese Worte äußerte ein Aktivist der Homosexuellen-Szene im Gespräch mit einem Christen, der anhand der Bibel die Homosexualität verurteilte. Die Argumentation des Aktivisten war eindeutig: *Im Alten Testament ist die Strafe für Homosexualität der Tod. Wie kannst du behaupten, dass du der Bibel glaubst? Und wenn du nicht daran glaubst, dann benutze sie nicht, um gegen Homosexualität zu argumentieren!*

Wie antworten wir Leuten, die behaupten, dass Gott heute toleranter sei als zur Zeit des Alten Testamentes? Damals schrieb das Gesetz vor, dass Homosexuelle zu Tode gesteinigt werden sollten, zusammen mit Ehebrechern, Kindern, die ihre Eltern beschimpfen, Hexen und Gotteslästerern. Ich fand ungefähr ein Dutzend Sünden oder Übertretungen, die das jüdische Gesetz zur Zeit des Alten Testamentes für todeswürdig hielt.

Heute ist alles verändert. Homosexuelle werden in unsere Gemeinden eingeladen; Eltern wird gesagt, sie sollten ihre aufmüpfigen Kinder ohne Vorbedingung lieben, und Ehebrecher werden bestenfalls therapiert. Ja, Mord und Inzest gelten auch heute noch als kriminell, aber Hexen dürfen überall in Amerika durch Zauberei reich werden.

Heute hört man keine Geschichten mehr wie die von Nadab und Abihu, die von Gott getötet wurden, weil sie »fremdes Feuer« opferten (3Mo 10,1-7). Wir lesen auch nirgends mehr von Leuten wie Usa, der den Befehl Gottes ignorierte, die Bundeslade berührte und sofort starb (2Sam 6,6-7). Heute können Menschen so viel lästern und unehrerbietig reden wie sie wollen und doch erreichen sie ein hohes Alter. R. C. Sproul stellte fest: »Wenn die alttestamentlichen Strafen für Gotteslästerung heute noch in Kraft wären, müsste jeder Intendant beim Fernsehen längst hingerichtet worden sein.«

Ist Gott heute toleranter als damals?

Diese Frage verlangt aus zwei Gründen nach einer Antwort. Erstens wollen wir wissen, ob wir uns das Sündigen heute leisten können, ohne größere Konsequenzen fürchten zu müssen. Können wir heute leben wie es uns passt und dabei vertrauen, dass Gott an uns Barmherzigkeit übt und uns nicht richtet? Eine junge Christin gab im Gespräch mit mir zu, dass sie sich teilweise deshalb für ein sündiges Leben entschieden habe, weil sie sicher war, dass »Gott ihr trotz allem vergeben werde«. Sie sah keinen Grund, seinen Zorn zu fürchten, weil Jesus doch alle Schuld für sie getragen hatte. Bei ihrer Aussage drängt sich die Frage auf: Kann man sich heute für ein Verhalten entscheiden, das im Alten Testament streng getadelt wurde oder sogar die Todesstrafe nach sich zog, und dabei sicher sein, dass Gott gerne vergibt und uns mit »bedingungsloser Liebe« überschüttet?

Vor einiger Zeit war für die meisten Christen die Bezeichnung »gesetzlich« sicherlich zutreffend, weil sie dem Gesetz bis in den Buchstaben hinein folgten. Keiner würde uns heute einen solchen Vorwurf machen. Wir sind frei – frei, in den Alpen Ski zu fahren, oder an den Stränden der Südsee zu liegen – aber auch frei, Gewaltfilme zu sehen, Geld zu verspielen, frei, so gierig zu sein wie andere auch – *frei zu sündigen*. Ist es heute für uns sicherer zu sündigen als zur Zeit des Alten Testaments?

Es gibt noch einen weiteren Grund, warum wir auf diese Frage eine Antwort haben wollen: Wir wollen wissen, ob es *für andere* heute sicherer ist zu sündigen. Wenn jemand an Ihnen schuldig wurde, dann wollen Sie wissen, ob Sie sich darauf verlassen können, dass Gott »ausgleichende Gerechtigkeit« walten lässt. Das Mädchen, das vergewaltigt wurde, das missbrauchte Kind, der Mann, dem ein skrupelloser Betrüger seine Ersparnisse nahm – alle diese Opfer und Hunderte ähnliche wollen wissen, ob Gott so liebevoll ist und solche Vergehen übersieht. Wie groß ist die Chance für Verbrecher, dass ihnen Gerechtigkeit widerfährt? Für uns selbst wünschen wir uns einen toleranten Gott und doch hoffen wir, dass derselbe Gott mit denen, die uns Unrecht getan haben, nicht die gleiche Geduld aufbringt. So fragen wir uns: Können wir uns darauf verlassen, dass Gott nachsichtig oder streng ist, dass er barmherzig ist oder hart urteilt?

Viele Leute beschweren sich über das scheinbare Schweigen Gottes angesichts schlimmer und weit verbreiteter Sünden. Die Frage lautet: »Wie sollen wir dieses Schweigen interpretieren? Ist Gott gleichgültig, oder lässt er sich Zeit? Hat er sich geändert?«

In einer Fernsehshow wurde über das biblische Buch Genesis debattiert: Alle Teilnehmer vertraten die Ansicht, dass Gott sich weiterentwickelt. Er sandte die Sintflut. Doch wie ein Kind, das eine Sandburg baut und sie im nächsten Augenblick zerstört, bereute Gott sein Handeln. Er fühlte sich entsprechend elend und schenkte deshalb den Regenbogen mit der Verheißung, nie wieder so zu handeln. Die meisten Diskussionsteilnehmer meinten, dass die Flut böse war und keinerlei Wert an sich gehabt hätte. Jeder beliebige Mensch hätte mehr Mitleid gezeigt als Gott, argumentierten sie.

Die Teilnehmer der Diskussionsrunde waren natürlich der Auffassung, dass die Bibel nur eine Aufzeichnung dessen sei, was sich Menschen Jahrhunderte hindurch von Gott ausgedacht haben. Unser Gottesbild wurde deshalb toleranter, weil wir toleranter geworden sind. Aus dem gleichen Grund ist das Neue Testament mit seiner Betonung der Liebe eine reifere, gnädigere Darstellung von Gott. Das erklärt auch die offensichtlichen Unterschiede zwischen dem Alten und dem Neuen Testament.

Manche liberale Theologen glauben sogar, dass die Bibel zwei Götter offenbart: Den zornigen Gott des Alten Testaments und den liebenden Gott des Neuen Testaments. Und wieder steht die Argumentation auf derselben Basis: So wie die Menschheit sich ändert, so ändern sich unsere Gottesvorstellungen. In primitiveren Zeiten stellten sich die Menschen Gott streng und unnachgiebig vor. Heute gelangten wir zu höherer Erkenntnis und der Gott, den wir uns vorstellen, wurde toleranter und liebevoller. Das aber setzt voraus, dass wir unser Gottesbild vom Menschen ableiten.

Es gibt noch eine andere Möglichkeit: Wir können daran festhalten, dass Gott unveränderlich ist und heute noch dieselben Ansprüche stellt, dass er sich jedoch entschloss, heute anders mit den Menschen umzugehen, zumindest eine gewisse Zeit lang. Dieses Kapitel wird uns zeigen, dass die im Alten Testament geoffenbarten Eigenschaften Gottes im Neuen Testament bestätigt werden. Im Alten Testament sehen wir nicht nur die Strenge Gottes, sondern auch seine Güte; wir sehen sein hartes Gericht, aber auch seine Barmherzigkeit.

Wer die Bibel sauber unterteilt in Altes Testament mit Gottes Zorn und Neues Testament mit seiner Barmherzigkeit, gibt den Text nicht korrekt wieder. Ja, es gab im Alten Testament strenge Strafen, doch es gab auch Gnade. Wenn wir genau hinschauen, erscheint Gott sogar recht tolerant. Man beachte etwa Davids Beschreibung des »alttestamentlichen Gottes«:

> Barmherzig und gnädig ist der Herr, langsam zum Zorn und groß an Gnade. Er wird nicht immer rechten, nicht ewig zürnen. Er hat uns nicht getan nach unseren Vergehen, nach unseren Sünden uns nicht vergolten (Ps 103,8-12).

Tatsache ist, dass sich in beiden Testamenten ein ausgeglichenes Bild von den Eigenschaften Gottes findet. Es gibt zwingende Gründe für die Annahme, dass Gott keine einzige seiner im Alten Testament geoffenbarten Ansichten geändert hat. Das Neue Testament mag die Gnade mehr betonen als das Gesetz, doch letztlich offenbart sich Gott in erstaunlicher Konsequenz. Recht verstanden änderten sich die Strafen nicht. Und wir sind dankbar, dass auch seine Gnade unverändert bleibt.

Kommen Sie mit mir auf eine Reise, die Wesen und Werke Gottes untersucht – wir werden dabei die wunderbare Einheit zwischen dem Alten und dem Neuen Testament erkennen. Und wenn wir an unserem Ziel ankommen, werden wir Gott anbeten wie nie zuvor.

Der unveränderliche Gott

Wer schuf Gott? Sicherlich haben Sie diese Frage schon einmal gehört; vielleicht von einem Kind, vielleicht auch von einem Skeptiker, der beweisen wollte, dass der Glaube an die Ewigkeit des Universums genauso »richtig« sei, wie der Glaube an die Ewigkeit Gottes. Wenn wir nicht wissen, woher Gott kam, so lautet die Argumentation, dann brauchen wir auch nicht zu wissen, woher das Universum gekommen ist.

Natürlich besteht zwischen diesen beiden Annahmen ein Unterschied: Das Universum trägt die Ursache seiner Existenz nicht in sich selbst. Der lebendige Gott – und nicht das Universum – existierte schon immer, denn er ist, wie Theologen sich ausdrücken, die »Ursache ohne Ursache«. Wir können mit unserem Verstand dieses Konzept eines Wesens ohne Ursache nicht begreifen, doch sowohl Bibel als auch Logik lehren, dass ohne irgendein »Wesen ohne Ursache« nichts existieren könnte, denn aus nichts kann nichts kommen.

Die Schrift sagt uns: »Ehe die Berge geboren waren und du die Erde und die Welt erschaffen hattest, von Ewigkeit zu Ewigkeit bist du, Gott« (Ps 90,2). Gott existiert von der vergangenen Ewigkeit bis zur zukünftigen Ewigkeit und, wie wir sehen werden, ändert er sich nicht.

Gottes Wesen ändert sich nicht

Gott kann nicht älter werden. Weder bekommt er neue Eigenschaften, noch verliert er welche. Er wird nicht weiser, weil er schon alles weiß. Er wird nicht stärker, denn er ist schon allmächtig. »Er kann sich nicht zum Besseren ändern«, schreibt A. W. Pink, »denn er ist schon vollkommen, und weil er vollkommen ist, kann er sich auch nicht zum Schlechteren ändern.« [1] »Jede gute Gabe und jedes vollkommene Geschenk kommt von oben herab, von dem Vater der Lichter, bei dem keine Veränderung ist noch eines Wechsels Schatten« (Jak 1,17).

Gottes Wahrheit ändert sich nicht

Manchmal sagen wir etwas und meinen es gar nicht so, oder wir versprechen etwas und können es nicht halten. Unvorhergesehene Umstände machen unser Wort wertlos. Das gilt nicht für Gott: »Das Gras verdorrt, die Blume ist verwelkt. Aber das Wort unseres Gottes besteht in Ewigkeit« (Jes. 40,8).

David bestätigte das, indem er schrieb: »In Ewigkeit, Herr, steht dein Wort fest in den Himmeln. ... Längst habe ich aus deinen Zeugnissen erkannt, dass du sie gegründet hast auf ewig« (Ps 119,89.152). Gott hat es nicht nötig, seine Ansichten zu revidieren oder seine Pläne zu ändern. Er braucht seine Vorhaben nie den Umständen anzupassen.

Man muss zugeben, dass es ein paar Schriftstellen gibt, die davon sprechen, dass Gott eine Entscheidung bereute und seine Meinung änderte (2Mo 6,6-7; 1Sam 15). In diesen Schriftstellen zeigt die Bibel, dass Gott seine Reaktion auf Menschen wegen ihres Verhaltens ändert. Doch gibt es keinen Grund zu meinen, dass der Richtungswechsel in Gottes Verhalten unvorhersehbar gewesen wäre oder nicht zu seinem Plan gehört hätte. Wie J. I. Packer es ausdrückt: »Es bedeutet keine Änderung seines ewigen Planes, wenn er beginnt, mit den Menschen auf neue Art zu handeln.« [2]

Gottes Maßstäbe ändern sich nicht

Die Zehn Gebote sind nicht nur eine zufällige Liste von Regeln. Sie sind ein Bild des Wesens Gottes und der Welt, die er erschaffen hat. Wir sollen kein falsches Zeugnis ablegen, weil Gott der Gott der Wahrheit ist. Wir dürfen keinen Ehebruch begehen, weil der Schöpfer die Unantastbarkeit der Familie festgelegt hat. »Seid heilig, denn ich bin heilig«, lautet das Gebot in beiden Testamenten (3Mo 11,44; 1Petr 1,16). Gott will, dass die Gebote uns seinen Maßstab vor Augen halten. »Liebt eure Feinde, und tut Gutes, und leiht, ohne etwas wieder zu erhoffen, und euer Lohn wird groß sein, und ihr werdet Söhne des Höchsten sein; denn er ist gütig gegen die Undankbaren und Bösen« (Lk 6,35). Das Gebot, den Unliebsamen zu lieben, liegt im Wesen Gottes begründet.

Gottes Eigenschaften sind auf einzigartige Weise ausgeglichen. Er verbindet Barmherzigkeit mit der Absicht zu strenger Gerechtigkeit und beschreibt sich selbst so: »Der Herr, Gott, barmherzig und gnädig, langsam zum Zorn und reich an Gnade und Treue, der Gnade bewahrt an Tausenden von Generationen, der Schuld, Vergehen und Sünde vergibt, aber keineswegs ungestraft lässt, sondern die Schuld der Väter heimsucht an den Kindern und Kindeskindern, an der dritten und vierten Generation« (2Mo 34,6-7).

Obwohl wir sterben, haftet Gott nichts Sterbliches an. Er vereinigt in sich Vergangenheit und Zukunft. Der Gott, der Abraham aus Ur in Chaldäa berufen hatte, berief auch mich in den Dienst. Der Jesus, dem Paulus auf der Straße nach Damaskus begegnet war, rettete auch mich. Der Heilige Geist, der die ersten Gemeinden mit großer Macht und viel Segen besucht hatte, wohnt auch in den Menschen, die Jesu Erlösung annahmen. Man kann es nicht eindeutiger ausdrücken als die Bibel das tut: Gott veränderte sich nicht und er wird sich auch in Zukunft nicht verändern. Der Prophet Maleachi benötigte nur sechs Worte, um dieser Wahrheit Ausdruck zu verleihen: »Ich, der Herr, wandle mich nicht« (Mal 3,6; Luther 1984).

Pastor Henry Lyte musste aus Gesundheitsgründen seine Pfarrstelle in Devonshire in England aufgeben. Als er seiner geliebten Gemeinde Lebewohl sagte, sprach er folgende Worte, die in den angelsächsischen Gemeinden häufig gesungen werden:

Bleibe bei mir: schnell fällt die Nacht,
Es dunkelt, Herr, bleib du bei mir.
Wenn andere Helfer versagen, und Trost mich flieht:
Oh, du wandelst dich nicht, bleibe bei mir.

In der Moody-Gemeinde, in der ich meinen Dienst tue, wurde im Versammlungsraum das Motto an die Wand gemalt: »Jesus Christus, derselbe gestern, heute und in Ewigkeit« (s. Hebr 13,8). Ja, der Unwandelbare bleibt bei uns.

Gottes Handeln änderte sich

Wie können wir dann erklären, dass Ungehorsam im Alten und im Neuen Testament unterschiedliche Konsequenzen zur Folge hat? Wenn Gott heute nicht toleranter sein kann, als er es damals war, warum wenden wir dann die alttestamentlichen Strafen nicht mehr an? Warum entsteht der Eindruck, dass das Sündigen heute kein Problem bereitet? Gottes Urteil bleibt dasselbe, aber seine Art, das Urteil zu vollstrecken, änderte sich. Er handelt anders an uns, ohne dass er deshalb seine Meinung ändert oder weniger von uns verlangt. Er ist weder toleranter, noch duldet er unsere Schwächen. Lassen Sie mich das erklären.

Als unser vierjähriger Sohn erwischt wurde, wie er im Laden etwas Süßes mitgehen ließ, gab ich ihm als sein Vater einen Klaps auf den Po. Nehmen wir nun an, derselbe Junge stiehlt im Alter von zwölf Jahren wieder etwas Süßes. Es kann sein, dass der Vater nicht mehr mit ihm redet oder dass er ihn anders bestraft, etwa durch das Entziehen gewisser Vorrechte oder durch Stubenarrest. Wenn der Junge dasselbe im Alter von zwanzig Jahren tut, könnte es sein, dass er nicht sofort bestraft wird, dass er aber vor einem Richter zu erscheinen hat. Ich möchte hier deutlich machen, dass die Meinung der Eltern zum Diebstahl sich nicht veränderte, doch sie gehen mit einem solchen Vergehen zu verschiedenen Zeiten anders um. Es kann sein, dass die Eltern eine strengere Strafe erteilen, wenn das Kind älter wird, statt sie mit der Zeit abzumildern.

Genauso werden wir entdecken, dass sich Gottes Auffassungen nicht änderten und seine Strafen immer noch gleich hart sind. Doch kann man sehr wohl eine Veränderung in seinem Zeitplan und den Strafmethoden feststellen. Je sorgfältiger wir die Schrift studieren, desto deutlicher wird uns, dass Gott eine unabänderliche Konsequenz besitzt, wenn es um seine Absicht geht, die Sünde zu strafen. Er hasst die Sünde heute noch genauso wie früher. Ich bin dankbar dafür, dass er uns heute eine Hilfe anbietet.

In Hebräer 12,18-29 sehen wir, wie Gott sich am Berg Sinai und auf Golgatha als derselbe zeigt. Hier liegt der große Bogen der Eigenschaften Gottes wie ein Diamant vor uns. Hier wird sichtbar, dass Gott seinen Maßstab nicht änderte. Er wird beweisen, dass er nicht »mit dem Alter milde geworden« ist. Menschen, die sich nicht auf die Begegnung mit ihm vorbereiten, sehen einer Zukunft voll unaussprechlichem Schrecken entgegen. Nein, er änderte sich nicht.

Den veränderten Umgang Gottes mit Sündern kann man auf drei Arten darstellen. Bleiben Sie am Ball – der Unterschied zwischen Sinai und Golgatha wird uns die Antworten geben, die wir suchen.

Das Irdische und das Himmlische

Der Verfasser des Hebräerbriefes gab uns eine lebendige Beschreibung der Ereignisse am Sinai, als er seine Leser erinnerte:

> Denn ihr seid nicht gekommen zu dem Berg, der betastet werden konnte, und zu dem entzündeten Feuer und dem Dunkel und der Finsternis und dem Sturm und zu dem Schall der Posaune und der Stimme der Worte, deren Hörer baten, dass das Wort nicht mehr an sie gerichtet werde – denn sie konnten nicht ertragen, was geboten wurde: »Und wenn ein Tier den Berg berührt, soll es gesteinigt werden«; und so furchtbar war die Erscheinung, dass Mose sagte: »Ich bin voll Furcht und Zittern« (Hebr 12,18-21).

Am Berg Sinai demütigte die Herrlichkeit Gottes Mose und Aaron so weit, dass sie schwiegen und nur noch anbeteten. Gott berief Mose auf die Spitze des Berges, wo er Feuer, Blitz und Rauch sah. Mose kam zurück und sagte den Menschen, dass sie sterben würden, wenn sie dem Berg zu nahe kämen.

Die räumliche Entfernung zwischen Menschen und Berg symbolisiert die ethische Entfernung zwischen Gott und der Menschheit. Noch nicht einmal Mose konnte Gott direkt sehen, obwohl er schon spezielle Privilegien genoss. Das Wort an die Menschen lautete: »Haltet Abstand, sonst müsst ihr sterben.«

Stellen Sie sich vor, welche Kraft notwendig war, um den Berg zu erschüttern. Auch heute noch sehen wir die Macht Gottes in Tornados, Hurrikans und Erdbeben. Gott begleitete besondere Offenbarungen mit Vorgängen in der sichtbaren Welt, die die Menschen an seine Macht und sein Gericht erinnern sollten. Sie sollten Abstand halten, weil er heilig ist.

Es gab auch einen »Höhenunterschied« zwischen Gott und Mensch. Wenn Gott aus dem Himmel herabkommt, erinnert uns das an die Tatsache, dass wir von unten kommen und Geschöpfe der Erde sind. Er ist ganz anders, er übersteigt alle Grenzen. Um Sproul zu zitieren: »Wenn wir dem Unendlichen begegnen, dann wird uns unsere Endlichkeit stark bewusst. Wenn wir dem Ewigen begegnen, spüren wir, wie zeitlich wir sind. Wenn wir Gott begegnen, dann lernen wir an den Gegensätzen.« [3] Stellen Sie sich vor, ein Anhänger der New-Age-Lehre steht am Berg Sinai. Eingehüllt in eine Wolke aus Feuer und Rauch sagt er: »Ich selber lege die Bedingungen fest, die mir erlauben, Gott zu nahen. Jeder kann auf seine Weise kommen!«

Auf dem Sinai sehen wir Gottes Gegenwart ohne Sühneopfer, ohne Mittler. Er zeigt, wie der Mensch in der Heiligkeit Gottes dasteht. Hier stand das unwürdige Geschöpf in der Gegenwart des Schöpfers, der der höchsten Ehre wert ist. Hier sehen wir die Offenbarung des Gottes, der Ungehorsam nicht ungestraft lässt, des Gottes, der mehr als alle Götter zu fürchten ist.

Doch nun sehen wir einen wichtigen Gegensatz. Der Verfasser des Hebräerbriefes betont: »... sondern ihr seid gekommen zum Berg Zion und zur Stadt des lebendigen Gottes« (Hebr 12,22). Als David Jerusalem eroberte und die Bundeslade auf den Zionsberg brachte, war dieser Berg der irdische Aufenthaltsort Gottes. Später wurde das Wort *Zion* auf die gesamte Stadt übertragen. Jahrhunderte vergingen, bis Jesus kam und außerhalb der Stadtmauern starb. Damit erfüllte er die Prophezeiungen, dass die Errettung aus Zion kommen sollte.

Der Berg Zion war ein Sinnbild des geöffneten Himmels und wir sind nun eingeladen, sechs Vorrechte zu genießen. Schauen Sie sich Hebräer 12,22-24 an. Zunächst kommen wir zum »himmlischen Jerusalem« (V. 22). Als Gläubige sind wir Himmelsbürger. Wie schon zuvor besprochen, werden wir durch das Blut Jesu ins »Allerheiligste« eingeladen.

Zweitens sagt der Autor, dass wir einer »Festversammlung« beiwohnen werden – in Gegenwart von Hunderten Millionen von Engeln (V. 22). Wir begegnen feiernden Engeln, mit denen wir gemeinsam Gott preisen. Vergessen wir nicht, dass auch am Berg Sinai Engel anwesend waren (Gal 3,19), aber die Menschen konnten damals nicht hinzutreten, weil diese himmlischen Bewohner die Posaunen des Gerichtes bliesen. Genauso wenig wie man Gott nahen konnte, konnte man Gemeinschaft mit Engeln pflegen.

Doch heute können wir uns zu ihnen gesellen, nicht der Gemeinschaft wegen, sondern um uns zusammen über den Sieg Gottes in der Welt zu freuen. Während Sinai die Menschen mit Angst erfüllte, ist Zion einladend und gnädig. Sinai ist allen verschlossen, denn keiner kann die Forderungen des Gesetzes erfüllen. Zion dagegen ist für jeden da, der bereit ist, das Opfer Christi für sich in Anspruch zu nehmen. In Jesus kann man zu dem Gott kommen, zu dem eigentlich niemand Zutritt hätte.

Drittens kommen wir zu der »Gemeinde der Erstgeborenen, die in den Himmeln angeschrieben sind«, d. h. zum Leib Christi (V. 23). Jesus sagte, dass die Jünger sich nicht freuen sollten, weil ihnen die Engel untertan wären, sondern weil ihre Namen »in den Himmeln angeschrieben sind« (Luk 10,20). Die Namen aller Gläubigen finden sich dort im Buch des Lebens. Alle dort Genannten sind Glieder der siegreichen Gemeinde.

Viertens kommen wir »zu Gott, dem Richter aller« (V. 23), denn der Vorhang des Tempels ist entzweigerissen und wir »haben durch das Blut Jesu Freimütigkeit zum Eintritt in das Heiligtum« (Hebr 10,19).

Fünftens kommen wir »zu den Geistern der vollendeten Gerechten« (V. 23), was sich wahrscheinlich auf die Heiligen des Alten Testamentes bezieht, die nur im Hinblick auf die Zukunft Vergebung und vollkommene Versöhnung mit Gott erwarten konnten. In gewissem Sinne müssen sie auf uns warten (Hebr 11,40). Es geht letztlich darum, dass wir mit Abraham und einer großen Menge anderer alttestamentlicher Heiliger verbunden sind. Welch eine Familie!

Schließlich, und das ist das Wichtigste, kommen wir »zu Jesus, dem Mittler eines neuen Bundes; und zum Blut der Besprengung, das besser redet als das Blut Abels« (V. 24). Gott nahm Abels Opfer an, doch sein vergossenes Blut konnte nicht für seine Sünde angerechnet werden, noch viel weniger für die Sünde seines Bruders. Jesu Blut jedoch reicht für uns alle aus.

Der Unterschied ist deutlich: Der Berg Sinai war von Wolken bedeckt, der Berg Zion ist von Licht erfüllt. Sinai ist ein Symbol für Gericht und Tod, Zion dagegen steht für Leben und Vergebung. Die Botschaft vom Sinai lautet: »Bleibt weg!«, die Botschaft von Zion dagegen: »Kommt näher!«

Schauen Sie sich einen Kalender an, und Sie werden mir zustimmen, dass Jesus die Geschichte in zwei Hälften teilt: Vor Christus und nach Christus – doch er teilt auch die Geschichte der Erlösung in zwei Teile, so wie der Vorhang im Tempel von oben bis unten durchgerissen wurde. Jetzt, da sein Blut vergossen ist, können wir voller Zuversicht zu Gott kommen.

Bedeutet das, dass Gottes Zorn über die Sünde verschwunden ist? Machte das Kommen Jesu Gott toleranter? Unsere Diskussion ist noch nicht weit genug fortgeschritten, um irgendwelche Schlüsse ziehen zu können. Wir wollen uns weiter mit diesem Abschnitt beschäftigen, dann werden unsere Fragen beantwortet.

Es gibt eine zweite Möglichkeit, den veränderten Umgang Gottes mit Sündern zu erklären.

Der Alte Bund und der Neue Bund

Jesus, so haben wir es gelernt, ist Mittler eines »Neuen Bundes« (V. 24). Was bedeutet das? Wenn er uns einen Neuen Bund gab, worin bestand dann der Alte?

Zur Zeit des Alten Testamentes schloss Gott einen Bund mit dem gesamten Volk Israel. Er entschloss sich, direkt durch Könige und Propheten zu regieren, indem er Schritt für Schritt seinen Willen offenbarte. Er erwartete vom Volk, dass sie seinen Anweisungen folgen. Die Propheten konnten sagen: »Das Wort des Herrn geschah zu mir« und sie konnten den Königen sagen, was der Wille Gottes in einer bestimmten Situation war. Es gab keine Trennung von Staat und Religion, wie wir es kennen. Der Staat existierte, um den göttlichen Willen zu erfüllen.

Offensichtlich gab es zur Zeit des Alten Testamentes keine Religionsfreiheit. Die Strafe für Götzendienst war der Tod. »Du sollst keine anderen Götter neben mir haben« lautete das erste Gebot, das Israel erhielt. Wenn das Volk nicht hörte, kam die Strafe sofort und war von unserem Standpunkt aus gesehen hart.

Jesus brachte eine radikale Lehre mit. Seinen Nachfolgern sollte es möglich sein, unter einer heidnischen Regierung Gottgefällig zu leben. Er kam nicht, um die römische Herrschaft über Israel zu beenden, denn sein Reich war wahrlich nicht von dieser Welt. Als ihm die Frage gestellt wurde, ob man den heidnischen Römern Steuern zahlen soll, antwortete Jesus: »Gebt dem Kaiser, was des Kaisers ist, und Gott, was Gottes ist« (Luk 20,25). Ja, Nachfolger Jesu dürfen einer korrupten Regierung Steuern zahlen und sie sollen natürlich auch ihren Verpflichtungen Gott gegenüber nachkommen.

Die Lehre Jesu bringt zwei große Veränderungen: Gott handelt seit dem Kommen Jesus nicht mehr nur an einem einzigen Volk, sondern mit Einzelpersonen aus allen Völkern. Er berief von diesem Zeitpunkt an eine übernationale Gruppe aus allen Stämmen, Völkern und Sprachen, um eine neue Gemeinde zu bilden, die Kirche oder Versammlung genannt wird. Diese Menschen leben größtenteils unter feindlich gesinnten politischen Regimen. Wir, die wir Teil dieses Projekts sind, sollen Salz und Licht sein und Gott repräsentieren, in welcher Situation wir uns auch immer befinden.

Zweitens sollen wir der weltlichen Autorität gehorchen, wo immer das möglich ist. Wir sollen ihren Anweisungen folgen, es sei denn, die Anweisungen kollidieren mit unserem Gewissen. Und Paulus schreibt ja auch aus einer Gefängniszelle in Rom und fordert uns auf, dass wir uns den Behörden unterzuordnen haben (was in diesem Falle Unterordnung unter Nero bedeutete), weil sie von Gott eingesetzt sind (vergl. Röm 13,1).

Unser Ziel als Gemeinde ist nicht die politische Übernahme eines Landes. Natürlich sollten sich Christen als gute Bürger auch für die Regierung des Landes einsetzen, doch unsere wichtigste Botschaft ist die Veränderung von Völkern durch die Veränderung von Einzelpersonen. Die ersten Christen hatten genau wie wir ihre nationalen Probleme, doch auch ohne politische Basis und ohne Fraktion im römischen Senat veränderten sie ihre Welt und stellten sie quasi auf den Kopf, wie Lukas, der Historiker, es ausdrückt (Apg 17,6 nach einer englischen Übertragung).

Die Unmoral der Stadt Korinth war sprichwörtlich. Als Paulus dorthin kam, lehrte er eine revolutionäre Idee: Es ist nicht die Verantwortung der Gemeinde, die ungläubige Welt für ihre Ethik zu verurteilen, sondern ihre Sünde in das Licht des Evangeliums zu stellen und so zu zeigen, was »Gottes Kraft« vermag (1Kor 1,18). An diese Gemeinde schrieb er:

> Ich habe euch in dem Brief geschrieben, nicht mit Unzüchtigen Umgang zu haben; nicht durchaus mit den Unzüchtigen dieser Welt oder den Habsüchtigen und Räubern oder Götzendienern, sonst müsstet ihr ja aus der Welt hinausgehen. Nun aber habe ich euch geschrieben, keinen Umgang zu haben, wenn jemand, der Bruder genannt wird, ein Götzendiener oder ein Lästerer oder ein Trunkenbold oder ein Räuber ist, mit einem solchen nicht einmal zu essen. Denn was habe ich zu richten, die draußen sind? Richtet ihr nicht, die drinnen sind? Die aber draußen sind, richtet Gott. »Tut den Bösen von euch selbst hinaus!« (1Kor 5,9-12).

Wenn Sie unter Ungläubigen wohnen und beschließen, nicht mehr mit denen zu essen, die unmoralisch oder habsüchtig sind oder den falschen Göttern nachlaufen, dann könnte es sein, dass Sie in Zukunft ganz alleine essen müssten! Natürlich können wir mit solchen Leuten essen, es sei denn, sie behaupten von sich, Jünger Jesu zu sein. Doch wenn ein Christ auf diese Weise lebt und wir mit ihm über einer Mahlzeit Gemeinschaft pflegen oder uns gerne in seiner Gesellschaft aufhalten, dann billigen wir sein Fehlverhalten. Um solchen Menschen klarzumachen, wie falsch ihr Verhalten ist, weist uns Paulus an, mit ihnen nicht einmal am Tisch zu sitzen.

Jetzt nähern wir uns dem springenden Punkt, an dem wir verstehen können, warum wir heute nicht mehr den Auftrag haben, Sünder wie zur Zeit des Alten Testamentes zu töten. Wir haben keine Autorität, die Menschen zu richten, die nicht zur Gemeinschaft der Gläubigen gehören. Es ist Aufgabe des Staates, diejenigen zu strafen, die bestimmte Sünden tun, und diese Gesetze müssen aufrecht erhalten werden. Doch – und das ist wesentlich – sind die Vergehen, die im Alten Testament die Todesstrafe nach sich zogen, identisch mit den Vergehen, für die wir heute Gemeindezucht üben. Wir haben nicht das Recht, jemandem das Leben zu nehmen, doch wir können das Urteil Gottes über diese Menschen aussprechen, wenn sie in ihrer Sünde verharren. Paulus lehrte die Gemeinde in Korinth, einen Menschen nicht zu töten, sondern aus der Gemeinde auszuschließen, wenn sein unmoralischer Wandel nicht tragbar war (1Kor 5,5). Solche Disziplinierung ist unsere Pflicht.

Es ist ziemlich dumm zu denken, dass wir ungestraft sündigen können, nur weil Jesus kam. Wir wurden zu dem Zweck erlöst, dass wir ein geheiligtes Leben führen. Natürlich ist es zum Glück auch wahr, dass Gott vergibt, doch unsere Sünden, und zwar insbesondere eine absichtlich begangene Sünde, zieht immer disziplinarische Maßnahmen Gottes nach sich. Wir sollen Heiligung anstreben, denn ohne Heiligung wird »niemand den Herrn schauen« (Hebr 12,14). Gott revidierte die Liste der Sünden nicht.

Eine Frau sagte zu ihrem Pastor: »Ich lebe in Sünde, aber Gott sieht das mit anderen Augen, weil ich Christ bin.« Der Pastor antwortete: »Sie haben Recht. Gott sieht das tatsächlich mit anderen Augen. Für einen Christen wiegt Sünde viel schwerer.« Gott nimmt unseren Ungehorsam so ernst, dass die Schrift uns warnt: »Mein Sohn, achte nicht gering des Herrn Züchtigung und ermatte nicht, wenn du von ihm gestraft wirst. Denn wen der Herr liebt, den züchtigt er; er schlägt aber jeden Sohn, den er aufnimmt« (Hebr 12,5-6).

Es bleibt uns eine letzte wichtige Interpretationsmöglichkeit, den Unterschied zwischen Sinai und Golgatha zu beschreiben. Danach werden wir endlich die Frage genau beantworten können, ob Gott heute toleranter ist als früher.

Sofortige, leibliche Strafe oder zukünftige, ewige Strafe

Machen wir mit diesem spannenden Abschnitt weiter:

> Seht zu, dass ihr den nicht abweist, der da redet! Denn wenn jene nicht entkamen, die den abwiesen, der auf Erden die göttlichen Weisungen gab: wie viel mehr wir nicht, wenn wir uns von dem abwenden, der von den Himmeln her redet! Dessen Stimme erschütterte damals die Erde; jetzt aber hat er verheißen und gesagt: »Noch einmal werde ich nicht nur die Erde bewegen, sondern auch den Himmel.« Aber das »noch einmal« deutet die Verwandlung der Dinge an, die als geschaffene erschüttert werden, damit die unerschütterlichen bleiben (Hebr 12,25-27).

Wir können es kaum missverstehen: Wenn Gott die Menschen dafür richtete, dass sie sich von ihm abwandten, als er am Berg sprach, dann stellen Sie sich vor, welch ein schlimmeres Urteil über die Menschen ergeht, die sich von der Stimme aus dem Himmel, vom Berg Zion abwenden! Die Juden, die Gott am Sinai sprechen hörten, kamen nicht in das gelobte Land, sondern starben in der Wüste. Ihre Strafe war der leibliche Tod, obwohl die Aufrührer unter ihnen außerdem mit dem ewigen geistlichen Tod bestraft wurden. Heute richtet Gott normalerweise die Menschen nicht mehr unmittelbar mit dem leiblichen Tod, aber das Urteil des geistlichen Todes bleibt bestehen – was viel schlimmer ist.

Wenn Gott die Juden richtete, die nur ein begrenztes Verständnis von der Erlösung hatten, denken Sie nur, was Gott denen tun wird, die vom Kommen Christi, seinem Tod und seiner Auferstehung wussten! Den Israeliten wurde damals der Zutritt zum verheißenen Land verwehrt. Menschen, die heute Jesus ablehnen, bringen sich in diesem Leben um den geistlichen Segen und werden durch den ewigen Tod hart gerichtet. Stellen Sie sich ihr Schicksal nur vor!

Am Berg Sinai brachte Gott die Erde ins Wanken. Von Zion aus wird er das gesamte Universum ins Wanken bringen. »Noch einmal werde ich nicht nur die Erde bewegen, sondern auch den Himmel« (V. 26). Dieses Zitat stammt aus Haggai 2,6, wo der Prophet voraussagt, dass Gott die Erde richten wird (vgl. Offb 6,12-14). Alles was ins Wanken gebracht werden kann, und damit ist die gesamte materielle Welt mit ihren Gesetzen gemeint, wird zerstört werden und nur Ewiges wird bleiben (vgl. 2Petr 3,12-14).

Vergessen Sie nicht das erste Prinzip: *Je größer die Gnade, desto schlimmer die Strafe, wenn diese Gnade gering geachtet wird.* Je mehr Gott für uns tut, desto größer ist unsere Verantwortung, es anzunehmen. Die Strafen des Alten Testamentes waren in erster Linie materieller Natur, im Neuen Testament sind sie dagegen ewiger Natur. Wenn Sie, lieber Leser, liebe Leserin, noch nie Ihr Vertrauen auf Jesus gesetzt und geglaubt haben, dass er allein Sie erretten kann, dann denken Sie daran, dass die Schrecken von Golgatha wesentlich schlimmer sind, als die vom Sinai es je sein konnten!

An anderer Stelle spricht der Verfasser des Hebräerbriefes die Frage direkt an – ist Gottes Gericht heute weniger streng als früher? Wenn wir uns vor Augen halten, dass das Gesetz am Sinai im Beisein der Engel verkündet wurde, dann werden wir seine Argumentation verstehen: »Denn wenn das durch Engel verkündete Wort fest war und jede Übertretung und jeder Ungehorsam gerechte Vergeltung empfing, *wie werden wir entfliehen, wenn wir eine so große Errettung missachten?*« (Hebr 2,2-3). Er schließt hier vom Kleineren auf das Größere: Wenn das Gesetz verlangte, dass Strafen verhängt werden, wie viel schlimmer werden dann die Menschen bestraft, welche die Gnade ausschlagen!

In gewisser Weise stellen die harten Strafen des Alten Testamentes die Gnade sogar außerordentlich groß dar: Indem die Strafen von Gott sofort vollstreckt wurden, hatten die Menschen ein starkes Motiv, Gott zu fürchten. In unserer Zeit werden Strafen aufgeschoben und das verleitet den Menschen, die Geduld Gottes als Laxheit oder Gleichgültigkeit misszuverstehen.

Heute lässt Gott es zu, dass sich Sünden aufhäufen und er verschiebt die Strafe auf später. Paulus schreibt an Menschen, die ihr Herz gegen Gott verhärtet hatten: »Nach deiner Störrigkeit und deinem unbußfertigen Herzen aber häufst du dir selbst Zorn auf für den Tag des Zorns und der Offenbarung des gerechten Gerichtes Gottes« (Röm 2,5). Vergeltung und Gerechtigkeit kamen Gott nicht abhanden. Gnade kann uns dazu verleiten, dass wir die Illusion von einem toleranten Gott nähren. Wenn Gnade nicht richtig definiert wird, könnte man die Erlaubnis zum Sündigen ableiten. Der neutestamentliche Autor Jakobus warnte schon: »Es gibt Gottlose, welche die Gnade unseres Gottes in Ausschweifung verkehren und den alleinigen Gebieter und unseren Herrn Jesus Christus verleugnen« (Jud 4). Sie verwechseln die Geduld Gottes mit Nachsicht.

Ein zweites Prinzip: *Wir dürfen das Schweigen Gottes nie als Gleichgültigkeit auslegen.* Gottes Langmut ist weder ein Zeichen von Schwäche noch von Gleichgültigkeit. Sie hat den Zweck, uns zur Umkehr zu bewegen. »Der Herr verzögert nicht die Verheißung, wie es einige für eine Verzögerung halten, sondern er ist langmütig euch gegenüber, da er nicht will, dass irgendwelche verloren gehen, sondern dass alle zur Buße kommen« (2Petr 3,9). Es wäre ein Fehler zu meinen, dass »Verzögerung« hier bedeutet, dass er uns am Tag des Gerichtes frei ausgehen lässt. Salomo warnt im Buch Prediger, dass eine Verzögerung der Strafe falsches Verhalten fördert: »Weil der Urteilsspruch über die böse Tat nicht schnell vollzogen wird, darum ist das Herz der Menschenkinder davon erfüllt, Böses zu tun« (Pred 8,11). Wie leicht interpretieren wir die göttliche Geduld um in göttliche Toleranz!

Eines Tages werden alle Strafen vollstreckt, es wird Vergeltung gefordert und nichts wird übersehen werden. Beim Gericht vor dem großen weißen Thron werden die Ungläubigen aller Zeitalter für ihre Taten zur Rechenschaft gezogen und genauestens beurteilt. Jeder, der einen Unterschied zwischen der Strenge des Alten Testamentes und der Toleranz des Neuen sieht, sollte diesen Abschnitt sorgfältig überdenken: »Und das Meer gab die Toten, die in ihm waren, und der Tod und der Hades gaben die Toten, die in ihnen waren, und sie wurden gerichtet, ein jeder nach seinen Werken. Und der Tod und der Hades wurden in den Feuersee geworfen. Dies ist der zweite Tod, der Feuersee. Und wenn jemand nicht geschrieben gefunden wurde im Buch des Lebens, so wurde er in den Feuersee geworfen« (Offb 20,13-15). Nichts auch nur annähernd Schreckliches geschieht im Alten Testament.

Können wir uns in Sicherheit wiegen, während wir sündigen? In dem Buch *The Lion, the Witch, and the Wardrobe* (deutsch: »Das Wunder von Narnia«) erzählt C.S. Lewis die Geschichte von vier Kindern. Sie entdecken eine Welt, die sie durch die Rückseite eines alten Schrankes auf einem Dachboden betreten können. In diesem Land namens Narnia können Tiere sprechen und ein besonders herrliches Geschöpf, ein majestätischer Löwe, symbolisiert Christus. Einige Biber beschreiben Lucy, Susanne und Peter, die gerade erst nach Narnia gekommen sind, den Löwen Aslan, und sie fürchten sich vor einer Begegnung mit ihm. Die Kinder stellen Fragen, die ihre Furcht zeigen:

> »Oh«, sagte Susan, »ich dachte, er wäre ein Mensch. Ist es … ungefährlich, ihm zu begegnen? Ich glaube ich wäre sehr nervös, wenn ich einem Löwen begegnen würde.« »Genauso wird es sein, mein Liebchen, ganz gewiss«, sagte Frau Biber, »wenn es irgendjemanden gibt, der ohne zitternde Knie vor Aslan erscheinen kann, dann ist er entweder mutiger als die meisten oder aber schlichtweg dumm.« »Dann ist es also nicht ungefährlich?« fragte Lucy. »Ungefährlich?«, fragte Frau Biber. »Hast du nicht gehört, was Herr Biber dir erzählt hat? Wer sagte etwas von ungefährlich? Natürlich ist er nicht ungefährlich. Aber er ist gut. Er ist der König, sage ich dir.« [4]

Ist Gott ungefährlich? Natürlich nicht. »Es ist furchtbar, in die Hände des lebendigen Gottes zu fallen« (Hebr 10,31). Doch er ist auch gut, und wenn wir durch Jesus zu ihm kommen, dann wird er uns retten.

Wenn wir noch immer meinen, dass Gott im Neuen Testament der Sünde toleranter gegenübersteht als im Alten, dann sollten wir einen Blick auf Golgatha werfen und sehen, was sein Sohn erdulden musste. Stellen Sie sich vor, wie Jesus unter unserer Sünde litt. Hier wird uns bewusst, dass es nur zwei Möglichkeiten gibt. Entweder wir müssen die Strafe für unsere Sünden selbst auf uns nehmen, oder wir lassen sie auf die Schultern Jesu fallen. In jedem Fall wird die Strafe vorschriftsmäßig vollstreckt. Und weil wir selbst nicht für unsere Sünden bezahlen können, werden wir mit ihnen für alle Ewigkeit leben müssen – es sei denn, wir stellen uns unter den Schutz Christi. Nur Jesus kann den Zorn Gottes abwenden, der auf uns gerichtet ist.

Ist eine Verzögerung der Gerechtigkeit gleichzusetzen mit fehlender Gerechtigkeit? Bei einem menschlichen Gericht kann das passieren, denn mit der Zeit gehen Beweise verloren und der Schuldige wird freigelassen. Doch auf den höchsten Gerichtshof im Himmel trifft das nicht zu. Bei Gott gehen keine Fakten verloren und Fehlinterpretationen kommen bei ihm nicht vor. Das gesamte irdische Szenario kann wieder in Erinnerung gerufen werden, so dass jedem Gerechtigkeit widerfährt. Das Gericht wird unbestechlich sein, und wir werden für immer singen: »Das Heil und die Herrlichkeit und die Macht sind unseres Gottes! Denn wahrhaftig und gerecht sind seine Gerichte« (Offb 19,1-2).

Ist Jesus nur, wie es in einem alten Lied heißt, »demütig und milde«? In der gleichen Geschichte von C. S. Lewis, die ich schon oben zitierte, begegnen die Kinder dem Löwen Aslan. Lucy bemerkt, dass seine Pranken beides sind – einladend und Furcht einflößend. Sie können samtweich sein, wenn er seine Krallen einzieht, aber auch messerscharf, sobald er sie ausstreckt. Jesus ist beides – demütig und milde, aber auch ein gerechter Richter. Lesen Sie die folgende Beschreibung Christi, und Sie werden mir zustimmen, dass die Warnungen des Neuen Testamentes so erschreckend sind wie die des Alten.

> Und ich sah den Himmel geöffnet, und siehe, ein weißes Pferd, und der darauf saß, heißt »Treu« und »Wahrhaftig«, und er richtet und führt Krieg in Gerechtigkeit. Seine Augen aber sind eine Feuerflamme und auf seinem Haupt sind viele Diademe, und er trägt einen Namen geschrieben, den niemand kennt als nur er selbst; und er ist bekleidet mit einem in Blut getauchten Gewand, und sein Name heißt: Das Wort Gottes. Und die Kriegsheere, die im Himmel sind, folgten ihm auf weißen Pferden, bekleidet mit weißer, reiner Leinwand. Und aus seinem Mund geht ein scharfes Schwert hervor, damit er mit ihm die Nationen schlage; und er wird sie hüten mit eisernem Stab, und er tritt die Kelter des Weines des Grimmes des Zornes Gottes, des Allmächtigen. Und er trägt auf seinem Gewand und an seiner Hüfte einen Namen geschrieben: König der Könige und Herr der Herren (Offb 19,11-16).

Auf diesen Abschnitt folgt die unglaubliche Beschreibung einer Schlacht, in der Jesus das Urteil vollstreckt. Mit dem Schwert in der Hand schlägt er seine Feinde und lässt sie auf dem Schlachtfeld sterben. Selbst wenn wir annehmen, wie es angemessen scheint, dass dieser Bericht symbolisch zu verstehen ist, kann er doch nichts weniger bedeuten als die Offenbarung der Rache Gottes. Der Herr, Gott vom Sinai, ist der Herr, Gott von Zion.

Wir müssen, bildlich gesprochen, *zuerst zum Sinai gehen, ehe wir nach Zion kommen können.* Wir müssen erst unsere Sünden erkennen, bevor wir die Gnade richtig schätzen können. In der großen Allegorie »Pilgerreise zur seligen Ewigkeit« reist ein Mann namens »Christ« mit dem Gewicht seiner Sünde auf seiner Schulter, doch die Last ist zu viel für ihn. Glücklicherweise kommt er nach Golgatha und dort wird die Last auf die Schultern eines Mannes geladen, der sie tragen kann. Zur Freude des Mannes wird der Schrecken des Sinai vom Sohn auf Golgatha getragen. Welch eine Tragödie, wenn wir Menschen begegnen, die voller Selbstzufriedenheit sind; Menschen, die den Schrecken der heiligen Gesetze Gottes nicht kennen. Weil sie sich ihrer Verlorenheit nicht bewusst sind, brauchen sie natürlich auch keine Erlösung. Sie sind so auf sich selbst konzentriert, dass sie die Fähigkeit verloren, über ihre Sünden zu trauern.

Denen, die die Not ihrer Schuld spüren, sagen wir: »Komm!« Komm zum Berg Zion und empfange Gnade und Begnadigung. Verweilen Sie einen Augenblick am Berg Sinai, um Ihre Sünde zu erkennen, doch dann kommen Sie nach Golgatha, um dankbar Ihre Begnadigung entgegenzunehmen. »Deshalb lasst uns, da wir ein unerschütterliches Reich empfangen, dankbar sein, wodurch wir Gott wohlgefällig dienen mit Scheu und Furcht. Denn auch unser Gott ist ein verzehrendes Feuer« (Hebr 12,28-29). Am Sinai war Feuer und auch beim Jüngsten Gericht wird Feuer sein. *Ein verzehrendes Feuer!*

Donald McCullough schreibt:

> Feuer flößt Respekt ein. Es duldet keine Berührung, und man sollte sich ihm vorsichtig nähern. Es führt sein Szepter, sei es zum Guten oder Bösen. Mit einem Funken kann es einen Wald zu Asche oder ein Haus zu einer Erinnerung werden lassen, die so unfassbar ist wie der Rauch, der sich von den verkohlten Resten des Familienalbums erhebt. Oder es kann mit einer einzigen Flamme eine Kerze krönen, um eine Romanze zu fördern, oder es tanzt im heißen Kamin, um die Kälte zu vertreiben. Sicher, Feuer ist gefährlich, doch können wir ohne es nicht leben. Feuer zerstört und erhält Leben. [5]

Es gibt eine Geschichte, die aus der Frühzeit der Besiedelung Amerikas überliefert wurde. Ein Mann war mit seiner Tochter unterwegs. In einiger Entfernung entdeckte er ein Präriefeuer. Er fürchtete, von den Flammen eingeschlossen zu werden, deshalb legte er dort, wo sie gerade waren, ein Gegenfeuer. In immer größerem Umkreis brannten sie nach und nach das Gras ab. Als das Präriefeuer schließlich näher kam, konnte der Vater seine verschreckte Tochter trösten. Er sagte ihr, dass das Feuer ein und dasselbe Land nicht zweimal verbrennen könne. Vater und Tochter waren dort sicher, wo das Feuer schon gewütet hatte.

Wenn wir zum Berg Zion kommen, betreten wir Land, das schon vom Feuer des Sinai verbrannt ist. Am Berg Zion befinden wir uns an dem einzig sicheren

Ort, wir kommen dorthin, wo wir willkommen sind. Wo das Feuer des Sinai gewütet hat, sind wir vor dem schrecklichen Gericht geschützt.

Gottes Sohn erduldete das Feuer, das für uns bestimmt war. Die Flammen verschonen nur die, die an ihn glauben.

Persönliche Reaktion

Ich will Ihnen die Geschichte über einige Mitglieder einer Synagoge erzählen, die sich beim Rabbi beschwerten, dass die Liturgie ihren Gefühlen keine ausreichenden Ausdrucksmöglichkeit gebe. Ob er wohl in der Lage sei, die Liturgie etwas bedeutungsvoller zu gestalten? Der Rabbi erklärte ihnen, dass die Liturgie nicht die Aufgabe hätte, ihre Empfindungen auszudrücken. Der Sinn der Sache sei es eher zu lernen, dem nachzuspüren, was die Liturgie ausdrückt.

Daraus können auch wir etwas lernen. Heutzutage werden mancherorts die »emotionalen Bedürfnisse« in unseren Gottesdiensten so stark betont, dass man vergisst, dass es unser wichtigstes »emotionales Bedürfnis« sein wird, mit der Gerechtigkeit Christi bekleidet vor Gott zu stehen. Es geht letztlich nicht um *unsere* Gefühle, sondern um die Gefühle Gottes. Unsere Aufgabe ist es zu lernen, »dem nachzuspüren«, was Gott fühlt. Lassen Sie uns vor den beiden Bergen anbeten, die Symbole für die beiden Bündnisse sind. Wir müssen zuerst zum Sinai kommen, damit wir an unsere Sündhaftigkeit erinnert werden. Dann stehen wir auf Golgatha, damit wir uns an die Gnade erinnern.

> Und es geschah am dritten Tag, als es Morgen wurde, da brachen Donner und Blitze los, und eine schwere Wolke lagerte auf dem Berg und ein sehr starker Hörnerschall ertönte, so dass das ganze Volk, das im Lager war, bebte. Mose aber führte das Volk aus dem Lager hinaus, Gott entgegen, und sie stellten sich am Fuß des Berges auf. Und der ganze Berg Sinai rauchte, weil der Herr im Feuer auf ihn herabkam. Und sein Rauch stieg auf wie der Rauch eines Schmelzofens, und der ganze Berg erbebte heftig. Und der Hörnerschall wurde immer stärker. Mose redete, und Gott antwortete ihm mit einer lauten Stimme. Und der Herr stieg auf den Berg Sinai herab, auf den Gipfel des Berges, und der Herr rief Mose auf den Gipfel des Berges, und Mose stieg hinauf. Und der Herr sprach zu Mose: »Steig hinab, warne das Volk, dass sie nicht zum Herrn durchbrechen, um zu schauen; sonst müssten viele von ihnen fallen« (2Mo 19,16-21).

Und nun wenden wir uns nach Golgatha:

> Und in der sechsten Stunde kam eine Finsternis über das ganze Land bis zur neunten Stunde; und in der neunten Stunde schrie Jesus mit lauter

> Stimme: »Eloi, Eloi, lama sabachthani?«, was übersetzt heißt: »Mein Gott, mein Gott, warum hast du mich verlassen?« Und als einige der Dabeistehenden es hörten, sagten sie: »Siehe, er ruft Elia.« Einer aber lief, füllte einen Schwamm mit Essig, steckt ihn auf ein Rohr, tränkte ihn und sprach: »Halt, lasst uns sehen, ob Elia kommt, ihn herabzunehmen!« Jesus aber stieß einen lauten Schrei aus und verschied. Und der Vorhang des Tempels zerriss in zwei Stücke, von oben bis unten. Als aber der Hauptmann, der ihm gegenüber dabeistand, sah, dass er so verschied, sprach er: »Wahrhaftig, dieser Mensch war Gottes Sohn!« (Mk 15,33-39).

Gemeinsam mit dem Zenturio wollen wir ausrufen: »Wahrhaftig, dieser Mensch war Gottes Sohn!«

4. Lüge

Gott hat selbst nie gelitten

Hat Gott gelitten? Die Juden wollen wissen, wo Gott während des Holocaust war, Christen wollen wissen, wo Gott bei dem Massaker an den Armeniern war, und die Kosovaren fragen sich, wo er war, als in ihrem Land ein blutiger Bürgerkrieg tobte. Kaum ein Mensch, der diese Zeilen liest, kann sich angesichts einer Tragödie der Frage entziehen: »Wo ist Gott, wenn der Krebs einen Menschen auffrisst?«, oder: »Wo ist er, wenn ein geliebter Ehepartner viel zu früh stirbt?« Wir fragen uns auch, ob Gott selbst jemals litt – kann er die Leiden der Menschheit überhaupt nachvollziehen?

Viele Menschen glauben, dass der Gott der Christen dem Leiden der Bewohner dieses Planeten gleichgültig gegenübersteht. Manche meinen, dass die New-Age-Götter und die Götter des Ostens uns besser verstehen könnten, da sie keine Allmacht für sich beanspruchen. Einen New-Age-Gott, der ja nur ein Teil unseres Selbst ist, kann man schlecht für alles Böse auf der Welt verantwortlich machen. Doch der christliche Gott, dieses Wesen, das unabhängig vom Universum existiert, das Gebete erhört und angeblich sogar diese Welt erschuf, ist weitaus schuldiger. Ein Gott, der menschliches Leid sieht, ohne einzugreifen, ist für solche Menschen kaum der Anbetung würdig.

Was würden Sie einem solchen Skeptiker antworten?

Vielleicht erinnern Sie ihn an Sonne und Regen, die die Saat wachsen lassen, damit wir etwas zu essen haben. Doch diese Tatsache wird die wenigsten Skeptiker überzeugen. Ja, Gott schickt Regenschauer, aber was ist mit Flutkatastrophen und Wirbelstürmen? An den meisten Orten ist die Erdkruste stabil, doch in anderen Gegenden wird sie häufig von Erdbeben erschüttert. Millionen Menschen können ein gesundes Leben führen, doch andere verhungern schon in jungen Jahren oder fallen grausamen Naturkatastrophen und Krankheiten zum Opfer. Schauen Sie die Natur einmal genau an – Sie werden nie herausfinden, ob Gott sich wirklich darum kümmert. Das erinnert mich alles an ein Zitat von Rodney Dangerfiel: »Ich hielt eine Meeresmuschel an mein Ohr, doch die Antwort war ein Besetztzeichen.«

Vielleicht halten Sie dem Skeptiker die Menschheit vor Augen. Wir alle kennen Menschen, die füreinander da sind, und das lässt darauf schließen, dass auch Gott sich um uns kümmert. Doch für jeden liebevollen Menschen gibt es einen grausamen, für jeden großzügigen gibt es einen habgierigen. Schauen Sie sich nur die Überschriften der heutigen Zeitung an und Sie werden sehen, was Menschen einander antun. Mit dem Hinweis auf die Menschheit lässt sich kaum der Beweis antreten, dass Gott sich wirklich um seine Welt kümmert.

Intuitiv unterstellen wir einem Gott ohne Leidensfähigkeit, dass er auch nicht lieben kann. Als Gläubige können wir uns in dieser zynischen Welt mit lahmen Argumenten kein Gehör verschaffen, es sei denn, wir beweisen, dass Gott sich tatsächlich um die Welt kümmert und dass er, gerade weil er sich um sie kümmert, unser Leiden nicht nur versteht, sondern auch selbst litt.

Sekten haben Zulauf, weil es diesen Zynismus gibt, die Überzeugung, dass der christliche Gott sich unseren Anliegen gegenüber gleichgültig verhält. Selbst Menschen, die gerne glauben möchten, kommen zu dem Schluss, dass Gott der Menschheit wenig wohlwollend gegenübersteht. Und – schlimm so etwas sagen zu müssen – es scheint so, dass selbst seine Anhänger der Menschheit wenig wohlwollend gegenüberstehen. Viele erleben Christen als streng und selbstsüchtig; sie sind nicht bereit, ihren gewohnten, bequemen Lebensstil aufzugeben.

C. S. Lewis schreibt, dass er sich oft am Rande des Irrtums befunden habe: »Nicht dass ich sehr in der Gefahr stehe, nicht mehr an Gott zu glauben. Die wirkliche Gefahr besteht darin, dass ich so schlimme Sachen von ihm glaube. Die Schlussfolgerung, die ich fürchte, lautet nicht: ›Also gibt es gar keinen Gott‹, sondern: ›So also ist Gott eigentlich. Betrüge dich nicht mehr selbst.‹« [1]

Erliegen wir nicht auch der Versuchung, Gott einige »schlimme Sachen« in die Schuhe zu schieben? Können wir mit ehrlicher Überzeugung sagen, dass Gott sich um uns kümmert und deshalb Menschen wertvoll sind? Am Kreuz offenbart sich Gottes Liebe so, dass auch Skeptikern kein »aber …« einfällt. Hier sehen wir die Reichweite von Gottes Handeln, wir sehen, dass er bei seinem Rettungsversuch keine Mühe scheute. Gott selbst kommt auf unsere Seite der Kluft, bereit, für uns und mit uns zu leiden. Am Kreuz ergießt sich seine Liebe in unmissverständlicher Klarheit in die Welt. Hier finden wir endlich soliden Grund für den Glauben, dass es eine echte Beziehung zwischen Gott und Mensch gibt. Hier ist Gnade, hier ist Gerechtigkeit. Und hier ist ein Gott, der mit uns leidet.

Am Kreuz endet der Zynismus. In 2. Korinther 5,19 lesen wir, dass Gott auf Golgatha »die Welt mit sich selbst in Christus versöhnt hat«. In neun Worten ist hier das Evangelium komprimiert, wir erhalten Gewissheit über Gottes Nähe und unser Skeptiker erhält Antwort auf seine Frage. Gott baute eine Brücke zu uns und übernahm die gesamten Kosten. Und nun geht er Arm in Arm mit uns über die Kluft und nimmt Anteil an unserem Leiden. Hier sehen wir einen Gott, der selbst durchlitt, was man gemeinhin »Schicksalsschläge« nennt, obwohl es Schläge waren, die er selbst zuvor geplant hatte zu tragen. Hier begegnen wir einem Gott, der uns in Erstaunen versetzt und unsere Herzen ergreift.

Um das Leiden Gottes besser verstehen zu können, müssen wir uns wieder auf die Reise machen. Sie beginnt diesmal an einem bekannten Bach und endet im tiefen Strom von Gottes fürsorglicher Liebe und persönlicher Gnade. Wenn wir das Kreuz genau betrachten, dann werden wir nicht nur einen richtenden

Gott finden, sondern auch einen trauernden Gott, einen Gott, der nicht nur schlägt, sondern auch heilt – einen Gott, der selbst litt.

Drei Worte werden uns in einen ungewöhnlichen Segensstrom hineinführen – *Stellvertretung*, *Unterwerfung* und *Leiden.*

Gott als Stellvertreter

Die Idee des stellvertretenden Opfers ist so alt wie der Garten Eden, als Gott Tiere tötete, damit Adam und Eva eine Bedeckung für ihre Nacktheit erhielten. Diese Tiere vergossen ihr Blut für unsere Ureltern und wurden ein Bild für das zukünftige, bessere Opfer. Ab diesem Zeitpunkt war der Ausdruck »stellvertretend für« das Herzstück der alttestamentlichen Theologie.

Als ein Engel Abraham im letzten Augenblick daran hinderte, seinen Sohn Isaak zu opfern, sah Abraham einen »Widder hinten im Gestrüpp an seinen Hörnern festgehalten« (1Mo 22,13). Glücklicherweise nahm Abraham den Widder und opferte ihn als Brandopfer *stellvertretend für* seinen Sohn. Auch das Wort *Opfer* lässt auf den Gedanken der Stellvertretung schließen.

Bevor die Israeliten aus Ägypten aufbrachen, sprengten sie das Blut eines Lammes an ihre Türpfosten, damit der Todesengel ihre Erstgeborenen verschonte. So starb das Lamm *stellvertretend für* den Erstgeborenen in jedem israelitischen Haushalt. Doch diese Lämmer waren nur Symbole, dauerhaft konnten sie die Israeliten vor dem Gericht weder beschützen noch die Sünde des Volkes wegnehmen.

Ein Stellvertreter muss als Opfer entsprechend wertvoll sein, um die Strafe tragen zu können. Als Gott das Universum betrachtete, fand er kein Opfer, das den Anforderungen für die Erlösung der Menschheit gerecht wurde. Kein Tier und kein Mensch wurde den hohen Ansprüchen gerecht. Wenn das Hindernis zwischen Gott und uns entfernt werden soll, muss Gott selbst einen Stellvertreter zur Verfügung stellen. Glücklicherweise tat er genau das.

Der Prophet Jesaja beschreibt Jesu Mission, als sei er unter dem Kreuz gesessen:

> Jedoch unsere Leiden – er hat sie getragen, und unsere Schmerzen – er hat sie auf sich geladen. Wir aber, wir hielten ihn für bestraft, von Gott geschlagen und niedergebeugt. Doch er war durchbohrt um unserer Vergehen willen, zerschlagen um unserer Sünden willen. Die Strafe lag auf ihm zu unserm Frieden, und durch seine Striemen ist uns Heilung geworden. Wir alle irrten umher wie Schafe, wir wandten uns jeder auf seinen eigenen Weg; aber der Herr ließ ihn treffen unser aller Schuld (Jes 53,4-6).

Gott nahm es in Christus auf sich, die Strafe für die Schuld zu tragen, die er selbst verhängt hatte. Gott wurde so zu unserem Richter und zu unserem Stellvertreter. Er verurteilte uns zur ewigen Verdammnis und bezahlte selbst die Strafe für uns. Charles Cranfield schrieb in seinem Kommentar zum Römerbrief: »Gott hat absichtlich – weil er in seiner Gnade den sündigen Menschen vergeben wollte, … ohne in irgendeiner Weise ihre Sünde gutheißen zu wollen – das volle Gewicht des gerechten Zorns, den die Menschen verdient hatten, auf sich selbst in der Person seines Sohnes gerichtet.« [2]

Vor einiger Zeit las ich einen Bericht über eine Frau, die sich über ihr zweijähriges Kind warf, um den Aufprall eines Fahrzeuges abzufangen, das außer Kontrolle geraten war. Sie wurde getötet, doch ihr Kind lebt. Sie starb stellvertretend und bewahrte damit das leibliche Leben des Kindes, das sie so sehr liebte. Sie starb buchstäblich *anstelle* ihres Kindes. Auf dieselbe Weise errettete uns Gott vor dem viel schrecklicheren Schicksal der ewigen Verlorenheit. Und er stellt sich selbst vor uns, um den Schlag abzufangen. Calvin schrieb: »Dies ist unser Freispruch: Die Schuld, die uns unter Strafe stellte, ist auf das Haupt des Sohnes Gottes geworfen worden.« [3]

In einem Flugzeug sprach ich mit einer Frau. Sie fragte sich, wie ich mir meiner Beziehung zu Gott so sicher sein könne. »Woher wollen Sie wissen, dass sie in den Himmel kommen, wenn dieses Flugzeug abstürzen sollte?« fragte sie.

Ich antwortete: »Ich bin deshalb sicher, weil ich weiß, dass Jesu Opfer alles ist, was Gott von mir verlangen wird, um vor ihm bestehen zu können. Weil das Opfer ganz angenommen wurde, bin ich völlig freigesprochen.« Frau H. M. Hall schrieb:

Jesus hat alles bezahlt,
Ich schulde ihm nun alles.
Die Sünde hinterließ scharlachrote Flecken,
Er wusch sie weiß wie Schnee.

John Stott schrieb: »Denn das Wesen der Sünde besteht darin, dass der Mensch sich zum Stellvertreter Gottes macht, während das Wesen der Erlösung darin besteht, dass Gott zum Stellvertreter des Menschen wird.« [4]

Wir dringen nun in unbekannteres Gebiet vor, wollen das Geheimnis der Vater-Sohn-Beziehung erforschen und das Leiden Gottes.

Der Gott der sich unterwirft

In dem oben zitierten Kapitel stellt Jesaja Jesus als das willige Opfer dar. »Er wurde misshandelt, aber er beugte sich und tat seinen Mund nicht auf wie das Lamm, das zur Schlachtung geführt wird und wie ein Schaf, das stumm ist vor seinen Scherern, und er tat seinen Mund nicht auf« (Jes 53,7). Der Prophet vergleicht Jesus nicht deshalb mit einem Lamm, weil er schwach gewesen wäre, sondern weil er sich unterordnete. Er hätte Legionen von Engeln zu seiner Befreiung herbeirufen können, doch er starb freiwillig für uns.

Wer schlug Jesus ans Kreuz? Die Juden, die Heiden, ja wir selbst – und auch Gott. Hier ist Vorsicht angebracht, denn allzu schnell verfallen wir in einen Denkfehler. Manche Leute glauben, dass ein liebevoller Jesus einen zögernden Gott überredet habe, etwas gegen die Not der Menschen zu unternehmen, und dass Gott nur widerwillig zugestimmt habe. Der Vater habe schließlich seinen Zorn auf die sündige Menschheit genommen und ihn auf Christus gerichtet.

Leute, die diese weit verbreitete Meinung über das Kreuz vertreten, belegen ihre Meinung oft mit Zitaten aus dem eben zitierten Schriftabschnitt. Jesus sei »bestraft, von Gott geschlagen und niedergebeugt« worden (Jes 53,4) und es habe dem Herrn gefallen, »ihn zu zerschlagen« und ihn leiden zu lassen (Jes 53,10). Das Bild eines zornigen Gottes, der von einem unterwürfigen Jesus die Bezahlung jedes kleinsten Details der Strafe fordert, kann unsere Meinung über den Allmächtigen verzerren. Wenn wir hier den Zusammenhang unbeachtet lassen, könnten wir Gott »schlimme Dinge« in die Schuhe schieben. Der Sohn erscheint in diesem Szenario liebevoll und willig, der Vater hingegen hart und zögerlich.

Solch eine Interpretation schlägt jedoch der Liebe Gottes ins Gesicht. Das Erlösungswerk hatte seinen Ursprung bei Gott. Jesus kam wegen der »herzlichen Barmherzigkeit unseres Gottes« (Lk 1,78). Der wohl berühmteste Bibelvers lehrt, dass »*Gott* die Welt so geliebt hat, dass er seinen eingeborenen Sohn gab« (Joh 3,16, Betonung vom Verfasser). Der Vater selbst entwarf das Konzept der Erlösung, weil er uns liebt und weil er gnädig ist. Der Vater ist ein Gott, der erlöst.

Vater und Sohn ergriffen gemeinsam die Initiative. Wie John Stott schreibt: »Wir haben kein Recht zu behaupten, dass Gott Jesus bestraft habe oder dass Jesus Gott hätte überreden müssen. Wenn wir das tun, spielen wir sie gegeneinander aus. Geradeso als hätten sie unabhängig voneinander gehandelt, oder sie seien sogar gegensätzlicher Ansicht gewesen. ... Es kann nicht sein, dass der Vater dem Sohn eine Aufgabe auftrug, die dieser nur zögerlich erfüllen wollte. Es kann auch nicht sein, dass der Sohn dem Vater die Zustimmung für ein Erlösungswerk abrang, das der Vater nur zögerlich gewährte.« [5] Stott hat Recht, wenn er darauf hinweist, dass der Wille des Vaters und der Wille des Sohnes zusammen zur vollkommenen Selbstaufopferung der Liebe führten. Nie dürfen wir den Vater und den Sohn als einander entgegengesetzt darstellen.

Natürlich ist es richtig, dass Jesus am Kreuz ausrief: »Mein Gott, mein Gott, warum hast du mich verlassen?« (Mk 15,34). Doch wenn der Vater sich am Kreuz vom Sohn abwandte, dann nur deshalb, weil sie sich vorher darauf einigten, und zwar nach dem von ihnen zuvor gewählten Erlösungsplan.

Wenn Vater und Sohn in ihrer Entscheidung übereinstimmten, die Welt zu erschaffen, dann stimmten sie bei dem viel größeren Werk der Erlösung genauso überein. Obwohl die Menschwerdung Jesu uns die Möglichkeit eröffnet, die Personen Gottes zu unterscheiden, erlaubt sie uns doch nicht, sie im Widerstreit miteinander zu sehen. Wie wir schon zuvor lasen: »*Gott* war *in Christo*, die Welt mit sich selbst versöhnend« (1Kor 5,19; Unrev. Elb., Betonung vom Verfasser). Das heißt nun nicht, dass Gott unser Diener wäre, sondern einfach, dass er sich entschloss, entsprechend dem Ziel, das er erreichen wollte, unserem großen Bedürfnis nach Erlösung zu entsprechen. Er unterwarf sich unserer Not.

Nun sind wir schon zum unteren Flusslauf vorgedrungen und waten in den tiefen Wassern der Kontemplation. Wir unternehmen den Versuch, unseren leidenden Gott zu begreifen. Vorsicht ist angebracht, denn wir nähern uns hier dem Geheimnis von Menschwerdung und Kreuzigung. Wir müssen dabei innerhalb der Grenzen der Offenbarung Gottes bleiben und doch furchtlos feststellen, dass *Gott* für uns litt.

Das Leiden Gottes

Wir kommen nun zu dem Ereignis, das als Angelpunkt der Geschichte gilt; das *eine* Ereignis, das die Grenzen unseres Verstandes sprengt. Wir werden über das Kreuz nachdenken. Doch ehe wir das tun, müssen wir uns mit der Frage auseinander setzen, ob Gott tatsächlich leiden kann.

Ist es Gott prinzipiell möglich, zu leiden? *Hat* er jemals gelitten? In den ersten Jahrhunderten der Kirchengeschichte verbrachten die Gläubigen viel Zeit damit, über die Gefühllosigkeit Gottes zu diskutieren, d. h. über die Lehre, dass er angeblich keinen Schmerz empfinden kann. Einige behaupteten, dass er keinerlei Gefühle habe, die durch irdisches Geschehen berührt würden. Nicht, dass er entfernt oder gleichgültig wäre, sondern unsere Traumata hätten einfach keine Wirkung auf ihn. Gott stehe über dem Getümmel, er schenke uns seine Gnade, habe aber keinen Anteil an unserem Schmerz, lautete eine weit verbreitete Lehre.

Die »Westminster Confession of Faith« (Glaubensbekenntnis von Westminster aus dem Jahre 1646, das bei den angelsächsischen Protestanten große Bedeutung hat. Anm. d. Übers.) stellt fest, dass Gott »ohne Leib, Anteilnahme oder Leidenschaft ist, unveränderlich«. [6] Selbst zeitgenössische Theologen behaupten, dass nur der menschliche Teil Jesu am Kreuz litt, nicht der göttliche. Die Liebe Christi, behaupten sie, war die Liebe Gottes, die Macht Jesu war die Macht Gottes, aber das Leiden Christi hatte nichts mit der Gottheit zu tun. Gott konnte in der Inkarnation als Gott-Mensch nicht leiden. Nur sein menschlicher Teil wurde in der Nacht vor seiner Kreuzigung von Emotionen geschüttelt und stöhnte.

Es gibt zwei Begründungen für diese Annahme. Zum einen ist Gott unveränderlich: »Ich, der Herr, wandle mich nicht« (Mal 3,6, Luther 1984). Emotionale Höhen und Tiefen würden seiner Vollkommenheit widersprechen.

Zweitens ist sich Gott selbst genug und hat in sich alles, was zu seiner Freude und seinem Vergnügen notwendig ist. Er braucht keine äußeren Anregungen, um Freude oder Schmerz zu empfinden. Er kann nicht Opfer des Bösen werden, er ist nicht denselben Stimmungsänderungen unterworfen wie wir. Deshalb, so wird argumentiert, konnte das göttliche Wesen selbst beim Tod Christi nicht leiden.

Ist diese Auffassung biblisch?

Sicherlich teile ich die Auffassung, dass es entehrend für Gott wäre, ihm zu unterstellen, wie ein Kind Wutanfälle zu bekommen, wie ein frustrierter Liebhaber zu trauern, weil eine Gefährtin ihn betrogen hat. Schlimmer noch wäre die Idee, Gott sei wie ein Liebender, der möchte, dass seine Liebste seine Gefühle erwidert, dies aber nicht zustande bringt. Noch weniger respektvoll wäre die Vorstellung, dass Gott Opfer seiner Gefühle ist und – genau wie wir – nichts gegen seine sich ändernden Launen und Gefühle tun könne. Ein Gott, der leidet, weil er dem Leid nicht ausweichen kann, oder ein Gott, der leidet, weil die Umstände sich seiner Kontrolle entziehen, wäre in der Tat ein bemitleidenswertes Wesen, das unserer Anbetung unwürdig wäre.

Nachdem wir das klargestellt haben, sollten wir uns daran erinnern, dass *Gott selbst beschloss zu leiden*. Er beschloss, dass einige ihn ablehnen und andere ihn annehmen. Er beschloss, dass sein geliebter Sohn für uns leiden sollte. Soweit wir wissen, hätte Gott sich auch anders entschließen können. Wahrscheinlich hatte er eine unzählige Anzahl möglicher Welten zur Auswahl, in denen es keinen Sündenfall, keine Sünde und keine Notwendigkeit der Erlösung gegeben hätte. Und doch wählte er diesen Plan, der Ungerechtigkeit und Leiden einschließt. Wir werden eingeladen zu glauben, dass, von der Ewigkeit her besehen, dieser Plan der beste war (vgl. Kap. 8).

Als Menschen leiden wir unfreiwillig. Die Lebensumstände, mit ihrer Mischung aus Freude und Leid, entziehen sich weitgehend unserer Kontrolle. Doch alles ist in Gottes Händen, buchstäblich *alles*. Er leidet, weil er sich dazu entschloss. Kein Mensch kann Gott leiden lassen. Jemand drückte das so aus: »Er litt mit göttlicher Zustimmung.« Wir müssen uns für immer von der Vorstellung eines schwachen Gottes verabschieden, der dem Chaos zum Opfer fiel, in das seine Schöpfung abgeglitten war.

Und es geht noch weiter: Es *gefiel* Gott zu leiden. Er wurde nicht in eine Situation gezwungen, an der er kein Vergnügen haben kann, denn Gott tut, was ihm gefällt (Ps 115,3;135,6).

> Doch dem Herrn *gefiel* es, ihn zu zerschlagen. Er hat ihn leiden lassen. Wenn er sein Leben als Schuldopfer eingesetzt hat, wird er Nachkommen sehen, er wird seine Tage verlängern. Und was dem Herrn *gefällt*, wird durch seine Hand gelingen (Jes 53,10, Betonung vom Verfasser).

Paulus sagt, dass der Tod Christi ein »duftender Wohlgeruch« für Gott gewesen sei (Eph 5,2). Wenn wir es widersprüchlich finden zu sagen, dass Gott bei Jesu Tod am Kreuz trauerte und sich doch gleichzeitig darüber freute, dann haben wir noch nicht tief genug über die komplexe Natur der Gefühle Gottes nachgedacht. Auch wir können uns im Leid freuen oder großen Trost erfahren, wenn wir leiden. Der Vater trauerte zwar in einer Hinsicht, doch in anderer Hinsicht freute er sich. Mit einem Makroobjektiv betrachtet ist Gott zornig und traurig, doch aus der Sicht der Ewigkeit gesehen freut sich Gott von Herzen. Und all das nur, weil er es so beschloss. (Wir werden in Kap 9 darauf zurückkommen).

Die Bibel beschreibt Gott als ein Wesen mit tief gehenden Empfindungen. Er befahl Hosea, wie Sie sich erinnern werden, eine Frau zu heiraten, die zur Hure werden würde. Hoseas Gefühl, betrogen worden zu sein und etwas verloren zu haben, stand sinnbildlich für Gottes Gefühl gegenüber dem abtrünnigen Israel. Sie mögen denken, dass Gott den Vorteil genießt, dass er niemals eine Enttäuschung erleben kann, denn er hat schließlich unendliche Macht und nichts kann sich ihm in den Weg stellen. Doch auch er kann traurig sein. Es gibt keine schlimmere Empfindung als zurückgewiesene Liebe, und der Allmächtige plante, dies zu erfahren. Lesen Sie einmal folgende Zeilen und fühlen Sie die Ergriffenheit Gottes:

> Ist mir Ephraim ein teurer Sohn oder ein Kind, an dem ich Freude habe? Denn sooft ich auch gegen ihn geredet habe, muss ich doch immer wieder an ihn denken. Darum ist mein Innerstes um ihn erregt. Ich muss mich über ihn erbarmen, spricht der Herr (Jer 31,20).

In einem anderen Abschnitt fragt Gott: »Vergisst etwa eine Frau ihren Säugling, dass sie sich nicht erbarmt über den Sohn ihres Leibes? Sollten selbst diese vergessen, ich werde dich niemals vergessen« (Jes 49,15). Der Prophet stellt Gottes engagierte Liebe und seinen brennenden Zorn dar. Gott möchte gewissermaßen das aufrührerische Kind gleichzeitig schlagen und umarmen. Weil wir nach dem Bilde Gottes erschaffen wurden, muss auch Gott Gefühle haben. Sicherlich können wir, wenn der Geist Gottes durch unsere Sünde betrübt ist, dasselbe auch vom Vater sagen.

Luther beklagte sich seinerzeit darüber, dass der Gelehrte Erasmus der Majestät Gottes nicht gerecht werde. »Dein Gott ist zu menschlich«, sagte er. Ich bin sicher, dass die Kritik gerechtfertigt war. Wir sprachen schon davon, dass wir uns einen Götzen schaffen, wenn wir Gott vermenschlichen. Doch ist auch das gegenteilige Extrem möglich – eine Vorstellung von Gott zu haben, die nicht menschlich genug ist. Wir alle sind schon Menschen begegnet, deren Gefühle durch Missbrauch oder persönliche Schicksalsschläge abgestumpft waren. Meiner Meinung nach wäre es wirklich schrecklich, wenn Gott den alten Göttern der Griechen gleichen würde und unfähig wäre, Schmerz oder Trauer zu empfinden.

Wir kommen nun zu dem Ereignis, das am deutlichsten das Leiden Gottes zeigt.

Das Leiden am Kreuz

> Aber von der sechsten Stunde an kam eine Finsternis über das ganze Land bis zur neunten Stunde; um die neunte Stunde aber schrie Jesus mit lauter Stimme auf und sagte: Eli, Eli, lema sabachthani? Das heißt: Mein Gott, mein Gott, warum hast du mich verlassen? Als aber einige von den Umstehenden es hörten, sagten sie: Der ruft den Elia. Und sogleich lief einer von ihnen und nahm einen Schwamm, füllte ihn mit Essig und steckte ihn auf ein Rohr und gab ihm zu trinken. Die Übrigen aber sagten: Halt, lasst uns sehen, ob Elia kommt, ihn zu retten. Jesus aber schrie wieder mit lauter Stimme und gab den Geist auf (Mt 27,45-50).

Alle Menschen sind sich einig, dass Jesus am Kreuz litt. Seine Angst in Gethsemane, sein Ausdruck des Leidens, seine Schreie in diesen letzten Augenblicken zeugen von seinem ganz persönlichen Leid und Schmerz. Was geschah nun, als er starb? Vor dem Gesetz wurde er für unsere Sünden schuldig gesprochen. Der Fleckenlose kam in Kontakt mit Völkermord, Vergewaltigung, Ehebruch, Habgier, Grausamkeit und Mord. »Er selbst hat unsere Sünden an seinem Leib an das Holz hinaufgetragen« (1Pt 2,24).

Der Vater, der den Sohn doch liebte, musste ihn für kurze Zeit verlassen – eine Tatsache, die das Leiden des Sohnes noch verschlimmerte. Der Vater griff weder ein noch wollte er seinen Sohn trösten. Einer der Verbrecher, der mit Christus gekreuzigt wurde, verhöhnte ihn: »Bist du nicht der Christus? Rette dich selbst und uns!« (Luk 23,39). Obwohl Jesus allmächtig war, obwohl die Engel zurückgehalten werden mussten, dass sie ihn nicht aus der Todesnot retteten – Jesus blieb am Kreuz, weil Gott es so bestimmt hatte. Das Opfer verlangte es. Kein Wunder, dass Isaac Watts schreibt:

> Wohl verbarg sich die Sonne in Finsternis
> und schloss ihre Herrlichkeit ein,
> als Christus, der mächtige Schöpfer, starb
> für den Menschen, die Sünde der Geschöpfe.

Die Frage ist aber: Litt er nur als Mensch oder litt er auch als Gott? War die ganze Dreieinigkeit an seinem Leiden beteiligt? Oder blieb die göttliche Natur passiv, und der Vater nahm nur die Bezahlung an, die Jesus ihm an diesem finsteren Tag in Jerusalem anbot?

Es ist undenkbar, dass der Aufschrei Jesu »Mein Gott, mein Gott, warum hast du mich verlassen?« den Vater so kalt ließ, dass er nicht litt. Eltern wissen: würde unser Sohn gekreuzigt, er wäre nicht der einzige, der leidet. Stellen Sie sich die viel engere Beziehung zwischen den Personen der Dreieinigkeit vor. Sie sind vom Wesen her eins, sie haben ein Ziel und ein Verlangen. Wenn Jesus als Mensch litt, dann müssen wir auch mutig betonen, dass auch Gott-Vater litt.

Dennis Ngien ist Professor am Ontario Theological Seminary und Verfasser des Buches *The Suffering of Gott* (Das Leiden Gottes). Auch er vertritt die Meinung, dass ein Gott, der nicht fähig ist zu leiden, auch nicht lieben kann. Wenn Gott die Schmerzen seines Volkes nicht nachempfinden kann, ist die Schlussfolgerung schwer abzuwehren, dass er auch unseren Anliegen gleichgültig gegenübersteht. »Gott leidet«, sagt Ngien, »weil er lieben will.« [7] Dietrich Bonhoeffer hatte Recht, als er aus dem Gefängnis schrieb: »Nur ein leidender Gott kann helfen.« Leiden ist nicht ein Zeichen der Schwäche, sondern braucht die Entscheidung zur Liebe. Wenn nur der Mensch Jesus am Kreuz litt, dann war die Menschwerdung nicht vollständig. Wir könnten sogar so weit gehen und schlussfolgern, dass nur ein Mensch am Kreuz starb, nicht der Gott-Mensch.

George Butterick beschreibt ein Kreuzigungsbild in einer italienischen Kirche. Hinter der Gestalt Jesu sieht man ein großes, schattenhaftes Wesen. Der Nagel, der die Hand Jesu durchbohrt, durchbohrt auch die Hand Gottes. [8] Bischof Stephen Neill schreibt: »Wenn die Kreuzigung Jesu …, wie die Christen glauben, in gewisser Hinsicht das Sterben Gottes selbst darstellt, dann … können wir verstehen, wie Gott ist.« [9] Luther hielt fest, dass wir verloren wären, wäre nur ein Mensch für uns gestorben.

Lassen Sie uns mutig sagen, dass man Gott sieht, wenn man Jesus am Kreuz sieht. Es gibt keinen Widerspruch zwischen dem Leiden des Messias und dem Wesen Gottes. Jesus sagte ganz nüchtern: »Wer mich gesehen hat, hat den Vater gesehen« (Joh 14,9). Es ist einfach nicht möglich, Jesus den Menschen von Jesus dem Gott zu trennen. »Gott starb für die Menschen«, schreibt Pastor P. T. Forsyth, »ich fürchte mich nicht vor diesem Ausdruck; ich komme ohne ihn nicht aus. Gott starb für die Menschen – und für welche Menschen! – feindliche, äußerst feindliche Menschen. … Gott muss hier einfach bestrafen oder die Strafe selbst übernehmen. Und er wählte das Letztere. Er tat dem Gesetz Genüge und dennoch rettete er den Schuldigen. Er nahm die Strafe auf sich, die er selbst verhängt hatte.« [10]

Und doch sagt die Schrift an keiner Stelle: »Gott starb.« Der Grund dafür liegt in der Tatsache, dass Unsterblichkeit untrennbar zu Gottes Wesen gehört: Er »allein hat Unsterblichkeit und bewohnt ein unzugängliches Licht, den keiner der Menschen gesehen hat noch sehen kann. Dem sei Ehre und ewige Macht! Amen« (1Tim 6,16). Deshalb wurde er *Mensch*, damit er sterben konnte.

Vielleicht kommt die Ermahnung des Paulus an die Ältesten in Ephesus der Aussage am nächsten, dass Gott gestorben sei. Er sagte: »So habt nun Acht auf euch selbst und auf die ganze Herde, in welcher der Heilige Geist euch zu Aufsehern gesetzt hat, die Gemeinde Gottes zu weiden, welche er *durch sein eigenes Blut* erworben hat« (Apg 20,28, Schlachter Anm., Hervorhebung vom Verfasser).

Ein weiterer Grund, warum die Bibel nicht explizit sagt, dass Gott gestorben sei, ist vielleicht, dass Gott im Neuen Testament oft als der »Vater« dargestellt wird, und die Person, die am Kreuz starb, war nicht der Vater, sondern der Sohn. Wir müssen bedenken, dass die beiden Personen der Gottheit zwar unterschieden, aber nicht getrennt werden können. »Alles aber von Gott, der uns mit sich selbst versöhnt hat durch Christus und uns den Dienst der Versöhnung gegeben hat« (2Kor 5,18). John Stott ermahnt uns, nicht auf der einen Seite des Pferdes herunterzufallen: »Wenn wir nur davon sprechen, dass Christus litt und starb, dann übersehen wir die Initiative des Vaters. Wenn wir nur davon sprechen, dass Gott litt und starb, übersehen wir die Mittlerrolle des Sohnes. … Gott handelte in vollständiger Übereinstimmung in und durch Christus.« [11]

Ein verbitterter Skeptiker fragte einmal: »Wie konnte es ein allwissender und liebender Gott erlauben, dass sein Sohn an einem Kreuz ermordet wurde, um meine Sünden zu sühnen? Warum ist *er* denn nicht herabgestiegen und selbst nach Golgatha gegangen?« Die Antwort lautet: »In Christus hat er genau das getan!«

Charles Wesley fürchtete sich nicht vor der mutigen Aussage:

Wunderbare Liebe, wie kann es sein,
dass du, mein Gott, für mich starbst?

Das kleine Mädchen, das sagt: »Ich liebe Jesus, aber vor Gott habe ich Angst«, braucht eine neue Theologie. Wenn Jesus sie liebt, und das tut er, dann liebt Gott sie auch. Und wenn Jesus an ihrem Schmerz Anteil hat, dann hat auch Gott Anteil daran. Wir wollen daran denken, dass Gottes Herz nicht vom Herzen des Sohnes zu trennen ist. »Es gibt nur eine Möglichkeit, unser Leid zu ertragen, und zwar, indem man seines versteht. Er nahm unser Leid auf sich, und wir müssen uns daran erinnern, dass unser Leid auch seines ist«, schreibt Louis Evely. Erinnern Sie sich an die Frau, deren Sohn bei einem Unfall starb? Wütend fragte sie ihren Pastor: »Wo war Ihr Gott, als mein Sohn starb?« Darauf antwortete der Pastor: »Er war genau dort, wo er auch war, als sein Sohn starb.«

Wir sind beständig herausgefordert, Gottes Liebe mit der Tatsache des menschlichen Leidens zu versöhnen. Es gibt Menschen, die denken, dass Gott sich gegen sie wandte, dass er sie in ihrer schlimmsten Leidensstunde verließ. Wenn wir verzweifelt sind, wünschen wir uns, einen Blick ins Herz Gottes werfen zu dürfen. Wir wollen wissen, dass er nicht nur Macht, sondern auch Gefühl hat. Wir alle haben den Schmerz auf dem Gesicht eines Kindes gesehen, wenn ein Elternteil seinen Schmerz nicht teilt. Wir können froh sein, dass unser himmlischer Vater nicht so ist. Er weiß nicht nur Bescheid, er fühlt auch mit.

Wenn Sie sehen wollen, wie zornig Gott über die Sünde der Welt ist, dann schauen Sie auf das Kreuz. Jemand sagte einmal: »Dort treffen sich Liebe und Gerechtigkeit in einer bedeutungsvollen Katharsis göttlicher Emotion.« Es gab keine menschliche Lösung für unsere Entfremdung von Gott, denn wie kann Gott gerecht sein und doch die Sünde übersehen? Wie kann er die Liebe sein und doch strafen? Doch Gott ist kein Mensch. Er findet einen Weg, einen, bei dem die Gerechtigkeit nicht zu kurz kommt und bei dem er doch seine Liebe nicht verleugnen muss. Dort am Kreuz sehen wir, wie Liebe und Gerechtigkeit in Leidenschaft zusammentreffen und sich gegenseitig erfüllen.

Wenn es Gott selbst war, der in Christus ermordet wurde, wenn es Gott selbst war, der freiwillig den Mächten des Bösen erlaubte, ihn einzuschließen, dann haben wir gerade wieder einen Punkt gefunden, in dem sich das Christentum von allen anderen Religionen unterscheidet. Das Christentum sagt, dass Gott sich freiwillig der Misshandlung durch seine Geschöpfe stellte.

Gottes Leiden heute

Ja, es ist Gott prinzipiell möglich zu leiden. Und – ja, Gott selbst litt. Doch leidet Gott noch immer?

Gottes Leiden, so glaube ich, endete nicht mit dem Kreuz. Er fühlt auch heute noch mit unserer Gefallenheit. Gott hat keine Freude daran, uns im Leid zu sehen, doch er hat verborgene Ziele, auf die hin er alles führt. Denken Sie an seine Verheißung: »Wenn du durchs Wasser gehst, ich bin bei dir, und durch Ströme, sie werden dich nicht überfluten. Wenn du durchs Feuer gehst, wirst du nicht versengt werden, und die Flamme wird dich nicht verbrennen« (Jes 43,2). Die Leiden auf der Erde werden auch im Himmel empfunden.

Vielleicht kennen Sie die Geschichte, die Elie Wiesel erzählte – der jüdische Nobelpreisträger, der das Konzentrationslager der Nazis überlebte. Im KZ war er Zeuge, wie zwei jüdische Männer und ein jüdischer Junge erhängt wurden. Die beiden Männer starben fast augenblicklich, doch der Junge hing noch eine halbe Stunde lang lebendig am Galgen.

Jemand hinter Wiesel murmelte: »Wo ist Gott – wo ist er?« Das war die Frage, die sich auch Wiesel stellte. Da sagte eine innere Stimme zu ihm: »Er hängt dort am Galgen.« [12]

Wie verstehen wir diese Worte? Ich verstehe sie so, dass Gott mitten im Leiden der Menschheit steht. Auch Gott leidet unter Gräueltaten. Ravi Zacharias kommentiert: »Wo ist Gott? Genau da, in diesem Gebäude. Genau da, in der Plastiktüte. Das Kreuz kommt zu uns als einziger Bezugspunkt einer verwundeten Welt. Gott hängt selbst am Galgen, damit wir uns nähern können.« [13]

Unsere Leiden werden nicht nur von einem fernen Gott betrachtet, der nur ab und zu Anteil nimmt. Gott ist jemand, der unsere Schmerzen und Verletzungen mitempfinden kann. Christus als unser Hohepriester kann mit unserer Schwachheit mitfühlen, und wir können sicher sein, dass unser Vater im Himmel dasselbe tut. Zu dem jungen Mann, der ein Jünger Jesu war, sich aber vom Glauben abwandte, als seine Schwester brutal ermordet worden war, sage ich: »Gott kümmert sich darum und er fühlt mit dir!« Gott ist nicht abgestumpft, weil er seit dem Sündenfall schon so viel Böses beobachten musste. Auch Jahrhunderte der Gewalt und des Leides können ihn nicht abstumpfen – sein Wesen ist unveränderlich und absolut.

Der Frau, mit der ich gerade am Telefon sprach, die mit einem cholerischen und gefühllosen Mann zusammenlebt, sage ich mit Überzeugung: »Gott leidet mit dir.« Gott liebt uns mit einer ewigen Liebe. Wenn das Wort Liebe überhaupt ein Gewicht hat, dann muss es bedeuten, dass Gott unsere Schmerzen teilt. »Wie sich ein Vater über Kinder erbarmt, so erbarmt sich der Herr über die, die ihn fürchten. Denn er kennt unser Gebilde, gedenkt, dass wir Staub sind« (Ps 105,13-14).

Gott leidet im Stillen. Er weiß, er versteht und fühlt mit. Er trägt unser Leid nahe bei seinem Herzen. Als Jesus Saulus rief, der zu dieser Zeit Christen verfolgte, und ihn fragte: »Saul, Saul, was verfolgst du mich?« (Apg 9,4), da sprach er aus, dass er die Schläge und den Stachel der Ungerechtigkeit empfunden hatte. Und weil die Personen der Gottheit eins sind, bin ich sicher, dass der Vater dies ebenfalls empfand.

In Afrika brannte ein Feuer eine Hütte nieder. Es brannte hell und schnell und tötete die gesamte Familie – mit einer Ausnahme: Ein Fremder rannte in die brennende Hütte und riss einen kleinen Jungen aus den Flammen, brachte ihn in Sicherheit und verschwand in der Dunkelheit.

Am nächsten Tag traf sich der Stamm, um zu beraten, was mit dem Jungen geschehen sollte. Vielleicht war es Aberglaube, jedenfalls nahmen sie an, dass es ein besonderes Kind wäre, weil es das Feuer überlebt hatte. Ein Mann, der für seine Weisheit bekannt war, wollte den Jungen adoptieren. Ein anderer, der für seinen Reichtum bekannt war, war der Meinung, dass er der beste Vater wäre.

Als die Diskussion hin und her ging, kam ein junger Unbekannter in die Mitte des Kreises und behauptete, dass er das erste Anrecht auf den Jungen habe. Dann zeigte er ihnen seine Hände, die von frischen Brandwunden der vergangenen Nacht bedeckt waren. Er war der Retter und bestand deshalb darauf, dass das Kind von Rechts wegen ihm gehöre.

So kann unser verwundeter Retter auch uns für sich beanspruchen. Bonhoeffer hatte Recht: Nur ein leidender Gott kann helfen. Nur ein leidender Gott kann erlösen.

Die anderen Götter waren stark, doch du warst schwach;
Sie ritten, doch du stolpertest zum Thron;
Doch zu unseren Wunden können nur Gottes Wunden sprechen
und kein Gott hat solche Wunden als du allein. [14]

Wir können das Geheimnis des Leidens nicht lösen. Wir stellten nur fest, dass wir es viel besser ertragen können, wenn wir wissen, dass Vater und Sohn auf unserer Seite sind und dass sie persönlich den Schmerz kennen, mit dem wir in einer sündigen Welt immer wieder konfrontiert sind.

Das bedeutet nicht, dass alle unsere Fragen beantwortet sind. Doch im Kreuz haben wir den besten Beweis, dass Gott sich um uns kümmert. Unser Trost liegt in der Tatsache, dass unser Gott nicht nur mit uns geht, sondern auch unser Leid und unsere Schmerzen teilt. Und eines Tages wird sein Volk das noch viel besser verstehen.

Im nächsten Kapitel werden wir einen ganz anderen Aspekt des Planes Gottes betrachten. Wir werden entdecken, dass Gott, auch wenn er leidet, das Geschenk der Erlösung auf die Menschen beschränkt, die an seinen Sohn glauben. Wir befinden uns im Irrtum, wenn wir denken, dass Gottes Mitleid seine Gerechtigkeit beiseite schiebt, oder dass es sein vornehmliches Ziel ist, seine Schöpfung glücklich zu sehen. Wir werden über die ausgesprochen komplexen Pläne Gottes nachdenken.

Persönliche Reaktion

Ich will Ihnen vorschlagen, Hosea, Kapitel 11 zu lesen und zu versuchen, der tief empfundenen Liebe Gottes nachzuspüren. Seinem Zorn, dem Gefühl des Betrogenseins, doch auch seiner Freude, wenn seine abtrünnigen Kinder zu ihm zurückkehren. Hier wird das Sehnen Gottes und seine Enttäuschung lebendig beschrieben. Beten Sie Gott an, wenn Sie den Text lesen, und versuchen Sie, die beschriebenen Gefühle nachzuempfinden. Einige der Verse geben wir hier wieder, es wäre jedoch besser, wenn Sie das gesamte Kapitel in Ihrer Bibel nachlesen.

> Als Israel jung war, gewann ich es lieb, und aus Ägypten habe ich meinen Sohn gerufen. Sooft ich sie rief, gingen sie von meinem Angesicht weg. Den Baalim opferten sie, und den Gottesbildern brachten sie Rauchopfer dar. Und ich, ich lehrte Ephraim laufen – ich nahm sie immer wieder auf meine Arme –, aber sie erkannten nicht, dass ich sie heilte. Mit menschlichen Tauen zog ich sie, mit Seilen der Liebe. Wie sollte ich dich preisgeben, Ephraim, wie sollte ich dich ausliefern, Israel? Wie könnte ich dich preisgeben wie Adma, dich Zebojim gleich machen? Mein Herz kehrt

> sich in mir um, ganz und gar erregt ist all mein Mitleid. Nicht ausführen will ich die Glut meines Zornes, will nicht noch einmal Ephraim vernichten. Denn Gott bin ich und nicht ein Mensch, in deiner Mitte der Heilige: Ich will nicht in Zornglut kommen (Hos 11,1-4.8-9).

Wir dürfen dankbar sein, dass unser Gott sich mit dem Leiden seiner Schöpfung identifiziert.

5. Lüge

Gott ist verpflichtet, auch Menschen anderer Religionen zu erretten

Stellen Sie sich Folgendes vor: In einem Land der dritten Welt lebt eine Mutter unter unbeschreiblichen Zuständen. Ihr Mann fällt im Bürgerkrieg, ihre Tochter wird Opfer einer brutalen Vergewaltigung. Dutzende von Kilometern muss sie zurücklegen, um Nahrung für ihre hungernden Kinder zu beschaffen. Als sich im Dorf eine Epidemie ausbreitet, infiziert sie sich und stirbt nach monatelangem, unaussprechlichem Leiden. Und weil sie keine Christin war, kommt sie – laut christlicher Theologie – von einer Hölle in die nächste. Sie vertauscht die zeitliche Hölle mit der ewigen.

Ist solch ein Szenario denkbar? Kommen uns da nicht ernsthafte Zweifel an der Liebe und Gerechtigkeit Gottes hoch? Im letzten Kapitel haben wir gemeinsam erarbeitet, dass Gott fühlen kann und mit uns leidet. Wie ist es dann vorstellbar, dass einige von den Menschen, die er erschuf, in eine ewige Hölle kommen? Und, das verkompliziert die Sache noch, viele dieser Menschen, die ewig verloren gehen, bekommen noch nicht einmal die Chance, von Christus zu hören und an ihn zu glauben. Ist die Behauptung nicht hoffnungslos arrogant, dass nur ein Weg in den Himmel existiert und dass diejenigen, die ihn – auch ohne eigenes Verschulden – nicht gehen, für immer verloren sind?

Überflüssig zu sagen, dass diese Frage die hitzigsten Debatten entfacht. Ein Artikel aus der Zeitung *Chicago Tribune* mit dem Titel: »Theologen öffnen das Himmelstor etwas weiter« sagt: »Sowohl katholische als auch evangelische Theologen verurteilen heute die veraltete Vorstellung, dass die ewige Rettung nur auf Menschen beschränkt ist, die an Christus glauben.« [1] Der kulturelle Druck des Pluralismus und die verstärkte Präsenz von Menschen mit anderem religiösem Hintergrund als dem Christentum machten es fast unmöglich, diese Ausschließlichkeit aufrecht zu halten. Es gebe in allen Religionen gute und schlechte Menschen. Und wenn Gott wirklich die ganze Welt liebe, dann könne er doch kaum die Erlösung auf solche Menschen beschränken, die das Glück hatten, in der westlichen Welt geboren zu werden, oder auf diejenigen, die ohne Probleme von Jesus hören können, nicht wahr? Den Gedanken, Gott verurteile jemanden nur wegen seines zufälligen Geburtsortes zu ewigem Verderben, finden wir unzumutbar.

Wir alle haben uns schon gewünscht, der Weg in den Himmel möge etwas breiter sein, damit wir eine bessere Antwort parat hätten, wenn Menschen den christlichen Glauben lächerlich machen, weil er nach ihrer Ansicht die Anhänger anderer Religionen einfach vergisst. Wie antworten wir denen, die uns herzlose Engstirnigkeit vorwerfen? Oder denen, die uns sagen, dass ihr Gott glücklicherweise etwas weitherziger sei als unserer?

Ja, ich kann die Einwände alle hören: »Was ist mit denen, die nie etwas von Jesus hörten – sind sie von Gottes Gnade ausgeschlossen?«

»Ist es fair von Gott, alle in die Hölle zu verbannen, insbesondere die, die keine Chance hatten, der Botschaft zu glauben?«

»Ist es nicht denkbar, dass aufrichtige Gläubige anderer Religionen durch Christus gerettet werden, obwohl sie ihn erst im Himmel kennen lernen werden?«

»Sind Christen nicht bigott, wenn sie an die Überlegenheit des Christentums glauben?«

Hier geht es nicht um graue Theorie. Es geht um Leben oder Tod, um Himmel oder Hölle. Missionare werden von Menschen, die aus anderen Religionen zum Glauben an Christus kommen, häufig mit der Frage konfrontiert: »Was geschieht mit meinen Eltern, die im Glauben an eine andere Religion gestorben sind?« Auch wenn wir persönlich Menschen mit einer anderen Religion kennen lernen, brennt uns die Frage nach ihrer Errettung unter den Nägeln.

Wohin mit all den Fragen? Wer hat die Kompetenz, diese unterschiedlichen Meinungen zu beurteilen? Sollen wir die Antworten in uns selbst suchen? Kann die Natur uns Auskunft geben oder schließen wir uns der Meinung der Mehrheit an? Ist es überhaupt maßgeblich, was *wir* meinen? John Stott schreibt:

> Wenn wir schon mit einer vorgefassten Meinung an die Schrift herantreten und erwarten, dass wir von ihr nur ein Echo unserer eigenen Gedanken hören werden statt den Donnerschlag der Gedanken Gottes, dann wird er wahrhaftig nicht zu uns reden und wir nur in unseren Vorurteilen bestätigt werden. Wir müssen dem Wort Gottes gestatten, uns herauszufordern, unsere Sicherheit zu stören, unsere Selbstzufriedenheit zu untergraben und unsere Denk- und Verhaltensmuster über den Haufen zu werfen. [2]

Auch hier gilt: Unser Gottesbild darf nicht »von unten nach oben« entstehen, sondern demütig müssen wir uns unter Gottes Wort stellen. Wir glauben an einen Gott, der sich selbst offenbarte, der uns einen Lichtstrahl schenkte, einen kleinen Einblick in seine Pläne. Wenn wir dieses Kapitel durchschreiten, beginnen wir mit eindeutigen Aussagen der Bibel zu diesem Thema und tasten uns dann an das Verborgene heran. Wir werden vier Fragen beantworten. Dabei begeben wir uns auf schwieriges Terrain.

Gibt es nur bei Jesus Rettung?

Wir haben schon besprochen, dass die Bibel sich eindeutig festlegt: Nur durch Christus können wir Rettung erfahren. Um Jesus selbst zu zitieren: »Ich bin der

Weg und die Wahrheit und das Leben. Niemand kommt zum Vater als nur durch mich« (Joh 14,6). Der Apostel Paulus formulierte es so: »Denn *einer* ist Gott, und *einer* ist Mittler zwischen Gott und Menschen, der Mensch Christus Jesus, der sich selbst als Lösegeld für alle gab, als das Zeugnis zur rechten Zeit« (1Tim 2,5-6). Die Apostel vertraten dieselbe Überzeugung, und Petrus führte aus: »Es ist in keinem anderen das Heil; denn auch kein anderer Name unter dem Himmel ist den Menschen gegeben, in dem wir errettet werden müssen« (Apg 4,12).

Bei unserem Studium begegneten uns überzeugende Argumente, warum Jesus nicht einer unter vielen ist. Er ist kein Lehrer wie andere Religionsgründer – Jesus ist ein Erlöser. Nur er ist qualifiziert, Menschen mit Gott zu versöhnen. Erinnern Sie sich – wir müssen vollkommen sein, damit Gott uns annehmen kann, und Jesus ist der Einzige, der uns vergeben und uns für die Gegenwart Gottes passend machen kann.

Die Gläubigen des Alten Testamentes wurden gewissermaßen »auf Kredit« gerettet. Gott sah über ihre Sünden hinweg, bis Jesus kam und ein Zahlungsmittel anbot, das Gott annehmen konnte. So wie Sie vielleicht heute ein Auto benützen und erst später dafür bezahlen, so genossen die Familien von Abraham, Isaak und Jakob die Vorteile, für die erst später bezahlt wurde. Deshalb haben sie denselben Vermittler, dasselbe Opfer wie wir.

Das alles beantwortet jedoch nicht unsere Frage, ob anderen Religionen ein Weg zu Jesus offen steht. Wenn die Frage definitiv lautet: »Ist es möglich, dass Anhänger anderer Religionen ebenfalls durch Jesus gerettet werden?«, dann antworten einige Theologen mit einem »Ja«. Diese Lehrer sehen andere Religionen als freundliche Mitbewerber, die mit dem Christentum und dem Werk des *Logos* (Christus) viel gemeinsam haben, der jeden erleuchtet, der auf die Welt kommt. Clark Pinnock (in seinem Buch *Wideness of God's Mercy*) und John Sanders (in seinem Buch *Kein anderer Name*) gehen davon aus, dass Jesus zwar der einzige Weg zur Erlösung sei, der bewusste Glaube an ihn aber keine unabdingbare Voraussetzung wäre, um von Kreuz und Auferstehung zu profitieren. Gott wisse, so argumentieren sie, dass Jesus der einzige Weg zur Erlösung sei, aber Menschen, die noch nie vom Evangelium hörten, wissen das nicht. Ihre eigene Religion könne deshalb als »Lehrmeister« fungieren, der sie unbewusst zu Christus leite.

Pinnock und Sanders stimmen hier mit Raymond Panikkar überein: »Der rechtgläubige Hindu wird von Jesus gerettet und nicht durch den Hinduismus, doch geschieht seine Errettung mit Hilfe der Heilslehre des Hinduismus, einer Botschaft von hoher Moral und gutem Leben.« [3] Panikkar schlussfolgert, dass Menschen tatsächlich durch Christus erlöst werden können, während sie einer anderen Religion anhängen.

Verschiedene Theologen machen Erklärungsversuche, wie Gott treue Anhänger anderer Religionen retten könne. Zunächst einmal gibt es die Theorie vom »späteren Licht«, die sich auf einen Abschnitt aus dem ersten Petrusbrief stützt: »Denn es ist auch Christus einmal für Sünden gestorben, der Gerechte für die Ungerechten, damit er uns zu Gott führe, zwar getötet nach dem Fleisch, aber lebendig gemacht nach dem Geist. In diesem ist er auch hingegangen und hat den Geistern im Gefängnis gepredigt, die einst ungehorsam waren, als die Langmut Gottes in den Tagen Noahs abwartete, während die Arche gebaut wurde« (K. 3,18-20).

Nach Meinung einiger Theologen bedeutet dieser Abschnitt, dass Jesus das Evangelium denen predigte, die sich im Hades befanden. Sie schließen daraus, dass Menschen noch nach ihrem leiblichen Tod Gelegenheit erhalten, Jesus anzunehmen oder ihn abzulehnen. In der frühen Gemeinde lehrten Irenäus und Tertullian, dass Jesus nur die Gläubigen des Alten Testamentes aus der Hölle befreite, als er in die Hölle hinabstieg. Clemens von Alexandrien und Athanasius dagegen lehrten, dass Jesus sowohl Juden als auch Heiden aus der Hölle erlöst habe und dass es diese Art der Evangeliumsverkündigung auch heute noch gebe.

Gegen diese Ansichten gibt es ernsthafte Einwände. Zum einen ist es keinesfalls belegt, dass Petrus hier lehrt, Jesus sei in den Hades gegangen. Er könnte auch gemeint haben, dass Jesus durch denselben Heiligen Geist durch Noah den Menschen gepredigt habe, die jetzt im »Gefängnis« seien. Doch selbst wenn wir annehmen, Jesus sei hingegangen und hätte diesen Geistern zwischen seinem Tod und seiner Auferstehung gepredigt, können wir nicht wissen, *was* er ihnen sagte. Vielleicht verkündigte er nur seinen Sieg, oder er erklärte den Grund für ihre gerechte Verurteilung. Es gibt keinen Beweis dafür, dass er ihnen eine letzte Gelegenheit zur Umkehr gab. Für die Behauptung, dass Jesus das heute noch tue, finden wir in diesem Text keinen Hinweis. Egal wie wir diesen Abschnitt auch interpretieren, jedenfalls bezieht er sich auf ein Ereignis in der Vergangenheit, ohne anzudeuten, dass dieses Ereignis sich heute fortsetzt.

Ein zweiter Erklärungsversuch geht davon aus, dass Gott Menschen, die Jesus nicht annahmen, aufgrund seines Wissens über die Zukunft erlöst. Gott wisse nicht nur, was geschehen ist, sondern auch, was unter anderen Umständen geschehen wäre. Also wisse er auch, ob jemand, der z. B. in Sri Lanka keine Möglichkeit hatte, das Evangelium zu hören, es angenommen hätte, wenn er in Kanada geboren worden wäre. Auf Grund dieses Wissens erlöse Gott solche Menschen.

Doch selbst wenn die Erwählung auf Gottes Vorhersehung basieren würde (eine Ansicht, die ich nicht teile), ist die Idee, dass Gott Menschen aufgrund von Entscheidungen errettet, die unter anderen Umständen getroffen worden *wären*, reine Spekulation. Jesus sagte, dass Tyrus und Sidon »längst in Sack und Asche Buße getan hätten« (Mt 11,21). Doch gab er keinen Hinweis, dass Tyrus und Sidon im zukünftigen Gericht deshalb errettet werden. Jeder von uns kann sich Umstände ausdenken, unter denen Menschen Jesus annehmen würden. Doch die Bibel lehrt, dass Gott das berücksichtigt, was *wirklich* geschah und nicht etwas, das *hätte geschehen können.*

Als drittes gibt es dann noch Leute, die meinen, dass Gott einfach für solche ehrlichen Anhänger anderer Religionen eine Ausnahme mache und beschließe, ihnen das Opfer Christi anzurechnen. D. h. er würde ihre Sünden auf Jesus legen, obwohl sie momentan nichts davon wüssten, auch wenn sie es eines Tages erfahren würden. Gott, so wird uns gesagt, habe solche Ausnahmen für Henoch, Hiob, Melchisedek, Jethro und andere im Alten Testament gemacht. Gott würde den ehrlichen Hindu oder Buddhisten annehmen, obwohl er Jesus erst bei seinem Tod begegne. Genau wie bei Kindern, von denen viele annehmen, dass sie auch ohne persönlichen Glauben an Christus gerettet sind, werde die Erlösung auch für Menschen anderer Religionen wirksam, obwohl sie nicht ausdrücklich an Christus glaubten.

Diese Argumentation überzeugt mich nicht, denn es gibt gute Gründe für die Annahme, dass diese Männer des Alten Testamentes so reagierten, weil sie von Gott besondere Offenbarungen empfangen hatten. Sie wussten von Jahwe und wir haben keinen Hinweis dafür, dass Gott sie rettete während sie andere Götter anbeteten. Und zu der Analogie mit den Kindern will ich nur so viel sagen – solange sie keine Möglichkeit haben, auf die allgemeinen Offenbarungen der Natur und des Gewissens zu reagieren, ist ihre Situation eine völlig andere. Es besteht ein Unterschied zwischen denen, die nicht hören können (Kinder) und denen, die alt genug sind zu hören und zu verstehen, wenn ihnen die Gelegenheit gegeben wird.

Viele meinen, Kornelius könne man als Beispiel für einen Menschen nennen, der ohne Glauben an Jesus von Gott angenommen wurde. Er war ein frommer Mann und zusammen mit seiner Familie fürchtete er Gott. Sie erinnern sich, wie Petrus eine Vision empfing, die mit der des Kornelius übereinstimmte. Als sie sich trafen und Petrus erkannte, dass Gott diesen Mann retten wollte, sagte er: »In Wahrheit begreife ich, dass Gott die Person nicht ansieht, sondern in jeder Nation ist, wer ihn fürchtet und Gerechtigkeit wirkt, ihm angenehm« (Apg 10,34-35).

Ist es legitim, das so zu interpretieren, dass Gott Menschen, die ihn fürchten, annimmt, ganz gleich, welche Religion sie haben? John Sanders schreibt: »Kornelius war schon ein erretteter Gläubiger, ehe Petrus ankam, aber er war kein Christ.« [4] Daraus zieht er die Schlussfolgerung, dass manche Menschen gerettet werden, obwohl sie keine Christen sind.

Auch dieser Interpretationsversuch hat seine Schwachpunkte. Gary Phillips schreibt in einem Artikel: »Zum einen glauben neutestamentliche Gottesfürchtige wirklich an ein stellvertretendes Opfer, und Kornelius hatte schon auf eine Offenbarung reagiert« (vgl. Apg 10,3-8). [5] Weiter spricht der Text erst von Erlösung, nachdem Petrus ihm das Wort predigte (Apg 11,14). Schließlich, und das ist entscheidend, müssen wir die Aussage des Petrus in ihrem Zusammenhang verstehen: Er hatte gerade eine Vision empfangen, die ihn davon überzeugte, dass auch die Heiden in den Erlösungsplan eingeschlossen sind. Wenn er sagt, dass Gott nicht ungerecht sei und Gottesfürchtige anderer Nationen annehme, dann sagt er damit nicht automatisch, dass sie unabhängig vom Evangelium errettet wären. Er gibt hier einfach einer für ihn radikalen Vorstellung Ausdruck, nämlich dass jeder, sogar ein Heide, die Botschaft von der Erlösung annehmen kann.

Es gibt Ausleger, die an einigen Stellen eine andere Meinung als Pinnock vertreten, aber an anderer Stelle ihm beipflichten. Doch in einem Punkt stimmen sie überein: Sie benutzen ein Auslegungsprinzip, das mit fast hundertprozentiger Sicherheit ihr Wunschergebnis hervorbringt. Eine menschliche Vorstellung von Gerechtigkeit und Fairness soll Grundlage des Schicksals derer sein, die Jesus nicht als Retter kennen.

Es ist meiner Meinung nach beklagenswert, dass Sanders sagt, dass Gott eine Sonderregelung für die Unerreichten haben müsse. Ohne eine solche Sonderregelung wäre er weniger anbetungswürdig und außerdem ungerechter und weniger liebenswürdig als Menschen. [6] Nach diesen Kriterien dürfte Gott weder Erdbeben und Hungersnöte noch Kriege zulassen. Denn jedes menschliche Wesen mit einem Funken Mitgefühl würde solche Schrecken verhindern, wenn es in seiner Macht läge. Hier wird uns eine unrichtige Argumentation und eine schlechte Theologie vorgesetzt.

Es ist gefährlich, eine eigene Definition von Fairness zu benutzen, um damit das Ergebnis unserer biblischen Auslegung zu manipulieren. Gary Phillips hat Recht, wenn er kommentiert:

> Sobald wir »Fairness« als Kriterium heranziehen (und dabei werden Ausnahmen gezwungenermaßen wie Pilze aus dem Boden schießen), wird es vor unzumutbaren Umständen geradezu wimmeln: Dieser hört das Evangelium von einem Elternteil, der ihn misshandelt, oder von einem Pastor, der später Ehebruch begeht. Jener hört zwar von Jesus, aber die intellektuellen Fähigkeiten seines Gegenübers sind nicht geeignet, das Christentum als Glauben für ernsthafte Menschen zu empfehlen. Noch andere sind so unglücklich, reich zu sein – ein schreckliches Hindernis für die Errettung. Alle diese Menschen hätten also eine prächtige Entschuldigung, wenn sie das Evangelium nicht annehmen, denn sie wurden negativ beeinflusst. [7]

Es ist klar, wie hier argumentiert wird: Jeder Mensch kann irgendeinen Grund vorbringen, warum er oder sie das Evangelium ablehnte, weil etwas oder jemand »unfair« war. Wir alle würden gerne revidieren, was die Bibel über Gott sagt, damit er uns fair erscheint. Wir alle haben schon überlegt, was wir tun würden, wenn wir Gott wären, um das Leiden der Menschen in diesem und im zukünftigen Leben zu verringern. Das Problem dabei ist natürlich, dass wir nicht Gott sind.

Wenn wir Clark Pinnocks theologischen Werdegang kennen, verstehen wir besser, warum er so auf einen nach seiner Definition »fairen« Gott fixiert ist. Vor vielen Jahren kehrte er dem Calvinismus den Rücken zu. Der Calvinismus betont bei der Errettung die Aspekte der Prädestination und Souveränität Gottes. Pinnock wechselte zum Arminianismus, der im Gegensatz dazu den freien Willen des Menschen betont. Dann ging er einen Schritt weiter vom traditionellen Arminianismus zum Glauben an einen begrenzten Gott – einen Gott, der nicht einmal die Zukunft kennt. Er argumentierte, dass die Zukunft in gewisser Weise fixiert wäre, wenn Gott wisse, wer gerettet werde und wer nicht. Deshalb erwählt Pinnocks Gott die Menschen nicht einmal aufgrund seiner Vorsehung, ja, er erwählt überhaupt nicht mehr. Es tritt sogar das Gegenteil ein: Wir wählen Gott, weil das Wissen Gottes begrenzt ist. Er weiß nicht einmal, wer gerettet und wer verloren ist!

Pinnock meint, dass Gott ein Risiko einging, als er die Welt erschuf und den Menschen einen freien Willen gab. Er schlussfolgert, dass Gott die Entscheidungen freier Menschen nicht kennen kann: »Es gibt echte Neuheiten der Geschichte, die noch nicht einmal Gott vorhersehen kann.« [8] Diese Unwissenheit von Seiten Gottes, so glaubt Pinnock, macht das Evangelium glaubhafter, »fairer«. (Ich werde diese Ansicht ausführlicher in Kapitel 7 behandeln.)

Pinnocks Theorien erreichen damit noch nicht ihren Höhepunkt. Sobald er sich für einen »fairen« Gott entschieden hatte, übernahm er die Ansicht, dass Menschen, die in ehrlicher Überzeugung einer anderen Religion anhingen, auch ohne Glauben an Christus gerettet würden. Und wenn sie in diesem Leben nicht errettet würden, dann dürften sie im zukünftigen Leben um Gnade bitten. Jeder, der beim Jüngsten Gericht vor Gott stehe und Gott um Gnade bitte, werde sie gewährt bekommen. Gottes Bücher, so wird uns gesagt, würden niemals geschlossen. Und wenn es immer noch einige Böse geben sollte, die diese Gelegenheiten nicht wahrgenommen hätten, dann fordere die »Fairness«, dass sie vernichtet würden, anstatt in Ewigkeit weiter leiden zu müssen. [9]

Wenn wir das wissen, erstaunt uns folgende Aussage natürlich nicht mehr:

> Wenn wir uns einem Menschen nähern, der einer anderen Religion angehört als wir selbst, dann soll das in einem Geist der Erwartung geschehen. Wir sollen herausfinden, wie Gott zu ihm gesprochen hat und welches neue Verständnis von der Gnade und Liebe Gottes wir selbst in dieser Begegnung entdecken können. Wenn wir einem anderen Volk begegnen, einer anderen Kultur oder einer anderen Religion, soll unsere erste Auf-

> gabe darin bestehen, unsere Schuhe auszuziehen, denn der Ort, dem wir uns nähern, ist heilig. Andernfalls werden wir erleben, dass wir die Träume der Menschen mit Füßen treten. Noch schlimmer: es könnte sein, dass wir vergessen, dass Gott schon vor unserer Ankunft hier war. [10]

Pinnock sieht in anderen Religionen einen Übergang zur Wahrheit und so haben Christen Gelegenheit, diesen Menschen bei ihrer Suche nach Wahrheit durch den Dialog zu helfen. »Gott, der *logos* hat im Hinblick auf Erlösung viel mehr auf Lager als nur die Ereignisse im Palästina des ersten Jahrhunderts«, schreibt er. [11] Es ist unglaublich, aber Pinnock scheint an einen universellen *logos* zu glauben, der in allen Religionen am Werk ist.

Unsere menschliche Vorstellung von Fairness basiert auf einem begrenzten Verständnis von Gottes Zielen. Gut möglich, dass Gott noch andere Pläne hat. Jesaja drückte das so aus:

> Denn meine Gedanken sind nicht eure Gedanken, und eure Wege sind nicht meine Wege, spricht der Herr. Denn so viel der Himmel höher ist als die Erde, so sind meine Wege höher als eure Wege und meine Gedanken als eure Gedanken (Jes 55,8-9).

Gary Phillips bringt es auf den Punkt: »Spekulation mutiert urplötzlich zur sicheren Erkenntnis und die unausgegorene Interpretation eines Textes wird als Auslegung verkauft.« Sobald ein Theologe wie Pinnock oder ein Professor wie Sanders eine Bibelstelle so auslegen, dass sie ihren Vorstellungen entspricht, erheben sie das zum Präzedenzfall, um nach demselben Schema Dutzende andere Abschnitte umzuinterpretieren, die ihnen nicht in den Kram passen. Wir haben kein Recht, weitherziger zu sein als Gott. Um noch einmal Gary Phillips zu zitieren: »Wir irren uns lieber auf der sicheren Seite, als mit spekulativer Freizügigkeit zu spielen.« [12]

Wie sieht die Bibel nichtchristliche Religionen?

Die Schrift verlangt von uns, andere Religionen als fehlgeschlagene Versuche des Menschen zu interpretieren, die Gott mit menschlichem Bemühen und Weisheit erreichen wollen. Paulus macht zwei Aussagen über das Heidentum. Erstens sagt er, dass Menschen, die Götzen verehren, eigentlich Dämonen anbeten: »Was man da opfert, das opfert man den bösen Geistern und nicht Gott. Nun will ich nicht, dass ihr in der Gemeinschaft der bösen Geister seid. Ihr könnt nicht zugleich den Kelch des Herrn trinken und den Kelch der bösen Geister; ihr könnt nicht zugleich am Tisch des Herrn teilhaben und am Tisch der bösen Geister« (1Kor 10,20-21, Luther 84).

Er sagte nicht, dass die Heiden Gott auf ihre eigene Art anbeten. Entweder wir beten den wahren Gott an, oder wir beten Götzen an. Lesen Sie die folgenden Abschnitte aus dem Alten Testament und ziehen Sie Ihre eigenen Schlüsse:

> Ihr sollt ihre Altäre niederreißen und ihre Gedenksteine zerbrechen und ihre Ascherim mit Feuer verbrennen und die Bilder ihrer Götter umhauen. Und ihr sollt ihren Namen von jener Stätte ausrotten (5Mo 12,3).

> Denn alle Götter der Völker sind Götzen, der Herr aber hat den Himmel gemacht (Ps 96,5).

> Elia sagte zu ihnen: Packt die Propheten des Baal, keiner von ihnen soll entkommen! Und sie packten sie. Und Elia führte sie hinab an den Bach Kischon und schlachtete sie dort (1Kön 18,40).

Zweitens begründet Paulus die Existenz der Religionen damit, weil der Mensch den wahren Gott nicht ehren will. Durch ihre Auflehnung »haben sie die Herrlichkeit des unverweslichen Gottes verwandelt in das Gleichnis eines Bildes vom verweslichen Menschen und von Vögeln und von vierfüßigen und kriechenden Tieren« (Röm 1,23). Ein Kennzeichen des Götzendienstes ist es, dass er das Geschöpf mit dem Schöpfer verwechselt. Satan ließ falsche Religionen entstehen. Er bietet uns eine große Palette von Möglichkeiten an, aber alle stehen diametral zum Evangelium von Christus.

Ich möchte auf die bekannte Geschichte über einige Blinde in Indien eingehen, die einen Elefanten untersuchen. Jeder von ihnen kommt zu einer anderen Beschreibung des Tieres. Der Mann, der den Schwanz zu fassen bekommt, meinte, das Tier sei wie ein Seil. Der Mann, der ein Bein befühlt, meint, es fühle sich an wie ein Baum. Und der Mann, der den Rüssel in der Hand hält, meint, es sei eine Schlange. Im Hinblick auf die verschiedenen Religionen ziehen manche Leute ähnliche Schlüsse wie die Blinden. Sie denken, dass die Religionen unterschiedliche Aspekte der selben Realität wären. Doch wenn wir darüber nachdenken, was die Bibel über andere Religionen sagt, dann werden wir zur Kenntnis nehmen müssen, dass wir nicht einmal *denselben* Elefanten beschreiben!

Selbst Menschen, die den wahren Gott suchen, können ohne das Licht der Offenbarung Gott nicht als ihren Retter erkennen. Auf dem Marshügel sagte Paulus, dass Gott den verschiedenen Nationen eine bestimmte Zeit und ihre Grenzen gegeben habe, »dass sie [die Menschen] Gott suchen, ob sie ihn wohl tastend fühlen und finden möchten, obgleich er nicht fern ist von jedem von uns« (Apg 17,27). Dann forderte er seine Zuhörer auf, an den Gott zu glauben, der Jesus von den Toten auferweckte. Ohne das Licht der Offenbarung kann ein Mensch bestenfalls »tastend fühlen«, ob man Gott verstehen kann, und sich anstrengen, bis er einen Hoffnungsschimmer und ein Mittel der Vergebung findet.

Ich bestreite die Existenz von einigen guten ethischen Grundsätzen in anderen Religionen nicht. Besonders der Buddhismus betont eine Form der selbstlosen Hingabe, die scheinbar dem Christentum gleicht. Wir sollten dies erwarten, weil alle Menschen nach dem Ebenbild Gottes geschaffen sind und ein Gewissen haben. Es muss nicht jeder einzelne Lehrsatz einer Religion falsch sein, um in seiner Gesamtheit doch in die Irre zu führen. Alle Religionen scheitern am wichtigsten Punkt – nämlich bei der Frage, wie ein Sünder mit Gott versöhnt werden kann. Und wenn sie überhaupt beten, beten sie fremde Götter an.

Gleichgültig wie sehr wir uns wünschen, dass die Errettung auch Nichtchristen offen steht, Vorsicht ist angebracht, und wir dürfen nicht weitherziger sein als die biblische Lehre es erlaubt. Wir müssen uns vor Gott beugen, wie er ist, und dürfen nicht nach einem Gott schielen, wie ihn unser begrenzter Verstand gerne hätte.

Wie wird Gott Menschen richten, die nie von Jesus hörten?

Die Frage beschäftigt uns: Wie kann Gott gerecht sein, wenn er Menschen nicht annimmt, die das Evangelium nie hörten? Wir fragen uns, ob seine Liebe andere nicht annehmen könnte, wie sie sind, ob sie nun seinen Sohn annehmen oder nicht. Die Bibel gibt uns folgende Auskunft: Gott wird die Menschen danach richten, wie sie mit dem umgingen, was sie wussten. Mit anderen Worten, er wird diejenigen, die nie das Evangelium hörten, auf der Grundlage der *allgemeinen Offenbarung* richten.

Zur allgemeinen Offenbarung gehört in erster Linie die Offenbarung der Natur. Die Schrift sagt uns:

> Denn es wird geoffenbart Gottes Zorn vom Himmel her über alle Gottlosigkeit und Ungerechtigkeit der Menschen, welche die Wahrheit durch Ungerechtigkeit niederhalten, weil das von Gott Erkennbare unter ihnen offenbar ist, denn Gott hat es ihnen geoffenbart. Denn sein unsichtbares Wesen, sowohl seine ewige Kraft als auch seine Göttlichkeit, wird von Erschaffung der Welt an in dem Gemachten wahrgenommen und geschaut, damit sie ohne Entschuldigung seien; weil sie Gott kannten, ihn aber weder als Gott verherrlichten noch ihm Dank darbrachten, sondern in ihren Überlegungen in Torheit verfielen und ihr unverständiges Herz verfinstert wurde (Röm 1,18-21).

Gott zeigt seine göttliche Macht und seine göttliche Natur deutlich in der Schöpfung. Auch wenn der unsichtbare Gott erst in Jesus sichtbar wurde, der Unsichtbare ist doch in seiner Schöpfung erkennbar.

Es gibt eine zweite Form allgemeiner Offenbarung – das Gottes-Bewusstsein, das in jeden Menschen hineingelegt wurde. Jeder Mensch besitzt einen angeborenen Sinn für Recht und Unrecht, für transzendente Werte und das Wissen, dass es einen Maßstab für richtiges Verhalten gibt. Unser Herz teilt uns diese Wahrheit mit:

> Denn so viele ohne Gesetz gesündigt haben, werden auch ohne Gesetz verloren gehen; und so viele unter Gesetz gesündigt haben, werden durch Gesetz gerichtet werden. … Denn wenn Nationen, die kein Gesetz haben, von Natur dem Gesetz entsprechend handeln, so sind diese, die kein Gesetz haben, sich selbst ein Gesetz. Sie beweisen, dass das Werk des Gesetzes in ihren Herzen geschrieben ist, indem ihr Gewissen mit Zeugnis gibt und ihre Gedanken sich untereinander anklagen oder auch entschuldigen (Röm 2,12.14-15).

Sogar Heiden, die vom Gesetz keine Kenntnis haben, halten das Gesetz gewissermaßen instinktiv. Deshalb wird Gott sie auf der Grundlage ihres Gewissens und der Natur richten. Es wurden ihnen zwar keine Zehn Gebote geoffenbart, aber sie besitzen ein rudimentäres Moralgesetz, das in ihre Herzen geschrieben ist. Gott erwartet von ihnen nicht, dass sie den Sabbat halten, weil solche Anweisungen eine besondere Offenbarung voraussetzen. Doch sie wissen, dass Mord und Diebstahl schlecht sind, auch wissen sie, dass Selbstsucht falsch ist. Deshalb wird die Frage sein, wie sehr sie entsprechend dieser Normen lebten.

Gott wird Menschen, die nie von Jesus hörten, nicht fragen, warum sie ihn nicht annahmen. Das wäre ungerecht. Das Gericht urteilt immer entsprechend dem Wissen, das jemandem anvertraut wurde. Wie F. F. Bruce sagte: Gott wird den Nichtchristen »nach dem Licht beurteilen, das er hatte, nicht nach dem Licht, das für ihn unerreichbar war«. Paulus argumentiert jedoch, dass sowohl Heiden als auch Juden am Tag des Gerichts »ohne Entschuldigung« gefunden werden.

Was wird dieses Gericht offenbaren? Zunächst einmal wird es zeigen, dass niemand entsprechend dem ihm anvertrauten Wissen lebte. Gott wirft den Heiden vor, dass sie die Wahrheit durch ihre Bosheit »niederhalten«. Wenn man uns tun lässt, was wir wollen, töten wir unser Gewissen ab und verfügen mit dem Zeugnis der Natur nach Lust und Laune. Letztendlich sind wir alle unehrlich, wir betrügen uns selbst, übertölpeln andere und versuchen zum guten Schluss auch Gott noch anzulügen. Zweitens wird dieses Gericht bestätigen, dass uns die Natur nicht das geben kann, was wir brauchen, nämlich die Gerechtigkeit Gottes, die uns angerechnet wird. Wenn Gottes Maßstab für die Annahme nicht seine eigene Heiligkeit wäre, wenn er menschliche Unvollkommenheit annehmen könnte, dann gäbe es Hoffnung, aber es geht eben nicht. Kein Jude kann behaupten, dass er das Gesetz des Mose erfüllte, und kein Heide lebte je ohne Gewissensverstoß. Das Urteil Gottes ist eindeutig: »Alle haben gesündigt und erlangen nicht die Herrlichkeit Gottes« (Röm 3,23). Nur Jesus tut dem Anspruch Gottes Genüge, nur er kann uns die vollkommene Gerechtigkeit schenken, die wir brauchen.

Ich bin zu folgender Überzeugung gelangt: Wer bereit ist, zuzugeben, dass er den Ansprüchen Gottes nicht genügt, wer sich von den von Menschenhand geschaffenen Göttern abwendet und nach dem einen wahren Gott verlangt, wird das nötige Licht erhalten, dass er Kenntnis von Jesus bekommt. Wenn Gott an Menschenherzen wirkt, dann fangen manche an, ihn ernsthaft zu suchen. Diese Gedanken stimmen mit den Worten des Paulus an die Athener überein, die wir schon weiter oben lasen. Gott, sagte Paulus, bestimmte, wo sich die verschiedenen Völker geografisch befinden, und er tat dies, damit »sie Gott suchen, ob sie ihn wohl tastend fühlen und finden möchten, obgleich er nicht fern ist von jedem von uns. Denn in ihm leben und weben und sind wir« (Apg 17,27-28).

Eine beträchtliche Anzahl von Menschen, die in nichtchristlichen Religionen aufwuchsen, berichten Erstaunliches: Als sie sich von ihren eigenen Göttern abwandten, um den »einen wahren Gott« zu suchen, hätten sie von Jesus geträumt und später Kontakt zu einem Verkündiger des Evangeliums bekommen. Oder sie kamen auch ohne einen Traum durch irgendeinen scheinbaren Zufall in Kontakt mit dem Neuen Testament.

Ich muss jedoch davor warnen, solche Geschichten als Basis für eine abschließende theologische Meinung zu dem Thema zu betrachten, auch wenn sie sehr aufschlussreich sind. Demütig müssen wir Gott das endgültige Urteil überlassen und anerkennen, dass es viel über Gottes Beziehung zu Menschen anderer Religionen zu sagen gibt, das wir nicht wissen. Wir kennen nur das eine biblische Prinzip, dass Gottes Gericht auf Wissen basiert und dann die Reaktion und das Verhalten jedes einzelnen Menschen in Betracht zieht.

Was ist mit dem Jüngsten Gericht?

Wenn Gott richtet, dann wird er an Gerechtigkeit und Beweismaterial einen sehr hohen Maßstab anlegen. Wer unter dem Schutzmantel der Erlösung Christi kommt, wird gerettet, denn Jesus trug seine Schuld. Wer auf die allgemeine Offenbarung von Natur und Gewissen reagierte oder auch nicht reagiert, wird die Konsequenzen seiner eigenen Taten tragen müssen. Doch auf keinen Fall wird die Strafe für alle gleich aussehen. Hören Sie auf Jesu Worte:

> Jener Knecht aber, der den Willen seines Herrn wusste und sich nicht bereitet, noch nach seinem Willen getan hat, wird mit vielen Schlägen

> geschlagen werden; wer ihn aber nicht wusste, aber getan hat, was der Schläge wert ist, wird mit wenigen geschlagen werden. Jedem aber, dem viel gegeben ist – viel wird von ihm verlangt werden; und wem man viel anvertraut hat, von dem wird man desto mehr fordern (Lk 12,47-48).

Die allgemeine Offenbarung ist Grundlage für das Gericht, aber nicht Grundlage für die Errettung. Wenn Sie tausend Mark für Ihr Studium zahlen müssen, und ich Ihnen nur hundert gebe, dann ist mein Geschenk nicht ausreichend, aber es reicht immerhin, um Ihre Reaktion zu testen. Mit diesen hundert Mark kann ich feststellen, ob Sie mich lieben oder verachten. Und Ihre Reaktion kann ausschlaggebend sein, ob ich Ihnen das volle Geld gebe oder nicht.

Wir können sicher sein, dass die Strafen dem jeweiligen Wissen des Betroffenen angemessen sein werden und dass Gott jeden kleinsten Umstand und die innere Herzenshaltung einberechnen wird. Gottes Urteil wird umfassend, gerecht und vollständig sein.

Gottes Gerechtigkeit wird so untadelig, der jeweiligen Situation so angemessen sein, dass wir während der gesamten Ewigkeit singen werden: »Gerecht und wahrhaftig sind deine Wege, o König der Nationen« (Offb 15,3). Ich glaube, dass selbst die, die verloren gehen – ja, sogar Satan persönlich – in alle Ewigkeit bekennen werden, dass Gott richtig und gerecht handelte. Gott fügt niemals jemandem Unrecht zu.

Ist Gott verpflichtet, jeden zu retten? Letztlich ist er überhaupt nicht verpflichtet, irgendjemanden zu retten. Die Verpflichtung, die er sich selbst auferlegte, lautet jedoch, dass er gerecht bleiben muss. Es ist undenkbar, dass derselbe Gott, der von uns Gerechtigkeit fordert, selbst nicht gerecht sein sollte. Und man kann sagen, dass er dazu verpflichtet ist, selbst zu lieben, weil er uns befiehlt zu lieben. Seine Liebe ist einfach Liebe, seine Gnade ist einfach Gnade. So weit wir wissen, beschloss Gott nicht, einen der gefallenen Engel zu erretten. Er unterstellt sie ohne Gnade dem Gericht. Er richtet sie allein nach dem, was sie im Licht seiner Offenbarung taten, so wie er diejenigen nach der allgemeinen Offenbarung der Schöpfung richtet, die den wahren Gott nicht suchten.

Ist Gott fair? Das ist eine bedeutsame Frage. Wir haben schon die Gefahr erwähnt, unsere eigenen Vorstellungen von Fairness in das Wort hineinzulesen und auf Gott anzuwenden. Wenn wir meinen, Fairness bedeute, dass Gott jeden gleich behandeln müsse, dann ist Gott gewiss nicht »fair«. Ein Erdbeben in der Türkei tötet fünfzehntausend Menschen, eine Schlammlawine in Venezuela dreißigtausend. In den mittleren Staaten der USA, wo ich lebe, gab es in den vergangenen fünfzig Jahren kein ernsthaftes Erdbeben. Gott behandelt die Völker und Regionen der Erde nicht gleich. Ist das fair? (Im nächsten Kapitel werden wir untersuchen, wie Gott zu Naturkatastrophen steht.)

Gott behandelte Hammurabi, den König von Babel, nicht so wie Abraham. Gott ist nicht verpflichtet, alle Menschen gleich zu behandeln. Auf dieser Welt wurden den Menschen unterschiedliche Fähigkeiten, Möglichkeiten und Lebensspannen anvertraut. An den einen erweist Gott seine Gnade, an anderen seine Gerechtigkeit. Das ist die Art, wie Gott diese Welt regieren möchte. Er kann das tun und trotzdem gerecht bleiben. Ich kann nicht stark genug betonen, dass wir in dieser Sache unter dem Urteil Gottes stehen. Wir können uns nur neigen und seine Autorität und seine verborgenen Pläne akzeptieren.

Ich stimme Carl Henry zu, wenn er denen antwortet, die das Himmelstor weiter machen wollen, als es nach dem Neuen Testament ist: »Die moderne Fehlbeurteilung Gottes folgt leicht aus der gegenwärtigen Fixiertheit der Theologie auf die Liebe als zentraler Eigenschaft Gottes, während seine Gerechtigkeit untergeordnet wird und sie nicht die gleiche bedeutsame Stellung erhält, die die Liebe im Wesen Gottes hat.« [13]

Es gibt keinen gültigen Maßstab, nach dem die Menschheit Gott den Allmächtigen richten könnte. Gott braucht sich nicht unserem Anspruch von Fairness zu beugen, obwohl er sich verpflichtet hat, gerecht zu bleiben. Er muss mit seinem Wesen und seinen langfristigen Zielen im Einklang bleiben. Innerhalb dieser Vorgaben ist er frei zu tun, was ihm gefällt. Wenn wir uns der Meinung anschließen, Gott sei unfair, weil er eine ewige Strafe für Sünden verhängt, die während der relativ kurzen Periode einiger Jahre begangen wurden, dann können wir nichts Besseres tun, als die Worte Jonathan Edwards zu zitieren:

> Unsere Verpflichtung, jedes Geschöpf zu lieben, zu ehren und ihm zu gehorchen, steht in Beziehung zu seiner Liebe, Ehre und Autorität. … Doch Gott ist unendlich liebenswert, weil er unendliche Schönheit und Vorzüglichkeit vereinigt. … Deshalb ist eine Sünde gegen Gott eine Verletzung unendlicher Verpflichtungen, und muss ein Verbrechen sein, das unendlich abscheulich ist und deshalb auch unendliche Strafe verdient. … Die Ewigkeit der Strafe für Gottlose macht die Strafe unendlich, … und damit entspricht sie nur der Abscheulichkeit ihrer Taten, derer sie schuldig geworden sind. [14]

John Piper weist darauf hin, dass die ewigen Schrecken der Hölle eine Darstellung des ewigen Wertes der Herrlichkeit Gottes sind. Ewige Strafe für die, die ewig schuldig sind. Paulus fragte: »Heißt das nun, dass Gott ungerecht handelt? Keineswegs!« (Röm 9,14 Einheitsübersetzung). Ja, selbst wenn wir verloren wären, wäre Gott noch fair.

Paulus führt seine Argumentation weiter, indem er sagt, dass Gott seine Gerechtigkeit und seinen Zorn in seinem Handeln an den Gottlosen zeigt, seine Barmherzigkeit und Gnade aber zeigt er an den Gläubigen. Wenn Paulus von Gottes Unparteilichkeit spricht (Röm 2,11), dann meint er einfach, dass

Gott die Ungläubigen nach den Prinzipien richten wird, die wir schon aufgeführt haben, nämlich ob unser Tun mit unserem Wissen übereinstimmt.

Ist es nicht gefährlich oder sogar vielleicht überheblich, wenn wir darauf bestehen wollen, dass Gott sich unserem Denken unterzuordnen habe oder wir ihm unsere bedingungslose Anbetung vorenthalten wollen? Man erzählte mir von einem Film mit dem Titel *Rudi*. Ein Professor von Notre Dame unterhält sich mit einem Fußballspieler, der nicht in der Mannschaft mitspielen durfte. Der Professor sagte ihm, dass er nach Jahren des Lernens zu zwei Aussagen gelangt sei, die unbestreitbar wahr seien: »Es gibt einen Gott.« Und: »Ich bin nicht er!« Zwei Lektionen, die Beachtung verdienen!

Die Tatsache, dass Gott die Erlösung nicht jedem schuldet (eigentlich schuldet er sie *keinem*) treibt uns noch immer um und wir fragen: »Würde ein liebender Gott seine Pläne nicht so gefasst haben, dass mehr Menschen von dem wunderbaren Werk Christi profitieren könnten?« [15] Liebe, so würde man denken, würde selbst die Barrieren überwinden, die der Errettung aller Menschen im Wege stehen.

Doch Gottes Plan ist größer als wir sehen können. Er hat ein ewiges Ziel vor Augen und das bewog ihn, unsere Welt so zu wählen, wie sie ist. Der Theologe Benjamin Warfield weist darauf hin, dass die Liebe Gottes immer unter der Kontrolle seiner Gerechtigkeit und seiner ewigen Ziele steht. Wenn er gefragt wird, warum Gott nicht mehr Menschen errettet, dann gibt er die eine alte Antwort, die allein ausreicht: »Das Verborgene steht bei dem Herrn, unserm Gott; aber das Offenbarte gilt uns und unsern Kindern für ewig, damit wir alle Worte dieses Gesetzes tun« (5Mo 29,28).

Sollte Gott planen, Männer und Frauen ohne persönlichen Glauben an Jesus zu erlösen, dann hat es ihm gefallen, über diesen Plan zu schweigen. Wir müssen der Versuchung widerstehen, unsere Wünsche in die Bibel hineinzulesen. Unsere Aufgabe ist es, das Evangelium mit der festen Überzeugung zu verbreiten, dass der Glaube aus dem Hören des Wortes Gottes kommt und dass Menschen nicht an etwas glauben können, das sie nicht wissen.

Herausfordernde Schlussfolgerungen

Nach allem bisher Gesagten müssen wir den Schluss ziehen, dass es außerordentlich dringlich ist, das Evangelium zu verkündigen. Gottes Absichten für die Welt gehen über einzelne Völker hinaus. Sein erklärter Wille, im Himmel Vertreter aus jedem Stamm, von jeder Zunge und aus jedem Volk willkommen zu heißen, wird sich erfüllen. Als Jesus befahl: »Geht hin in die ganze Welt und predigt das Evangelium« (Mk 16,15), bestätigte er, dass er der Erlöser der *Welt* ist, nicht nur der Erlöser derer, die ihn hören konnten. In einigen Teilen Afrikas bekehren sich zur Zeit die Menschen scharenweise!

Meine zweite Schlussfolgerung lautet: Wenn ich sterbe, würde ich lieber in der Haut eines Menschen stecken, der nie mit dem Evangelium konfrontiert worden war, als von einem, der das Evangelium zwar gehört, es aber abgelehnt hatte. Ich würde lieber als die verzweifelte Mutter sterben, von der wir am Anfang unseres Kapitels hörten, als jemand, der von Christus gehört, ihn aber abgelehnt hatte – vielleicht wegen seiner fundamentalistischen Aussagen.

Meine Erfahrung zeigt, dass die meisten Menschen, die sich um die Errettung von Angehörigen fremder Religionen Sorgen machen, sich nicht genügend Sorgen um sich selbst machen. Doch wenn schon die Menschen »ohne Entschuldigung« sind, die nur die allgemeine Offenbarung kennen, wie viel mehr sind dann die ohne Entschuldigung, die eine Bibel in der Hand hatten, die jemanden aus einer christlichen Gemeinde kannten und diejenigen, die, wenn sie nur gewollt hätten, Jesus als ihren Retter hätten suchen können!

Sind Christen arrogant, wenn sie glauben, dass sie den einzigen Weg kennen? Natürlich ist es nicht »unser Weg«, denn wir haben ihn nicht erfunden. Bei einer Talkshow warf ein Rabbiner einem Christen vor, dass er die Frechheit besitze sich anzumaßen, Gottes Arbeit erledigen zu wollen. »Christen«, so sagte er, »öffnen die Himmelstür für die einen und verschließen sie für andere.« Natürlich ist es Gott allein, der die Himmelstüren nach seinem Willen für Menschen öffnet oder schließt. Uns bleibt nur die Bibel, um herauszufinden, was er zu diesem Thema lehrte. Die Schrift beschreibt den schmalen Weg als »Weg Gottes«, und wir haben das Vorrecht, daran glauben zu dürfen. Dass wir das Vorrecht haben, an Jesus zu glauben, macht uns demütig und ist das beste Heilmittel gegen Arroganz.

Persönliche Reaktion

Dies ist eines der schwierigen Kapitel in diesem Buch. Die Offenbarung Gottes kann drei verschiedene Reaktionen hervorrufen. Wer diese harten Worte hört, könnte sich den *Agnostikern* anschließen: Die Vorstellung einer bewussten, ewigen Strafe ist selbst für die Menschen schwer anzunehmen, die das Evangelium annahmen, und noch schrecklicher für diejenigen, die es ablehnten. Eine zweite Möglichkeit, auf die Offenbarung Gottes zu reagieren, wäre *Zorn*: »Wenn das die Art und Weise ist, wie Gott die Welt regiert, dann verachte ich ihn.« Wie der Mann, der zu mir sagte: »Wenn ich in die Hölle komme, dann werde ich Gott für alle Ewigkeit verfluchen. Das ist Ehrensache!«

Eine dritte Möglichkeit ist *Ehrfurcht*: In diesem Fall überkommt uns das überwältigende Gefühl, dass wir Gottes Offenbarung nur demütig annehmen können. Gott beantwortet nicht alle unsere Fragen, doch er erinnert uns daran, dass er Gott ist und unsere Verantwortung darin besteht, ihn anzubeten. Demütig wollen wir folgenden Worten der Bibel zustimmen:

> Weh dem, der mit seinem Bildner rechtet – ein Tongefäß unter irdenen Tongefäßen! Sagt etwa der Ton zu seinem Bildner: Was machst du?, und sagt etwa dein Werk von dir: Er hat keine Hände? (Jes 45,9).

> Was sollen wir nun sagen? Ist etwa Ungerechtigkeit bei Gott? Das sei ferne! Denn er sagt zu Mose: »Ich werde begnadigen, wen ich begnadige, und ich werde mich erbarmen, wessen ich mich erbarme« (Röm 9,14-15).

Wenn Sie möchten, dann beten Sie mit mir: »Herr, wir nehmen dein Urteil an. Wir erkennen dein Recht an, das zu tun, was dir gefällt. Hilf uns, uns über deine Offenbarung zu freuen und dir die Geheimnisse deines Willens zu überlassen. Hilf uns, uns zu erinnern: Du bist der Töpfer, wir sind der Ton. Wir glauben, dass du alles richtig machst. Amen.«

6. Lüge

Gott ist nicht für Naturkatastrophen verantwortlich

Ich habe gehört, dass sich nach einem Erdbeben in Kalifornien vor einigen Jahren Pastoren zum Gebetsfrühstück trafen. Sie unterhielten sich, wie Schnellstraßen sich verschoben hatten und Gebäude beschädigt worden waren, und waren einmütig der Überzeugung, dass Gott mit dieser Naturkatastrophe praktisch nichts zu tun habe. Die Erde ist gefallen, deshalb laufen Erdbeben nach bestimmten Naturgesetzen ab. Doch erstaunlicherweise dankte einer der Pastoren am Ende des Gebetes für den Zeitpunkt, an dem die Erde erschüttert worden war – nämlich um fünf Uhr morgens. Nur wenige Autos waren zu diesem Zeitpunkt auf den Schnellstraßen unterwegs und die Bürgersteige waren fast menschenleer gewesen. Und als er sein Gebet beendete, stimmten alle seine Kollegen in ein überzeugtes »Amen« ein.

Also, hatte Gott nun etwas mit dem Erdbeben zu tun, oder nicht? Warum sollte man Gott für den Zeitpunkt eines Erdbebens danken, wenn er bei der Entscheidung ganz neutral blieb, ob es überhaupt eines geben sollte? Oder welchen Zweck hat es, wenn wir darum beten, dass Gott uns vor solchen Unglücksfällen bewahrt, wenn er keinen direkten Einfluss auf die Ereignisse in dieser gefallenen Welt hat?

»Nein, Gott! Nein, Gott! Nein, Gott!« Dies sind die Worte eines Mannes, der offensichtlich doch meinte, dass Gott etwas mit der Natur zu tun hatte. In seinem Keller versteckt betete er, während ein Tornado sein Haus und Geschäft zerstörte. Hunderte obdachloser Familien durchwühlten den Schutt, nachdem ein schrecklicher Tornado durch Oklahoma und Teile von Kansas gerast war, mindestens dreiundvierzig Menschen getötet, mehr als tausendfünfhundert Wohnhäuser und Hunderte von Geschäften zerstört hatte. Eine riesige Windhose fegte stundenlang über die Erde und wurde in die höchste Tornadoklasse 5-F eingeordnet, bei der Windgeschwindigkeiten von über 350 km/Std erreicht werden. [1]

Statistiken lassen uns in der Regel kalt. Doch denken Sie an das zweijährige Kind, das der Sturm der Hand seines Vaters entriss und mehrere Meter in die Luft schleuderte, um es dann fallen zu lassen. Oder an den Vater, der in einen Tornado-Schutzgraben kroch, nur um später zu ertrinken, als der Graben sich mit Wasser füllte. [2]

All das war noch harmlos im Vergleich zu dem großen Erdbeben in der Türkei im Jahr 1999. Fünfzehntausend Menschen kamen ums Leben. Lesen sie den Bericht eines Journalisten – das hilft uns, das Leid der überlebenden Familien zu ermessen und mit ihnen zu fühlen.

> Man kann zwischen zwei Formen der Hölle wählen: Entweder man liegt in feuchte Decken eingehüllt auf schlammigem Boden auf dem Feld oder im Wald im Regen. Oder man entscheidet sich für die andere Variante: In einer Stadt bietet das Pflaster zum Schlafen zwar festen Untergrund, aber zwischen den Ruinen vermehren sich die Ratten, und die Toten liegen noch zu Tausenden in den Trümmern.
> Die Menschen in diesem verwüsteten 200-Meilen-Korridor im industrialisierten Nordwesten der Türkei haben resigniert. Sie ziehen in immer größeren Gruppen in die Berge. Sie sind verschreckt und in einem Ausmaß traumatisiert, dass sie kaum noch etwas fühlen oder um die Gestorbenen trauern können. Sie haben nur noch einen Gedanken – weg von dem schrecklichen Ort, den sie einst Heimat nannten.
> Während die Stunden dahintröpfeln, leeren sich Städte, in denen eben noch pulsierende Geschäftigkeit herrschte. Mehr als 250 000 Menschen akzeptierten, dass Leben hier nicht mehr möglich ist. Der Schaden hat solche Ausmaße, dass vier große Städte dem Erdboden gleichgemacht wurden. Kein einziges Haus in den Orten zwischen Istanbul und Adapzari ist sicher genug, um darin wohnen zu können.
> Gestern regnete es wieder unaufhörlich. Die Menschen, die noch übrig sind, haben schwarze Müllsäcke und Betttücher übergezogen und wandern als schwarze und weiße Gespenster umher. Oder sie versuchen zu schlafen, wo immer sie können. [3]

Ich denke an die Flutwelle in Honduras, die über fünfundzwanzigtausend Menschen tötete und über eine halbe Million obdachlos machte. Schlammlawinen in Venezuela töteten in nur wenigen Tagen schätzungsweise fünfzigtausend Menschen. Im Fernsehen sehen wir die Armut, die Waisenkinder, das verschmutzte Wasser und die verwüsteten Städte. Wir sind nicht in der Lage, das Ausmaß einer solchen Katastrophe zu verstehen. Dank der Medien sehen wir die Bilder, doch schon einige Tage später verlassen die Nachrichtensender die verzweifelten Menschen und lassen sie für den Rest ihres Lebens mit ihren Tragödien allein.

Viele Menschen bezeichnen solche Ereignisse als »Taten Gottes«. Andere halten es für nötig, Gott von jeder persönlichen Verantwortung freizusprechen. Sie sind sicher, dass er nur ein interessierter Beobachter sei, der die materielle Welt ihrem Schicksal überlassen habe. Er sehe solche schrecklichen Ereignisse ohne große Emotionen. Ja, er könnte sie verhindern, doch er habe eine Politik der Nichteinmischung gewählt, um nur gelegentlich einmal in die Naturgesetze einzugreifen.

Der Zweck dieses Kapitels ist es, fünf Fragen zu beantworten: Greift Gott aktiv in Naturkatastrophen ein oder nicht? Angenommen er tut das, kämpfen wir dann nicht gegen Gott, wenn wir gegen die Natur kämpfen? Haben wir ein Recht, Gott »schlimmer Dinge« anzuklagen, wenn er bei Naturkatastrophen eine aktive Rolle spielt? Wie sollen wir solche Ereignisse interpretieren, und welche Botschaft will Gott uns in den Verwüstungen übermitteln? Und schließlich – kann man einem Gott vertrauen, der so schlimme Katastrophen zulässt?

Greift Gott aktiv in Naturkatastrophen ein?

Die Natur ist gefallen, das ist eine biblische Aussage. Gott sagte zu Adam: »Der Erdboden sei verflucht um deinetwillen: Mit Mühsal sollst du davon essen alle Tage deines Lebens; und Dornen und Disteln wird er dir sprossen lassen, und du wirst das Kraut des Feldes essen!« (1Mo 3,17-18). Irgendwo habe ich einmal die Geschichte eines Mannes gelesen, der einen Großteil seiner Zeit damit verbrachte, die Landschaft zu verschönern und einen Blumengarten zu pflegen. Ein Freund kam vorbei, bewunderte den Anblick und sagte: »Was für ein Wunder hat Gott hier geschaffen!« Der Gärtner antwortete: »Ja, schon, aber du hättest einmal sehen sollen, wie es hier aussah, als Gott die Arbeit noch allein machte!« Wer Schönheit mit Symmetrie gleichsetzt, muss den Garten bearbeiten.

Als Gott den Menschen verfluchte, verfluchte er auch die Natur. Ein sündiger Mensch verdient es nicht, in einem sündlosen Paradies zu wohnen. Und genauso, wie wir unsere guten und schlechten Seiten haben, so hat auch die Natur gute und schlechte Seiten. Die Natur wartet auf unsere Erlösung, damit sie mit uns erlöst werden kann. Zum Glück wird der Fluch einst weggenommen, wie Paulus bestätigt: »Denn das sehnsüchtige Harren der Schöpfung wartet auf die Offenbarung der Söhne Gottes. Denn die Schöpfung ist der Nichtigkeit unterworfen worden – nicht freiwillig, sondern durch den, der sie unterworfen hat –, auf Hoffnung hin, dass auch selbst die Schöpfung von der Knechtschaft der Vergänglichkeit frei gemacht werden wird zur Freiheit der Herrlichkeit der Kinder Gottes« (Röm 8,19-21).

Jeden Tag sehen wir die Folgen des Fluches: Flutwellen, Erdbeben, Tornados, Hurrikane, Trockenheit und Überschwemmungen. Es ist eine Tatsache, dass die Zahl der Katastrophen wächst, und Jahr für Jahr sterben mehrere tausend Menschen durch das Aufbäumen von Naturgewalten. Bedeutet das, dass Gott seine Hand von der Natur zurückzog? Verfolgt er wirklich eine »Nichteinmischungs-Politik«, wenn es um diese Tragödien geht?

Wir müssen unterscheiden zwischen unmittelbaren Auslösern für solche Ereignisse und den eigentlichen Ursachen. Die unmittelbaren Auslöser eines Erdbebens sind Auffaltungen in der Erdkruste. Genauer gesagt, die obere Schicht der Erdkruste bewegt sich in die eine Richtung, die untere langsam in die entgegengesetzte Richtung. Die unmittelbaren Auslöser für Tornados sind Winde und Temperaturschwankungen, doch der eigentliche Verursacher ist in beiden Fällen Gott. Er nimmt auf Vorgänge in der Natur entweder direkt oder indirekt Einfluss, doch auf jeden Fall hat er die Kontrolle. Schließlich ist er der Schöpfer und Erhalter aller Dinge. Wir singen mit Isaak Watts:

> Es gibt dort unten keine Blume,
> die nicht deine Herrlichkeit verkündigt;
> Und Wolken kommen, und Stürme wehen
> durch Anordnung von deinem Thron.

Als man vor ein paar Generationen das Radio erfand, erklärten einige Christen – so wurde mir erzählt –, diese wundersame Übertragung der menschlichen Stimme durch die Luft sei ein satanischer Trick. Schließlich sei der Teufel, so lautete die Argumentation, »der Fürst, der in der Luft herrscht« (Eph 2,2; Luther 1912). Wir lachen heute darüber, aber diese Gläubigen hatten in einer Hinsicht Recht: Satan reist durch die Luft und stiftet dabei Unheil. Im Buch Hiob gab Gott Satan die Macht, den Blitz und den Sturm zu beherrschen. Doch wieder frage ich: Bedeutet das, dass Gott die Macht über solche Katastrophen grundsätzlich seinem Erzfeind überließ?

Denken Sie einmal darüber nach: Erstens hätte der Gott, der Naturkatastrophen zulässt, sich auch entschließen können, sie nicht zuzulassen. Seine Erlaubnis zeigt, dass sie in den Bereich seiner Vorsehung und seines Willens fallen. In Hiobs Geschichte verursachte Satan die Naturkatastrophen mit Wind und Blitzschlag. Doch er konnte das nur tun, weil Gott die Anordnung gewissermaßen »gegengezeichnet« hatte. Satan handelte, weil Gott sagte: »Siehe, alles, was er hat, ist in deiner Hand. Nur gegen ihn selbst strecke deine Hand nicht aus!« (Hiob 1,12). Luther hatte Recht als er sagte: »Selbst der Teufel ist Satans Teufel.«

Zweitens zeigt die Schrift Gott manchmal, wie er direkt in Naturvorgänge eingreift, ohne irgendwelche äußere Auslöser. Als die Jünger nicht mehr ein noch aus wussten und schon mit dem Ertrinken rechneten, erwachte Jesus aus seinem Schlaf und sagte: »Schweig! Verstumme!« Sofort war das Ergebnis sichtbar: »Und der Wind legte sich, und es entstand eine große Stille« (Mk 4,39). Derselbe Christus hätte ähnliche Worte sprechen können und die Flutwelle in Honduras hätte ihm gehorcht, und der Regen, der die Schlammlawinen in Venezuela auslöste, wäre nie zu einer Überschwemmung angewachsen.

Drittens, wenn es stimmt, dass die Himmel die Ehre Gottes verkündigen und der Herr seine Eigenschaften durch die positiven Seiten der Natur verkündet, warum sollten dann nicht auch die Naturkatastrophen etwas von seinen Eigenschaften offenbaren? Es gibt keinen Hinweis in der Bibel, dass der Gott, der die Sterne schuf und sie auf ihren Bahnen hält, den Zugriff auf die Natur verloren hätte. Wenn die Natur uns ein ausgeglichenes Bild von Gott zeigen soll, dann müssen wir auch sein Gericht darin erkennen können. »Alles, was dem Herrn wohlgefällt, tut er in den Himmeln und auf der Erde, in den Meeren und in allen Tiefen. Der Nebelschwaden aufsteigen lässt vom Ende der Erde, der Blitze zum Regen macht, der den Wind herausführt aus seinen Vorratskammern« (Ps 135,6-7).

Wer hat die Flut zu Zeiten Noahs gesandt? Gott sagt: »Ich bringe Wasserfluten über die Erde, um alles Fleisch unter dem Himmel, in dem Lebensodem ist, zu vernichten; alles, was auf der Erde ist, soll umkommen« (1Mo 6,17). Gott bestimmte den Zeitpunkt, die Dauer und die Intensität des Regens. Und es geschah genau nach seinem Wort.

Wer sandte die ägyptischen Plagen, den Hagel und die Finsternis, die man fast mit Händen greifen konnte? Wer ließ die Sonne »stillstehen«, damit Josua einen Krieg gewinnen konnte? Wer versiegelte zur Zeit Elias den Himmel und ließ es dann als Antwort auf sein Gebet regnen? Wer schickte das Erdbeben, als die Söhne Korachs sich gegen Mose auflehnten? Dieses Ereignis verdient unser besonderes Interesse: »Und es geschah, als er [Mose] alle diese Worte ausgeredet hatte, da spaltete sich der Erdboden, der unter ihnen war, und die Erde öffnete ihren Mund und verschlang sie und ihre Familien und alle Menschen, die Korach angehörten, und ihren ganzen Besitz. Und sie fuhren, sie und alles, was ihnen gehörte, lebendig in den Scheol hinab; und die Erde bedeckte sie, und sie wurden mitten aus der Versammlung weggerafft« (4Mo 16,31-33).

Kann irgendwer daran zweifeln, dass Gott die letzte Ursache dieser Naturkatastrophen ist?

Der Verfasser der Bibel lässt keinen Zweifel aufkommen, wer den Sturm schickte, der die Seeleute zwang, Jona über Bord zu werfen: »Da warf der Herr einen gewaltigen Wind auf das Meer, und es entstand ein großer Sturm auf dem Meer, so dass das Schiff zu zerbrechen drohte. Die Seeleute machten sich ein Gewissen daraus, ihre unerwünschte Fracht loszuwerden, doch sie nahmen Jona und warfen ihn ins Meer. Da ließ das Meer ab von seinem Wüten« (Jona 1,4.15). Eindeutig sehen wir hier Gott als Verursacher.

Finden wir in allen diesen Geschichten Gemeinsamkeiten? Gott bestimmte bei diesen Ereignissen jede kleinste Einzelheit. Ob Erdbeben, Sturm oder Regen – alles kommt und geht auf Gottes Geheiß. Außerdem fällt uns auf, dass es bei diesen Ereignissen größtenteils um Gerichtshandlungen geht. Sie waren das Mittel, mit dem Gott seinem Hass auf Ungehorsam Ausdruck verlieh. Im Alten Testament trennten diese Gerichte normalerweise die Gerechten von den Bösen (das trifft heute nicht mehr zu, wie wir gleich sehen werden). Doch selbst damals wurden manchmal Gerechte Opfer von diesen Gerichten. Hiobs Kinder starben nicht, weil sie böse waren, sondern weil Gott ihren Vater erproben wollte.

Wenn Sie immer noch daran zweifeln, dass Gott letztlich die Kontrolle über Naturgewalten hat, lassen Sie mich fragen: Haben Sie jemals um gutes Wetter für eine Hochzeit gebetet? Haben Sie jemals nach großer Trockenheit um Regen gebetet? Haben Sie jemals um Bewahrung in einem Gewitter gebetet? Viele Menschen, die nicht glauben, dass Gott das Wetter beeinflusst, ändern ihre Meinung ganz schnell, wenn ein Orkan auf sie zubraust.

Der große Prediger des 19. Jahrhunderts, Charles Haddon Spurgeon, war überzeugt, dass Gottes Kontrolle über die Natur vollständig und genau ist:

> Ich glaube, dass jedes Staubpartikelchen, das in einem Sonnenstrahl tanzt, kein Atom mehr oder weniger bewegt, als Gott das möchte – dass jedes Tröpfchen Gischt, das gegen ein Schiff klatscht, seine Bahn genauso vorgezeichnet bekam wie die Sonne am Himmel – dass die Spreu von der Hand des Worflers genauso gelenkt wird wie die Sterne auf ihren Bahnen – dass das Krabbeln einer Blattlaus über eine Rosenknospe genauso bestimmt ist wie der Weg einer Seuche – und das Fallen eines toten Blattes von einer Pappel genauso vorherbestimmt ist wie das Herabdonnern einer Lawine. Wer an Gott glaubt, muss an diese Wahrheit glauben. [4]

Wie zu erwarten, klagten einige Leute Spurgeon an, dem Fatalismus anzuhängen, doch er erwiderte: »Das Schicksal bestimmt, dass eine Sache geschieht und geschehen muss, weil es so bestimmt ist. Doch die wahre Lehre lautet, dass Gott dies oder das angeordnet hat, und zwar nicht, weil es so sein müsste, sondern weil es am besten ist. *Das Schicksal ist blind, doch die Vorsehung der Schrift ist voller Licht«* (Hervorhebung vom Verfasser). [5] Gott tut nichts zufällig, sondern er verfolgt immer eine Absicht. Deshalb ist das Schicksal hart und ohne Tränen für das Leid, aber Gottes Vorsehung ist freundlich und gut, und darauf können wir uns verlassen.

Wie schon erwähnt: Wenn Sie einen Christen finden, der bestreitet, dass Gott das Wetter kontrolliert, dann werden Sie sehen, wie schnell sich seine Theologie in einem Gewitter ändert. Wenn er draußen ist und das Knistern der Elektrizität in der Luft spürt, wird er um Sicherheit beten. Wir können uns einbilden, dass sich Gott aus solchen Ereignissen heraushält. Doch im selben Moment, in dem wir unsere Häupter beugen und beten, wissen wir, dass er Macht über die Naturgewalten hat. Die Pastoren in San Francisco dankten Gott zu Recht, dass die Erde am frühen Morgen bebte, als noch kaum Verkehr auf den Straßen war. Sie hatten jedoch Unrecht, als sie sagten, dass Gott für die Tragödie nicht verantwortlich sei. Natürlich war er das. Sowohl vom biblischen Standpunkt als auch von der Logik her kann es gar nicht anders sein.

Natürlich bin ich mit dem Wort »verantwortlich« in diesem Zusammenhang nicht ganz glücklich, wenn wir es auf Gott anwenden. Für uns heißt Verantwortung meist, dass wir uns *jemandem* gegenüber verantworten müssen. Gott aber hat das nicht nötig. »Unser Gott ist in den Himmeln, alles was ihm wohlgefällt, tut er« (Ps 115,3).

Lehnen wir uns gegen Gott auf, wenn wir gegen Naturgewalten kämpfen?

In seinem Buch »Die Pest« ringt Albert Camus mit der Frage, ob Kampf gegen die Pest mit Kampf gegen Gott gleichzusetzen sei. In der Geschichte bringen Ratten nach dem 2. Weltkrieg die Pest in die Stadt Oran. Man habe nun die Wahl, sagt Camus, entweder mit dem Doktor zusammen gegen Gott zu kämpfen, oder den passiven Priester zu unterstützen und inhuman zu sein. [6] Wenn Gott hinter der Natur steht, wenn Unfälle nach seinem Willen und zu seinem Zweck geschehen, bekämpfen wir dann Gott, wenn wir die Natur bekämpfen? Die Antwort lautet: Nein. Wir dürfen die Pest (oder jede andere Katastrophe) bekämpfen und lehnen uns dabei trotzdem nicht gegen Gott auf. Wie groß die Herrschaft Gottes über die Natur auch sein mag, die Bibel stellt eindeutig fest, dass *die Natur nicht Gott ist*. Das Christentum steht im scharfen Gegensatz zum Pantheismus, der lehrt, dass »Gott alles ist, und alles Gott ist«. *Die Natur wurde uns gegeben, damit wir über sie herrschen.* In seinem ursprünglichen Auftrag an Adam befahl Gott: »Füllt die Erde und macht sie euch untertan; und herrscht über die Fische des Meeres und über die Vögel des Himmels und über alle Tiere, die sich auf der Erde regen!« (1Mo 1,28). Und nach dem Fall sollte der Mensch gegen die Natur kämpfen, gegen Dornen und Disteln. Er sollte seinen Lebensunterhalt mit mühevoller Arbeit und im Schweiße seines Angesichts verdienen.

Wie bereits oben besprochen, lenkt Gott die Natur normalerweise indirekt. Er kann z. B. Satan benutzen, wie im Fall Hiob, oder aber die Natur gehorcht ihren vorgegebenen Gesetzen. Durch die Wetterlage lässt er Tornados entstehen und mit labil geschichteten Erdzonen bringt er die Erde zum Beben. Gott benutzt diese auslösenden Faktoren, um die Natur zu leiten und zu lenken, aber er lädt uns ein, den Naturgewalten die Stirn zu bieten.

In der »Westminster Confession of Faith« wird dieser Unterschied herausgearbeitet, und obwohl die Sprache sehr förmlich ist, ermutige ich Sie, diese Zeilen sorgfältig zu lesen: »Obwohl bezüglich der Vorsehung und des Beschlusses Gottes, der die letzte Ursache aller Dinge ist, sich alle Dinge unveränderlich und unfehlbar ereignen, so befiehlt er ihnen doch durch dieselbe Vorsehung mit Hilfe der Natur durch mittelbare Ursachen, die entweder der Notwendigkeit entsprechend, frei oder abhängig wirken.« [7]

Wir sollten die Natur so gut wir können beherrschen. Gott benutzt die Natur in vielfältiger Weise; sie kann zu unserem Segen und unserer Herausforderung dienen, für unsere Ernährung und unsere Belehrung. Gott schuf Kräfte wie den Teufel zu unserem ewigen Nutzen, damit wir das Überwinden lernen. Wir können und *sollen* die Pest bekämpfen.

Gläubige sollten sogar bereit sein, unter großen persönlichen Risiken Menschen in Not zu helfen. Als Luther mit der Frage konfrontiert wurde, ob Christen den Kranken und Sterbenden helfen sollten, als die Pest nach Wittenberg kam, sagte er: »Dies ist Gottes Anweisung und Strafe, der wir uns geduldig unterwerfen sollen, und unserem Nächsten dienen, indem wir unser Leben so riskieren, wie der Apostel Johannes das gelehrt hat: ›Wenn Christus sein Leben für uns gelassen hat, so sollen auch wir das Leben für die Brüder lassen‹ (1Joh 3,16).« [8]

Luther schrieb auch:

> Wenn es Gottes Wille ist, dass Böses über uns komme und uns zerstöre, dann wird uns keine unserer Vorsichtsmaßnahmen helfen. Jeder soll sich dies zu Herzen nehmen: Zuerst, wenn er sich gebunden fühlt zu bleiben, wo der Tod wütet, um seinem Nächsten zu dienen, dann soll er sich Gott anbefehlen und sagen: »Herr, ich bin in deinen Händen, du hast mich dort gehalten, dein Wille geschehe. Ich bin dein demütiges Geschöpf. Du kannst mich in der Pestilenz töten oder bewahren, genauso, als wäre ich in Feuer, Wasser, Dürre oder anderer Gefahr.« [9]

Es ist richtig, dass die Seuche »Gottes Wille« war, und es ist richtig, dass wir tun müssen was wir können, um das Leben der Kranken zu retten und den Sterbenden zu dienen. Wir sollten Gott danken, wenn Christen die Initiative ergreifen und Verwundete retten, wenn eine Katastrophe kommt. Und wenn man stirbt, weil man anderen hilft, dann soll Gottes Wille geschehen, wie Luther gesagt hat.

Sehen Sie, wie Jesus am Grab des Lazarus weint, und hören Sie sein Seufzen: »Jesus nun, wieder in seinem Inneren erzürnt, kommt zur Gruft. Es war aber eine Höhle, und ein Stein lag davor.« Nachdem der Stein weggeschafft worden war, rief Jesus: »Lazarus, komm heraus!« Und der Verstorbene wurde vor den Augen der verstörten Zuschauer lebendig (Joh 11,38.43). Der Jesus, der zuließ, dass Lazarus starb, ist derselbe Jesus, der ihn von den Toten auferweckte. Genauso ist der Gott, der die Naturgesetze schuf, damit »sie ihren Lauf nehmen«, derselbe Gott, der uns gestattet, gegen diese Naturgewalten anzugehen. Wir können mit Medizin und Technologie versuchen, den Tod fernzuhalten, solange es geht, doch zum Schluss besiegt uns der Tod immer. Letztendlich *werden* aber wir gewinnen, denn Jesus kam, um den Tod in der gefallenen Natur zu besiegen.

Wenn Gott die letzte Ursache ist, wagen wir es dann, ihm alles Böse in die Schuhe zu schieben? Sind nicht alle seine Gaben gut, vollkommen und hilfreich? Noch immer sind einige Frage offen.

Haben wir das Recht, Gott »schlimmer Dinge« anzuklagen?

Im Buch Hiob sagt der junge Theologe Elihu von Gott:

> Denn zum Schnee spricht er: Fall zur Erde! – und so auch zum Regenguss und zu seinen gewaltigen Regengüssen. ... Durch den Atem Gottes gibt es Eis, und die Weite des Wassers liegt in Enge. Auch mit Nass belastet er die Wolke, streut weit umher sein lichtes Gewölk. Und das zieht ringsumher, sich hin und her wendend nach seiner klugen Steuerung, um auszuführen alles, was er ihnen gebietet, über der Fläche des Erdkreises. Sei es zur Züchtigung, sei es für seine Erde, sei es zur Gnade, er lässt sie es finden (Hiob 37,6.10-13).

»Mal lässt er die Wolken zur Strafe kommen für ein Land, mal als Zeichen seiner Güte« (Hiob 37,13, Hoffnung für alle). Wir sind versucht, Gott nur für die positiven Seiten der Natur verantwortlich zu machen: Sonnenschein, das Locken eines stillen Wassers und den Sternenhimmel. Aber wir haben inzwischen gesehen, dass Gottes Macht sich über die *gesamte* Natur erstreckt. Wenn die Güte Gottes sich in den Wohltaten der Natur zeigt, dann zeigt sich sein Gericht im »Fluch« der Natur. Auf jeden Fall existiert die Natur, um uns zu unterweisen, uns zu helfen, Gott besser zu verstehen.

Der Sternenhimmel offenbart die Herrlichkeit Gottes, eine zarte Brise und der Sonnenschein erinnern uns an die Gnade Gottes. Im Aufbäumen der Natur jedoch bekommen wir eine Ahnung vom Gericht Gottes. Während das eine die Schönheit des Himmels widerspiegelt, zeugt das andere von den Leiden der Hölle. »Sieh nun die Güte und die Strenge Gottes: gegen die, welche gefallen sind, Strenge; gegen dich aber Güte Gottes, wenn du an der Güte bleibst« (Röm 11,22). Es darf uns nicht verwundern, dass die Natur beides ist, freundlich und auch hart.

Wir beklagen uns über Naturkatastrophen, aber Regen und Sonnenschein, den Gott ohne Unterschied Gerechten wie Ungerechten schenkt, halten wir für selbstverständlich. Selbst die Begründung für die Anweisung, unsere Feinde zu lieben, beruht auf dieser Verheißung: »Doch liebt eure Feinde, und tut Gutes, und leiht, ohne etwas wieder zu erhoffen, und euer Lohn wird groß sein, und ihr werdet Söhne des Höchsten sein; denn er ist gütig gegen die Undankbaren und Bösen« (Luk 6,35). Wie undankbar sind wir doch, wenn die Erde *nicht* unter uns bebt, wenn *keine* Wirbelstürme oder Überschwemmungen kommen. »Ja, die Gnadenerweise des Herrn sind es, dass wir nicht zu Ende sind, ja, sein Erbarmen hört nicht auf, es ist jeden Morgen neu. Groß ist deine Treue« (Klgl 3,22-23).

Wie aber kann Gott gut sein, wenn er Dinge tut oder zulässt, die sich für die Menschen so zerstörerisch und leidvoll auswirken? Wenn wir die Möglichkeit hätten, ein Erdbeben zu verhindern, oder die Flutwelle in Honduras aufzuhalten – ganz sicher hätten wir es getan. Man denke nur an die Kinder, die in einer solchen Katastrophe zu Waisen werden, an die Witwen, an die verschwendeten Besitztümer und die frischen Gräber. Haben wir nicht allen Grund, Gott für das Böse anzuklagen?

Erstens sollten wir offen zugeben, dass für Gott andere Regeln gelten. Wenn Sie neben einem Schwimmbecken stehen und seelenruhig zuschauen, wie ein Kleinkind hineinfällt, ohne dem Kind zur Hilfe zu eilen, dann würde Ihre Gleichgültigkeit Sie vor Gericht bringen. Doch Gott sieht zu, wie Kinder ertrinken, jeden Tag sieht er zu, wie Kinder verhungern und er greift nicht ein. Er sendet Dürre, wodurch Lebensmittelknappheit entsteht, er sendet Flutwellen und zerstört damit Häuser und Ernten.

Wir sind verpflichtet, Menschen so lange am Leben zu erhalten wie irgend möglich. Würden wir diesen Maßstab an Gott anlegen, es gebe keine Todesfälle mehr. Er hätte die Macht, die gesamte Erdbevölkerung ewig am Leben zu erhalten. Handlungsweisen, die für uns kriminell wären, sind für Gott alltägliche Routine.

Warum der Unterschied? Er ist der Schöpfer, wir sind Geschöpfe. Weil er das Leben gibt, hat er auch das Recht, es zu nehmen. Er hat einen Langzeitplan, hat sehr viel komplexere Ziele, als Menschen so lange wie möglich am Leben zu erhalten. Tod und Zerstörung sind Komponenten seines Planes: »Denn meine Gedanken sind nicht eure Gedanken, und eure Wege sind nicht meine Wege, spricht der Herr. Denn so viel der Himmel höher ist als die Erde, so sind meine Wege höher als eure Wege und meine Gedanken als eure Gedanken« (Jes 55,8-9).

Ist Ihnen jemals der Gedanke gekommen, dass auf Gott einige der Zehn Gebote gar nicht anwendbar sind? Z. B. ist es ihm unmöglich zu stehlen, denn alles gehört ihm. Er kann kein falsches Zeugnis ablegen, und da er weder Vater und Mutter hat, kann er nur sich selbst ehren. Gott tötet zwar nur selten einen Menschen direkt, doch durch Krankheit, Katastrophen und verschiedene andere Schicksalsschläge nimmt er regelmäßig menschliches Leben – jeden Tag, jede Stunde.

Der berühmte Philosoph John Stuart Mill schreibt, dass Naturkatastrophen scheinbar beweisen, dass Gott weder gut noch allmächtig sei, denn in diesem Fall würde er Leid und Glück besser über die Welt verteilen, so dass jeder bekomme, was er verdient habe. Angesichts der Zufälligkeit von Naturkatastrophen schreibt Mill: »Noch nicht einmal die verdrehteste oder verkürzteste Vorstellung des Guten, die je von religiösen oder philosophischen Fanatikern erfunden wurde, kann die Herrschaft der Natur einem Werk ähnlich machen, das von einem Wesen stammt, das sowohl gut als auch allmächtig ist.« [10]

Mill vergisst jedoch ein zweites Prinzip, dass nämlich der Lohn und die Strafe nicht in diesem Leben ausbezahlt werden. Die Schrift lehrt, dass Gerechte oft die schlimmsten Schicksalsschläge erdulden müssen. Gott ist sowohl gut als auch allmächtig, doch sein Handeln ist immer vom Standpunkt der Ewigkeit her motiviert, nicht vom Standpunkt der Zeit. Wenn Sie sich ein Maßband vorstellen, das bis zu dem entferntesten Stern reicht, dann wäre der Planet Erde darauf nur ein feiner Punkt. So sieht Gott das, was wir nur vom Standpunkt der Zeit aus sehen, vor dem gewaltigen Panorama der Ewigkeit. Es wird reichlich Zeit für Strafe und Belohnung geben. Wir glauben, dass Gott ein gutes und weises Ziel mit dem Erdbeben in der Türkei verfolgte, das Tausende von Leben forderte. Der Autor John Piper stellt fest: »Gott verfolgt Hunderttausende von Zielen, von denen uns die meisten verborgen sein werden, bis wir sie am Ende der Zeiten verstehen.« [11]

Drittens freut sich Gott nicht über die Leiden der Menschheit. Das würde seinem grundlegenden Wesenszug der Liebe für die Welt widersprechen. Doch lesen wir, dass Gott Freude empfindet, wenn er sein Gericht vollstreckt. Mose kündigte den Israeliten die Konsequenzen ihres Ungehorsams an: »Und es wird geschehen: wie der Herr sich über euch freute, euch Gutes zu tun und euch zahlreich werden zu lassen, so wird der Herr sich über euch freuen, euch zugrunde zu richten und euch zu vernichten« (5Mo 28,63). Der Grund ist offensichtlich: Er freut sich daran, seine Herrlichkeit zu verteidigen, und er wacht eifersüchtig darüber, dass dies geschieht.

Eine abschließende Bemerkung: Als Wesen, die von den Begrenzungen von Raum und Zeit festgehalten werden, fehlt uns das Urteilsvermögen für einen unendlichen Schöpfer. Gott ist nicht verpflichtet, uns seine Pläne mitzuteilen. Die Kenntnis von Gottes ewigen Plänen ist für uns auch keine Voraussetzung für den Glauben, dass Gott seinen Plan verfolgt und dabei weiß, was er tut. So wie Paulus einen fiktiven Gesprächspartner auf Gottes Souveränität hinweist: Der Ton hat kein Recht, über den Töpfer zu richten. Es ist nicht nötig, dass wir Gottes Ziel kennen, ehe wir uns seiner Autorität beugen. Und die Tatsache, dass wir Gott vertrauen, auch wenn er uns keine Einzelheiten offenbarte, erfreut Gottes Herz. »Ohne Glauben aber ist es unmöglich, Gott wohlzugefallen« (Hebr 11,6).

William Cowper hat die Geheimnisse Gottes richtig eingeordnet:

Gott bewegt sich geheimnisvoll,
Um seine Wunder zu tun.
Er setzt seine Fußtapfen ins Meer
Und reitet auf dem Sturm.
Tief in unergründlichen Minen
Nie versagender Fähigkeit
Häuft er den Schatz seiner guten Pläne auf
Und tut seinen souveränen Willen.
Ihr angstvollen Heiligen, schöpft frischen Mut!

Die Wolken, die ihr so sehr fürchtet,
Sind voll Gnade und werden regnen
Mit Segen über euer Haupt.
Richte nicht den Herrn mit deinem schwachen Verstand,
Sondern vertraue auf seine Gnade
Hinter einem finsteren Schicksal.
Er verbirgt ein lächelndes Gesicht,
Seine Ziele werden bald erfüllt,
Stunde um Stunde reifen sie heran.
Die Knospe mag bitter schmecken,
Doch die Blüte wird süß duften.
Blinder Unglaube wird sich sicher irren
Und Gottes Werk vergeblich betrachten.
Gott ist sein eigener Übersetzer,
Und er wird es uns klar machen. [12]

»Trauere nicht, wenn du das Geheimnis des Lebens nicht verstehst«, schrieb ein weiser Mann, »hinter dem Schleier verbirgt sich manche Freude.« [13] Der Gläubige vertraut darauf, dass es so ist.

Welche Botschaft überbringen Naturkatastrophen?

Als man Jesus erzählte, wie Pilatus eine Gruppe von Galiläern abschlachten ließ und ihr Blut mit heidnischen Opfern vermischte, antwortete er: »Meint ihr, dass diese Galiläer vor allen Galiläern Sünder waren, weil sie dies erlitten haben? Nein, ich sage euch, sondern wenn ihr nicht Buße tut, werdet ihr alle ebenso umkommen« (Lk 13,4-5). Katastrophen sind Zeichen des Gerichtes. Doch Menschen, die darin umkommen, sind keine größeren Sünder als andere, denen ein solches Schicksal erspart bleibt.

In diesem Punkt unterscheiden sich Altes und Neues Testament. Früher richtete Gott das jüdische Volk direkt und behandelte sie als Einheit. Es gab eine unmittelbare Beziehung zwischen Ursache und Wirkung, zwischen ihrem Gehorsam und dem Wohlwollen der Naturkräfte. Gott knüpfte seinen Segen für das Volk direkt an die Naturgewalten. »Wenn ich den Himmel verschließe und kein Regen fällt oder wenn ich der Heuschrecke gebiete, das Land abzufressen, und wenn ich eine Pest unter mein Volk sende, und mein Volk, über dem mein Name ausgerufen ist, demütigt sich, und sie beten und suchen mein Angesicht und kehren um von ihren bösen Wegen, dann werde ich vom Himmel her hören und ihre Sünden vergeben und ihr Land heilen« (2Chr 7,13-14). Im Zeitalter des Neuen Testamentes gibt Gott manchmal auch dann gute Ernten, wenn sich ein Volk von ihm abwendet. Wir können das heute in den Vereinigten Staaten beobachten. Genauso wie die Bösen mit den Gerechten gesegnet werden, so sterben die Gerechten oft mit den Bösen in Naturkatastrophen.

Wir behaupten nicht, alle Pläne Gottes zu verstehen, wenn Tragödien über ein Land kommen, über eine Familie oder einen einzelnen Menschen. Jeder kann Beispiele nennen, wo jemand unerwartet gestorben ist. In solchen Augenblicken mahnt uns der Tod, dass wir ohne Vorwarnung sterben könnten. Naturkatastrophen sind eine Warntafel – aufgestellt um uns an unsere Sterblichkeit zu erinnern.

Ich las von einem Ehepaar, das Kalifornien aus Angst vor einem Erdbeben verließ und durch einen Tornado in Missouri umkam. Das Leben ist eine Leihgabe Gottes. Er gibt es und nimmt es wieder, wann immer und wie immer er will. Das hört sich herzlos an, doch C. S. Lewis hat Recht, wenn er darauf hinweist, dass Naturkatastrophen den Tod nicht vermehren. Alle Opfer einer Katastrophe wären irgendwann gestorben. So grausam es erscheint – der Tod ist uns allen sicher, ob durch Krebs, einen Unfall oder eine Naturkatastrophe. Wir werden alle an irgendetwas sterben, denn die Bibel sagt uns, dass jeder mit dem Tod verabredet ist, und Gott vereinbarte Datum und Zeitpunkt.

Zweitens erinnern uns Naturkatastrophen an das Gericht. »Wenn ihr nicht Buße tut, werdet ihr alle ebenso umkommen« (Luk 13,3). Unbußfertige werden nicht unbedingt in einer ähnlichen Katastrophe umkommen, doch sie werden ohne Vorwarnung zum Gericht geholt werden.

Jesus sagte voraus, dass gehäuft auftretende Katastrophen ein Zeichen der Endzeit sind. »Es werden Hungersnöte und Seuchen sein und Erdbeben da und dort. Alles dies aber ist der Anfang der Wehen« (Mt 24,7-8). Dass die Natur sich auflehnt, wird ein Teil von Gottes Gericht sein. Hier lesen wir die Beschreibung einer zukünftigen Naturkatastrophe:

> Und ich sah, als es das sechste Siegel öffnete: und es geschah ein großes Erdbeben; und die Sonne wurde schwarz wie ein härener Sack, und der ganze Mond wurde wie Blut, und die Sterne des Himmels fielen auf die Erde, wie ein Feigenbaum, geschüttelt von einem starken Wind, seine Feigen abwirft. Und der Himmel schwand dahin wie ein Buch, das zusammengerollt wird, und jeder Berg und jede Insel wurden von ihren Stellen gerückt.
>
> Und die Könige der Erde und die Großen und die Obersten und die Reichen und die Mächtigen und jeder Sklave und Freie verbargen sich in die Höhlen und in die Felsen der Berge; und sie sagen zu den Bergen und zu den Felsen: Fallt auf uns und verbergt uns vor dem Angesicht dessen, der auf dem Thron sitzt, und vor dem Zorn des Lammes! Denn gekommen ist der große Tag seines Zorns. Und wer vermag zu bestehen? (Offb 6,12-17).

Viele Menschen können nicht glauben, dass Gott mit Strenge richten wird. Insbesondere die Hölle ist für sie unvorstellbar. Doch wenn er das gnadenlose Abschlachten von sechs Millionen Juden zuließ – darunter Hunderttausende Kinder –, dann ist der Glaube an ein Jüngstes Gericht und die Hölle vielleicht nicht so schwierig. Der Gott der liberalen Theologen, der Gott, der so gut wie möglich für das Glück seiner Schöpfung sorgt, der Gott, der uns nie für unsere Sünden richtet, der keinen Sünder in die Hölle schickt – ein solcher Gott existiert in der Bibel nicht, und auch Naturkatastrophen bestätigen dieses Bild. Gott freut sich nicht über menschliches Leid, aber er freut sich über den Sieg der Wahrheit und der Gerechtigkeit und über die Erfüllung seiner verborgenen Ziele.

Die letzte Lektion in diesem Kapitel lehrt uns, dass wir dem kommenden Gericht durch Buße entkommen. Gewiss erinnern Sie sich an die *Titanic.* Als sie sank, war den 1522 Passagieren an Bord bewusst, dass sie in ein nasses Grab hinabstiegen. Wir können das Sinken menschlichem Versagen zuschreiben, doch wäre Gott ganz sicher in der Lage gewesen, das Schiff vor dem Sinken zu bewahren, ohne den menschlichen Willen zu vergewaltigen. Auch solche Tragödien erinnern uns daran, dass ein Gott zu fürchten ist, der solch Unvorstellbares zulässt.

Als die Nachricht von der Tragödie auf der *Titanic* die Welt erreichte, wollte man die Angehörigen informieren, ob ihre Lieben unter den Toten oder den Lebenden waren. Am »White Star«-Büro in Liverpool in England wurde eine große Tafel aufgestellt. Auf der einen Seite hieß die Überschrift: »Sicher gerettet«, auf der anderen Seite »Sicher verloren«. Hunderte von Menschen kamen zusammen, um diese Tafeln zu lesen. Wenn ein Bote neue Informationen brachte, fragte man sich: Auf welche Seite würde er gehen? Und wessen Namen würde er auf die Tafel schreiben? [14]

Die Reisenden auf der *Titanic* waren entweder erster, zweiter oder dritter Klasse gereist. Und doch gab es nur noch zwei Kategorien, nachdem das Schiff gesunken war: Die Geretteten und die Verlorenen. Menschen lassen sich nach vielen Kriterien einteilen, nach Geografie, Rasse, Bildung oder Besitz. Doch am Tag des Gerichtes wird es nur zwei Klassen geben: Die Geretteten und die Verlorenen.

Vielleicht wird eine Mutter im Himmel nach ihrem Sohn Ausschau halten und sich fragen, ob er sicher hinter den Perlentoren ankommen wird. Frauen werden auf ihre Ehemänner warten, Eltern auf ihre Kinder.

Heute ruft Gott vom Himmel: »Wenn ihr nicht Buße tut, dann werdet ihr umkommen!«

Persönliche Reaktion

Wenn die Natur uns mit Vernichtung und Chaos konfrontiert, sollte unsere erste Reaktion Anbetung sein. Als Hiob zehn Kinder in einem Sturm verlor, war ihm der Prolog zu seinem Buch noch unbekannt. Er wusste nicht, dass

Gott und Satan sich unterhalten und ihn für eine besondere Probe auserwählt hatten. Ohne Erklärung, ohne Hiob über das Kleingedruckte der Ziele Gottes zu informieren, löschte eine Naturkatastrophe seine Kinder aus. Als er vor den zehn frischen Gräbern stand, hatte er die Wahl und er entschied sich für Anbetung: »Nackt bin ich aus meiner Mutter Leib gekommen, und nackt kehre ich dahin zurück. Der Herr hat gegeben, und der Herr hat genommen, der Name des Herrn sei gepriesen!« (Hiob 1,21).

Am nächsten Tag wurde alles nur noch schlimmer. Satan erhielt von Gott die Erlaubnis, »Hiob mit bösen Geschwüren, von der Fußsohle bis zu seinem Scheitel zu schlagen« (Hiob 2,7). Und wieder stand Hiob vor der Wahl: Er konnte Gott anbeten oder ihn verfluchen.

Satan war sicher, dass Hiob Gott ins Angesicht fluchen würde, wenn man ihm seine Habe nähme (Hiob 1,11). Hiobs Frau konnte sein Leiden nicht mehr länger ansehen und forderte ihn auf: »Fluche Gott und stirb.« Hiob wollte davon nichts wissen. Mit dem scharfen Weitblick eines Theologen korrigierte er sie: »Das Gute nehmen wir von Gott an, da sollten wir das Böse nicht auch annehmen?« (Hiob 2,9-10). Er wusste, dass gute wie schlechte Zeiten von Gott kommen. Er wollte danken, nicht fluchen.

Können wir unser Vertrauen in einen Gott setzen, der die Herrschaft über die Naturgewalten hat? Wir können, denn andernfalls wären wir den Launen eines unpersönlichen Schicksals ausgeliefert. Ich finde keinen Trost in der Annahme, dass jemand anderer als Gott die letzte Ursache von Naturkatastrophen sei. Wenn der Teufel Tornados und Wirbelstürme ohne Gottes Einverständnis losschicken dürfte, dann könnte ich mein Leben in einer solchen Katastrophe vor meiner mir gesetzten Frist verlieren. Vielleicht hätte Gott noch Arbeit für mich, doch ein versprengter Blitz, über den Gott keine Kontrolle hatte, könnte mich erschlagen, wenn ich die Straße entlang gehe. Doch wenn die Naturgewalten Gottes Herrschaft unterstehen, dann ruhe ich in dem Vertrauen, dass mein Leben nach seinem Willen und Plan geordnet ist. *Wenn die Natur nicht in Gottes Händen steht, dann steht auch mein Leben nicht in Gottes Händen.*

Weit davon entfernt, den Glauben zu zerstören, ermutigt die Herrschaft Gottes über die Natur den Glauben. Wer an einen souveränen Gott glaubt, kann vertrauen, dass »alle Dinge zum Besten dienen« (Röm 8,28; Luther 1984). Wir glauben nicht an das Schicksal, sondern dass ein weiser Gott seine Anordnungen für unser Leben traf. Möglich, dass Naturkatastrophen manche Menschen veranlassen, sich von Gott abzuwenden. Auf andere werden solche Ereignisse die entgegengesetzte Wirkung haben – sie treiben uns zu ihm, weil uns vor Augen geführt wird, was zeitlich ist und was ewig.

Wenn die Erde unter Ihren Füßen bebt, oder wenn ein Wirbelsturm über Ihre Straße fegt, dann suchen Sie Schutz: Doch letztlich müssen wir in die Arme des Einzigen fliehen, der uns schützen kann. Egal was diese Welt erschüttert, in den Tröstungen des Allmächtigen finden wir immer die *terra firma*, den festen Grund. Er erinnert uns, dass alle Katastrophen vorübergehen und nur das Ewige bleibt.

Die gerechten Söhne Korachs (die Verfasser von Psalmen, nicht die Opfer des Erdbebens) wussten, dass Gott bleibt, wenn alle Dinge zerstört werden. Sie laden uns ein, Gottes Majestät zu erkennen und unsere Zuflucht bei ihm zu nehmen, bis wir in Sicherheit sind.

> Gott ist unsere Zuflucht und Stärke, als Beistand in Nöten reichlich zu finden. Darum fürchten wir uns nicht, wenn auch die Erde erbebte und die Berge mitten ins Meer wankten. Mögen seine Wasser tosen und schäumen, die Berge erbeben durch sein Aufbäumen! Des Stromes Bäche erfreuen die Stadt Gottes, das Heiligtum der Wohnungen des Höchsten. Gott ist in ihrer Mitte, sie wird nicht wanken; Gott wird ihr helfen früh am Morgen. Nationen tobten, Königreiche wankten. Er ließ seine Stimme erschallen: die Erde zerschmolz. Der Herr der Heerscharen ist mit uns, eine Festung ist der Gott Jakobs. Kommt, schaut die Großtaten des Herrn, der Entsetzen verbreitet auf Erden! Der Kriege beschwichtigt bis ans Ende der Erde, Bogen zerbricht und Speere zerschlägt, Wagen mit Feuer verbrennt. Lasst ab und erkennt, dass ich Gott bin; ich werde erhöht sein unter den Nationen, erhöht auf der Erde. Der Herr der Heerscharen ist mit uns, eine Festung ist uns der Gott Jakobs (Psalm 46).

7. Lüge

Gott kennt unsere Entscheidungen erst, nachdem wir sie treffen

Wieder einmal lade ich Sie zu einer Reise ein. Angenommen, es würde jemand jeden Tag Ihres Lebens mit Ihnen verbringen und alles aufzeichnen, was Sie tun. Er notiert, wie oft Sie mit den Augen zwinkern, aufstehen, sich Ihre Haare kämmen und wie viele Schritte Sie machen.

Weiter nehmen wir an, dass jedes Ihrer Worte Teil dieser Aufzeichnungen wird. Jede Äußerung wird aufgeschrieben: Das Gute, das Schlechte, das Hässliche, was Sie flüsterten oder öffentlich aussprachen. Können Sie sich einen Begriff von der Ablage machen? Man sagt, dass der durchschnittliche Mensch in seinem Leben genug spricht, um mit den Worten eine ganze Bibliothek zu füllen!

Jetzt nehmen wir noch an, dass Ihr Begleiter Ihre Gedanken lesen kann – diesen Bewusstseinsstrom, der sich durch jeden wachen Augenblick zieht. Alle Überlegungen – gute, neutrale und sündige – registriert Ihr Begleiter. Stellen Sie sich vor: Wenn er die Aufzeichnungen der Gedanken mit denen Ihrer Handlungen und Worte archiviert, wird die Information nur über Sie alleine mehrere Bibliotheken füllen!

Nun gehen wir noch einen Schritt weiter: Wir nehmen an, dass in dieser Bibliothek nicht nur die Informationen stehen über alles was Sie tatsächlich taten, sagten und dachten, sondern auch, was Sie getan *hätten*, wenn Sie in einer anderen Familie, einer anderen Kultur und einem anderen Land geboren worden wären. Stellen wir uns eine Bibliothek vor, die groß genug wäre, dass alle Informationen von Ihnen Platz finden, alles was Sie unter jeder nur vorstellbaren Bedingung getan, gesagt und gedacht hätten – in jeder Familie der Welt, in jedem Jahrhundert, in jedem Jahr.

Die Frage lautet: Wusste Gott alles dies schon vor tausend Jahren, oder sogar vor aller Ewigkeit? Oder muss er darauf warten, bis wir auf diesem Planeten erscheinen, um zu wissen, wie wir uns in unserem Handeln, Denken und Reden entscheiden?

Wir streiften diese Frage schon in einem vorhergehenden Kapitel kurz, doch ich möchte mich noch etwas eingehender damit beschäftigen, weil es zu diesem Thema passt und äußerst wichtig ist. Heute diskutieren evangelikale Theologen die Frage, ob Gott allwissend sei. Ihre Meinung lässt sich folgendermaßen zusammenfassen: Gottes Wissen ist beschränkt. Er weiß zwar sehr viel mehr als wir, aber er kennt unsere Entscheidungen erst dann, wenn wir sie treffen. Schließlich, so lautet die Argumentation, sind wir freie Wesen – so frei, dass selbst Gott weder unsere Handlungen noch unsere Gedanken kennt, ehe wir sie tun oder denken.

Von der Zukunft, sagen sie, kennt Gott nur Wahrscheinlichkeiten, keine Fakten. Wenn wir eine Entscheidung treffen, dann kennt er unsere Wahlmöglichkeiten, er weiß, was wir *wahrscheinlich* wählen, doch findet er unsere tatsächliche Entscheidung erst dann heraus, wenn wir sie treffen. Natürlich gewinnt Gott zum Schluss immer, denn keine Überraschung kann seine Macht einschränken oder seine Pläne vereiteln. Wie ein überlegener Schachspieler letztlich jeden Amateur matt setzen wird. Doch er weiß nicht, welche Züge sein Gegenüber machen wird, bis er sie wirklich macht.

Folgen Sie unserer Debatte mit persönlichem Interesse, oder halten Sie es eher für ein theoretisches Geplänkel ohne praktischen Wert? Ich denke, wir sollten uns in dieser Debatte engagieren, weil die Ansicht, die man »Offenheit Gottes« nennt, alles untergraben kann, was Christen wertvoll war. Wenn eine Rakete mit einem Grad Abweichung startet, dann verfehlt sie ihr eigentliches Ziel um Hunderte von Kilometern. Was als kleine theologische Fehlinterpretation beginnt, erhält ungeheure Ausmaße, sobald wir die Tragweite erkennen. Wenn wir die Annahme, Gott habe nur ein beschränktes Wissen, als unbedeutende Abweichung vom historischen Christentum akzeptieren, wird das unseren Glauben an Gott zerstören.

Bleiben Sie dran, ich will es Ihnen näher erläutern.

Der Ursprung der Vorstellung von einem begrenzten Gott

Ist die Idee vom begrenzten Wissen Gottes neu? Keineswegs. Schon während der Reformation erkannte ein Mann namens Faustus Socinus (1539-1604) nur die Teile der Bibel an, die ihm vernünftig erschienen. Gemeinsam mit seinen Anhängern wollte er die griechische Vorstellung des vollständig freien Willens des Menschen wiederbeleben. Einige dieser alten Philosophen hatten argumentiert, um wirklich frei sein zu können, müsse man sich auch der Kontrolle der Götter entziehen und sogar frei sein von ihrem Wissen. Man sagt sogar, wenn Spinnen ihre Netze über die Lider griechischer Götterstatuen spannten, motiviere das die Menschen, die Tempel umso regelmäßiger zu besuchen. Je weniger die Götter über sie wussten, desto wohler fühlten sie sich.

Die Socinier akzeptierten diese griechischen Vorstellungen zwar, wollten die Allwissenheit Gottes aber nicht direkt leugnen, deshalb versahen sie die Begriffe einfach mit neuen Definitionen. Allwissenheit bedeutete für sie demnach, dass Gott nur das weiß, was man wissen kann, und die Entscheidungen freier Wesen kann man nicht wissen. Weil Gott das, was man eben nicht wissen kann, auch nicht weiß, kennt er unsere Entscheidungen erst, wenn wir sie treffen.

William James (1842-1910) ist der vielleicht bekannteste Vertreter dieser Denkschule. Seine Ansichten gehen in die Richtung, dass der Mensch ganz frei sei und Gott hingegen begrenzt. Gott versuche sein Bestes, um das Böse in der

Welt auszulöschen, was ihm aber nicht gelinge. Gott, so sagt James, kenne die Zukunft nicht: »Er kann nicht genau vorhersehen, welche Schritte einer seiner Gegner wirklich setzen wird. Er weiß jedoch seine *möglichen* Schritte, und er weiß vorher, wie er auf jede dieser Möglichkeiten reagieren muss, um zu siegen.« Gottes Wissen »entspricht genau unserem«. [1] Seine Vorstellungen gründeten sich mehr auf seine eigenen rationalen Ideen als auf die Bibel, deshalb gelangte er sogar zu dem Schluss, dass es im Universum viele Götter geben könne, nicht nur einen einzigen.

Es sollte uns nicht wundern, dass solche Theorien bei liberalen Theologen auf fruchtbaren Boden fallen. Schließlich anerkennen sie die Bibel nicht als Autorität und meinen, der Mensch sei frei, sich einen Gott nach eigenem Geschmack zu kreieren. Was uns dagegen schon wundern sollte, ist die Tatsache, dass Theologen mit evangelikaler Prägung einige von James' Auffassungen teilen und sie jungen Männern und Frauen lehren, die sich auf den Dienst vorbereiten. Diese Häresie findet sich also nicht nur in der Welt, sondern mitten in der gläubigen Gemeinde.

Clark Pinnock ist Professor der Theologie am McMaster Divinity College in Ontario, ich erwähnte ihn schon. Vielleicht ist er der bekannteste Vertreter derer, die heute diese Vorstellung von einem begrenzten Gott verbreiten. Vor vielen Jahren studierte ich bei Dr. Pinnock und konnte mich davon überzeugen, dass er ein freundlicher Mann mit gewinnendem Wesen und scharfem Verstand ist. Zu dieser Zeit begann er, sein theologisches Erbe neu zu überdenken und leugnete Lehren wie die Unfehlbarkeit der Bibel und die absolute Allwissenheit Gottes. Pinnock schreibt: »Gott … interagiert mit seinen Geschöpfen unter sich wandelnden Umständen. Seine Erfahrung der Welt ist offen, nicht geschlossen. Er erfährt unsere Entscheidungen, wenn sie fallen, nicht ehe sie fallen. … Seine Erfahrung der Welt ist offen, und er hat am ständigen Wandel der Ereignisse teil.« [2]

Andere Theologen sind ihm gefolgt. So z. B. Dr. Greg Boyd, der zur Zeit der Abfassung dieses Buches Professor am Bethel College ist. Er schreibt:

> Nach christlicher Auffassung kennt Gott die ganze Realität – alles, was man nur wissen kann. Doch anzunehmen, dass er vorher weiß, wie jeder Mensch sich frei entscheiden wird, bedeutet, dass die freie Entscheidung jedes Menschen schon bekannt sein kann – selbst ehe er sie frei trifft! Doch das stimmt nicht. Wenn wir Freiheit erhalten haben, dann erschaffen wir die Realität unserer eigenen Entscheidungen, indem wir sie treffen. Und bis wir sie treffen, existieren sie nicht. Deshalb gibt es, zumindest meiner Ansicht nach, nichts zu wissen, solange wir etwas nicht entscheiden, so dass man es wissen könnte. Deshalb kann Gott nicht die guten oder schlechten Entscheidungen der Menschen vorher wissen, die er erschafft, bis er diese Menschen erschafft und sie wiederum ihre Entscheidungen erschaffen. [3]

Dr. Boyd reduziert wie William James die Allwissenheit über die Zukunft auf das, »was man wissen kann«, und die freien Handlungen des Menschen befinden sich außerhalb dieses Bereiches.

Richard Rice von den Siebenten-Tags-Adventisten geht noch einen Schritt weiter: Die Zukunft ist seiner Meinung nach sogar so »offen«, dass Gott nicht im Voraus wissen konnte, ob Jesus sündigen würde, als der Satan ihn versuchte. Ja, die Zukunft ist angeblich so offen, dass es sogar möglich gewesen wäre, dass Jesus seinen Auftrag nicht erfüllt und dass Gott zuvor gar nichts vom Fehlschlagen seines Planes gewusst hätte. [4]

Warum wollen diese Theologen Gottes Wissen beschränken?

Erstens denken sie, dass eine Begrenzung notwendig ist, um menschliche Freiheit sicherzustellen. Wie Pinnock schreibt: »Wenn Gott in jeder Hinsicht seines Wesens unveränderlich ist und die Geschichte kennt, kann es keine echte Freiheit geben.« [5] Lassen Sie uns dem folgen, was er hier sagt. Wir alle sind uns einig, dass wir, wenn Gott unsere Entscheidungen schon vorher kennt, nur die Entscheidungen treffen, von denen Gott weiß, dass wir sie treffen werden. Wenn Gott deshalb die Zukunft vorher genau kennt, dann ist die Zukunft in gewissem Sinne »festgelegt«.

Stellen Sie sich das so vor: Vorsehung (d. h. dass Gott alle Ereignisse kennt, ehe sie geschehen) bedeutet Unausweichlichkeit. Wenn Gott wusste, dass Kain den Abel umbringen wird, besteht die Möglichkeit, die Tat zu verhindern, nicht. Wenn Gott von diesem bevorstehenden Mord nichts wusste, dann war Kain freier und in seinen Möglichkeiten nicht beschränkt. Wenn Gott die Zukunft kennt, dann weiß er, wer erlöst wird und wer verloren geht. Dieses unfehlbare Wissen bedeutet, dass die Zukunft so ausgehen wird, wie Gott sie schon sieht. Deshalb wollen diese Theologen leugnen, dass Gott diese Dinge weiß, um uns die Zukunft »offen« zu halten.

Zweitens wollen diese Autoren Gott vor der Anklage schützen, er ordne das Böse an. Wenn Gott nicht wusste, dass Luzifer sündigen würde, dann scheint Gott weniger für den Ausgang verantwortlich. Wenn Gott wusste, dass einige seiner Engel sich auflehnen würden, hätte er seine Macht benutzen können, um eine andere Zukunft zu schaffen. Aber, so lautet die Argumentation, er kannte ihre Entscheidung zum Ungehorsam nicht, bevor sie getroffen wurde, und deshalb musste er sich dieser Entscheidung anpassen. Kurz gesagt: Je weniger Gott weiß, was einmal geschehen wird, desto weniger Verantwortung hat er für die Folgen.

Gottes Rolle in diesem Szenario ist die eines interessierten Beobachters. Er beschließt, sich so wenig wie möglich in die Angelegenheiten der Menschen einzumischen, um unserem freien Willen viel Raum zu geben. Obwohl er nicht weiß, welchen Schritt wir als Nächstes tun werden, hofft er das Beste und richtet sich auf das Schlimmste ein. Gott triumphiert dadurch, dass er mit allem zurechtkommt, was auf der Welt geschieht.

Verteidiger dieser »offenen Sicht« von Gott führen mehrere Bibelstellen als Beweis an. Z. B. behaupten sie, dass die Schrift aussage, Gott »bereute« mehrere seiner Handlungen (1Mo 6,6; 1Sam 15,11; 2Sam 24,16, Luther 84). Die Argumentation dieser Theologen lautet folgendermaßen: Wie kann Gott etwas bereuen, das er selbst in die Wege leitete, wenn er ohnehin vorher wusste, wie die Sache ausgehen wird?? Hier wird vorausgesetzt, dass Gott nichts bereuen kann, was er schon vorher wusste.

Doch wie wir gleich sehen werden, ist es offensichtlich, dass Gott voraussah, welche Zerstörung die Sünde anrichten würde, und dass er darunter leiden würde. »Doch«, so führt John Piper aus, »er hält seine Entscheidungen nicht für einen Fehler, bei denen er anders entscheiden würde, wenn er nur wüsste, was kommen würde.« [6] Mit anderen Worten: Wie schon in Kapitel 4 festgestellt, entschied Gott sich dafür zu leiden, als Jesus starb. Er entschloss sich auch, sich durch die Handlungen der Menschen betrüben zu lassen. Das heißt keinesfalls, dass er sich des Leides, das die Auflehnung seiner Geschöpfe bringen würde, nicht bewusst gewesen wäre.

Die »offene« Sicht Gottes weicht von der allgemeinen christlichen Theologie ab, die immer lehrte, dass Gott unsere Entscheidungen kennt, ehe wir sie treffen. Arminianer (die den freien Willen betonen) und Calvinisten (die Gottes Souveränität in unseren Entscheidungen betonen) stritten miteinander, aber sie waren sich immer einig, dass Gott die Zukunft ganz genau kennt. Er weiß alles, einschließlich unserer zukünftigen Entscheidungen.

Ich werde in diesem Kapitel den Streit zwischen Arminianern und Calvinisten nicht neu aufrollen, sondern mich auf die »offene Gottessicht« beschränken, die vom Standpunkt der evangelikalen Theologie erheblich abweicht. Ich stelle die Frage noch einmal: Ist diese Entwicklung ernst zu nehmen oder handelt es sich nur um eine unwichtige Auseinandersetzung über Lehrfragen? Ehe wir antworten, wollen wir die Folgen dieser abweichenden Denkweise eingehend erörtern.

Einige Schwierigkeiten des Glaubens an einen begrenzten Gott

Wenn eine Saite einer Violine verstimmt ist, dann muss man sie entweder stimmen, damit sie wieder mit den anderen Saiten harmoniert, oder man muss die anderen Saiten verstimmen, damit sie mit der falschen Saite zusammen klingen. Ich hoffe, dass es mir gelingt, Ihnen zu zeigen, dass wir alles aufs Spiel setzen – und zwar insbesondere unser Vertrauen in Gott –, sobald wir die Vorsehung Gottes antasten. Gottes unbegrenztes Wissen mag uns erschrecken, doch es ist andererseits auch ein Kissen, auf dem unsere müde Seele ruhen kann. Ich will nun einige Schwierigkeiten der »offenen Gottessicht« aufzählen.

Die Aussagen der Schrift

Die Vorstellung, Gott könne die Entscheidungen seiner Geschöpfe nicht vorhersehen, steht im Gegensatz zu eindeutigen Aussagen der Schrift. Der Gott Jesajas kannte die Zukunft genau.

> Gedenket des Früheren von der Urzeit her, dass ich Gott bin. Es gibt keinen sonst, keinen Gott gleich mir, der ich von Anfang an den Ausgang verkünde und von alters her, was noch nicht geschehen ist, – der ich spreche: Mein Ratschluss soll zustande kommen, und alles, was mir gefällt, führe ich aus (Jes 46,9-10).

Wie konnte Gott von Anfang an den Ausgang verkündigen, wenn er nicht wusste, dass Luzifer sich auflehnen und Adam und Eva sündigen würden? Und wie kann er genau wissen, wie alles ausgehen wird, wenn er nicht die Entscheidungen kennt, die wir und Millionen anderer Menschen einmal treffen werden? Wenn er all dies nicht kennen würde, hätte er wirklich wenig zu verkündigen.

Wer an einen begrenzten Gott glaubt, argumentiert, dass Gott deshalb wisse, wie alles ausgehen wird, weil er Macht ausüben könne (wobei er natürlich den freien Willen des Menschen respektiert). Das ähnelt dem Beispiel des Schachspielers, der am Ende doch gewinnt. Doch die Frage ist sehr viel ernster. Nach der »offenen Sicht« kann Gott nicht absolut sicher sein, dass wir morgen keine atomare Katastrophe haben. Einige Verrückte könnten eine leichtsinnige Entscheidung treffen und unseren Planeten ausradieren. Gott würde sie nicht aufhalten, denn schließlich haben sie ihren freien Willen und er beschloss, allem Bösen seinen Lauf zu lassen. Es ist denkbar, dass plötzlich irgendeine Regierung einen Atomkrieg entfacht und Gott steht vor der Realität, dass das Ende der Welt kommt, ehe er es eigentlich geplant hatte.

David glaubte nicht an einen begrenzten Gott. Er schrieb: »Groß ist unser Herr und reich an Macht. Seine Einsicht ist ohne Maß« (Ps 147,5). Interessanterweise erwähnt Gott sein Vorauswissen, um im Vergleich mit den Götzen seine Überlegenheit zu demonstrieren. Er fordert die Götzen heraus, indem er sich über sie lustig macht, weil sie die Zukunft nicht kennen.

> »Bringt eure Rechtssache vor!« spricht der Herr. »Bringt eure Beweise herbei!« spricht der König Jakobs. »Sie sollen sie herbeibringen und uns verkünden, was sich ereignen wird: das Frühere, was war es? Verkündet es, damit wir es uns zu Herzen nehmen! Oder lasst uns das Künftige hören, damit wir seinen Ausgang erkennen! Verkündet das später Kommende, damit wir erkennen, dass ihr Götter seid! Ja, lasst es gut sein oder schlimm sein, dass wir uns gegenseitig ansehen und miteinander erschrecken!« (Jes 41,21-23).

»Verkündigt das später Kommende, damit wir erkennen, dass ihr Götter seid!« Haben die Götzen diese Herausforderung angenommen? Natürlich nicht. Gott verspottet sie: »Siehe, ihr seid nichts, und euer Tun ist Nichtigkeit. Ein Gräuel ist, wer euch erwählt!« Und ein paar Verse weiter schließt er: »Siehe, sie alle sind Betrug. Nichtigkeit sind ihre Machwerke, Wind und Leere ihre gegossenen Bilder« (Jes 41,24.29). Eines der Unterscheidungsmerkmale zwischen einem falschen Gott und dem Allmächtigen ist, dass der Allmächtige unfehlbar die Zukunft kennt.

Die Genauigkeit der Prophezeiungen

Wenn Gott nicht weiß, welche Entscheidungen Menschen letztlich treffen, dann könnte es sein, dass Hunderte von Prophezeiungen der Bibel niemals in Erfüllung gehen. Wie z. B. sollte Jesus wissen, dass Judas ihn verraten würde? Diese Frage verlangt nach einer eingehenden Analyse.

Stellen Sie sich die Szene vor: Nachdem Judas Jesus verraten hatte, zog Petrus sein Schwert – scheinbar mit großem Mut – und Jesus antwortete: »Stecke dein Schwert wieder an seinen Ort! ... Oder meinst du, dass ich nicht jetzt meinen Vater bitten könne und er mir mehr als zwölf Legionen Engel stellen werde? Wie sollten denn die Schriften erfüllt werden, dass es so geschehen muss?« (Mt 26,52-54). In diesem Zusammenhang konnte Jesus nur eines meinen: Der Verrat, die Gefangennahme und sein kommender Tod *mussten* genauso geschehen, wie es dann auch kam.

Laut Pinnock wusste Gott nicht, dass Judas Jesus verraten würde, ehe er es nicht getan hatte. Es mag auf dem Weg zur Entscheidung einige Hinweise gegeben haben, einige Umstände, die in die Richtung wiesen, doch Judas oder die Priester hätten sich anders entschließen können. Und wenn Judas sich anders entscheiden konnte, so hätten auch die Juden noch während der so genannten Gerichtsverhandlungen ihre Meinung ändern können, und auch die Römer wären vielleicht vor der schrecklichen Tat zurückgeschreckt. Daraus würde folgen, dass noch nicht einmal Gott sicher war, dass Jesus tatsächlich gekreuzigt werden würde. Alle Mitwirkenden hätten sich sagen können, dass Jesus den Aufwand nicht lohnt und man ihn doch in Ruhe lassen solle.

Das ist natürlich nicht die Lehre der Schrift. Schon Jahrhunderte früher wusste Gott, dass die Eltern von Judas zu einer bestimmten Zeit heiraten, dass sie einen Jungen bekommen, der in einem Gebiet aufwächst, durch das Jesus zu seiner irdischen Lebzeit zieht. Doch Gott kannte auch die Großeltern von Judas, wann sie heirateten, welche Kinder sie haben würden, und so weiter. Und es gab auch nicht die Möglichkeit, dass Judas schon als Kind sterben würde, auch hätte er nicht an jenem Nachmittag krank werden können, so dass er Jesus nicht verraten konnte, denn Gott wusste von aller Ewigkeit her, dass es genau auf diese Weise geschehen *muss*.

Pinnock argumentiert nun, dass Gott noch einen Plan B hat, wenn Plan A scheitert. Vielleicht hätte jemand anders Jesus ans Kreuz geschlagen, wenn einer der Mitwirkenden nicht mitgespielt hätte. Doch wenn Plan A fehlschlägt, was garantiert uns, dass Plan B erfolgreich ist? Auch bei einem Plan C und D konnte Gott sich nicht sicher sein. Stellen Sie sich vor, Jesus kommt auf die Erde und trotz aller Prophezeiungen will niemand ihn umbringen!

Ein wenig nüchternes Nachdenken hilft uns zu erkennen, dass solche Überlegungen mit der Lehre der Bibel nicht unter einen Hut zu bringen sind. Der Tod Christi stand schon vor Grundlegung der Welt fest. Wie Petrus und Johannes im Gebet zu Gott sagten: »Denn in dieser Stadt versammelten sich in Wahrheit gegen deinen heiligen Knecht Jesus, den du gesalbt hast, sowohl Herodes als Pontius Pilatus mit den Nationen und den Völkern Israels, alles zu tun, was deine Hand und dein Ratschluss vorherbestimmt hat, dass es geschehen sollte« (Apg 4,27-28). Petrus sagte in einer vorherigen Predigt in etwa dasselbe: »Diesen Mann, der nach dem bestimmten Ratschluss und nach Vorkenntnis Gottes hingegeben worden ist, habt ihr durch die Hand von Gesetzlosen an das Kreuz geschlagen und umgebracht« (Apg 2,23). Jesus starb, wie Gott es vorher *bestimmte*; es geschah nach Gottes festgesetztem Plan.

Jesus wusste unfehlbar, dass Petrus ihn dreimal verleugnen würde: »Ich sage dir, Petrus, der Hahn wird heute nicht krähen, ehe du dreimal geleugnet hast, dass du mich kennst.« Das absolute Wissen, dass Petrus sündigen würde, wie oft er sündigen würde und wann er sündigen würde, stand Jesus zur Verfügung. Und Jesus gab in Johannes 13,19 sogar den Grund für seine Vorhersage an: »Von jetzt an sage ich es euch, ehe es geschieht, damit ihr, wenn es geschieht, glaubt, dass ich es bin.« Wie John Piper anmerkt: »Seine Fähigkeit, alle Ereignisse vorherzusehen, die mit ihm geschehen sollten, war ein wesentlicher Aspekt seiner Herrlichkeit als fleischgewordenes Wort, als Sohn Gottes. Das Leugnen dieser Fähigkeit ist ein Angriff auf die Gottheit Jesu, so würde es Johannes meiner Meinung nach ausdrücken.« [7]

Von all den anderen Prophezeiungen, die beweisen, dass Gott die zukünftigen Entscheidungen der Menschen kennt, will ich hier nur noch eine weitere nennen. Einhundertfünfzig Jahre bevor Kyrus geboren wurde, nannte Gott ihn schon beim Namen, sagte voraus, dass er der König von Persien sein wird und kannte im Voraus eine seiner wichtigsten außenpolitischen Entscheidungen (Jes 44,24-28;45,1-6). Und wieder sollten wir uns überlegen, über welche Vorkenntnisse Gott verfügen musste, um diese Voraussage treffen zu können: Er musste alle Vorfahren des Kyrus kennen, wer wen heiratet, und die verschiedenen Glieder der Familie. Jeder musste so leben, dass Kyrus geboren werden kann. Gott musste auch wissen, wer im Machtkampf um die Herrschaft in Persien mitspielt, und dass Kyrus gewinnt. Dann musste Gott wissen, dass zu dieser Zeit die Juden im Land Persien sind und dass Kyrus einen Erlass verabschiedet, dass sie in ihr Land zurückkehren sollen. Es ist undenkbar, dass Gott solches Detailwissen haben konnte, ohne die zukünftigen Entscheidungen der Menschen zu kennen.

Die Allmacht Gottes

Die »offene Sicht« Gottes untergräbt unseren Glauben an die Allmacht Gottes. Diese Frage wird im nächsten Kapitel etwas ausführlicher behandelt, doch auch hier will ich sie kurz ansprechen: Es gibt eine Verbindung zwischen der Fähigkeit Gottes, Ereignisse vorauszusehen, und seiner Allmacht. Um es konkreter auszudrücken: Gott kennt die Zukunft, weil er sie plant. Wenn er an der Planung nicht beteiligt ist, wie die »offene Sicht« behauptet, dann wären die Ereignisse dieser Welt nicht auf ein Ziel gerichtet. Gott hätte nach dieser Auffassung seine Macht aufgegeben, und die Ereignisse wären seiner Kontrolle entglitten, auch wenn Gott es irgendwie schafft, seinen Plan doch noch zu erfüllen.

Wenn Sie meinen, dass diese Aussage die Interpretation der »offenen Sicht« überstrapaziert, dann lesen Sie selbst, was Greg Boyd dazu schreibt: »Diese Sicht setzt die Realität der radikalen Eventualität und echtes Risiko voraus. Sie setzt weiter voraus, dass diese Möglichkeiten manchmal schlecht ausgehen, sogar auf kosmischer Ebene, und dass die Erde in eine echte Kriegszone verwandelt wurde.« [8] Die Frage, die wir hier stellen müssen, lautet: Wenn Gott allmächtig ist, warum sind Dinge dann »schlecht für ihn ausgegangen«? Natürlich bestreite ich nicht, dass auf der Erde einiges nicht stimmt, aber ich möchte feststellen, dass dies nicht passiert ist, weil Gott das Risiko einging, dass etwas schief gehen könnte. Ich werde auf diese Frage im nächsten Kapitel zurückkommen.

Die Vertrauenswürdigkeit Gottes

Abschließend stelle ich fest, dass die »offene Sicht« von Gott unser Vertrauen zu Gott untergräbt. Lesen wir folgendes Beispiel: Ein Betrunkener rast mit 120 Stundenkilometern über die Landstraße, und angeblich weiß Gott nicht, was dieser Fahrer anstellen wird. Er weiß also über den Fahrer nicht mehr als der Pilot im Hubschrauber der Verkehrsüberwachung. Der Allmächtige kann nicht voraussehen, ob es einen Unfall geben wird, oder ob der Fahrer sicher nach Hause kommt. (Schließlich ist nichts so unberechenbar wie der freie Wille eines Betrunkenen am Steuer.) In der Zwischenzeit fahren Sie auf der entgegengesetzten Spur und der Fahrer rast in Ihr Auto hinein. Sie sind sofort tot.

Nicht nur die Entscheidung des Betrunkenen war Gott unbekannt, sondern auch Ihr Tod. Sie kommen an diesem Abend in den Himmel. Und obwohl Gott wusste, dass dies passieren *könnte*, wusste er es doch nicht *sicher*. Deshalb weiß Gott nicht, wer heute weiter lebt und wer stirbt, er weiß nicht, wer heute oder in Zukunft gerettet wird, und er weiß nicht, wann der Antichrist wirklich kommen wird. Er muss quasi mit uns täglich die Zeitung lesen, um über den letzten Stand der Dinge informiert zu bleiben.

Können Sie einem solchen Gott vertrauen? Können Sie einem Gott vertrauen, der morgens nicht weiß, dass Sie schon abends tot sein werden? Lässt uns nicht die »offene Sicht« Mitleid mit Gott empfinden, weil er nur so gut wie möglich auf die unvorhersehbaren Entscheidungen Satans und der Menschen reagieren kann? Ich persönlich bin sehr froh, dass die »offene Sicht« nicht den Gott der Bibel darstellt.

Warum ist mir diese Frage so wichtig? Weil ich Ihnen einen Gott vorstellen möchte, dem Sie ohne Sorge vertrauen können. Einen Gott, den es nicht überraschte, als Satan mit seinen Engeln abtrünnig wurde, einen Gott, der nicht erstaunt war, als Adam und Eva sich zum Ungehorsam entschlossen, einen Gott, der wusste, dass Kain Abel umbringen würde. Einen Gott, der genau weiß, was Ihnen nächste Woche und nächstes Jahr begegnen wird, einen Gott, der Sie so lange am Leben erhalten kann, bis Sie Ihre Aufgabe auf Erden erfüllt haben.

Greg Boyd schreibt: »So wie Luther neu entdeckte, dass die Erlösung allein durch den Glauben geschieht, so entdecken wir heute neu, dass Gott offen ist.« [9] Doch meine ich, dass wir diese Ansichten besser in der Mottenkiste der Geschichte lassen, bei den Socinianern und William James, der bei so vielen Menschen zur Zerstörung des Glaubens beitrug. Die Idee, Gott sei nicht allwissend, ist eine irrige Vorstellung vom Allmächtigen. Oberflächlich gesehen mag diese Ansicht in den Rahmen evangelikaler Theologie passen, doch wenn man die logischen Konsequenzen zieht, dann ist dieses Gottesbild nicht nur falsch, sondern sogar häretisch.

Gott kennt uns ganz persönlich

Psalm 139 lehrt uns über die Allwissenheit Gottes. Und obwohl David hier in erster Linie das gegenwärtige Wissen Gottes über einzelne Menschen betont, spricht er auch von Gottes Vorsehung. Ich bin sicher, dass David über die Vorstellung entsetzt wäre, dass Gott eine Einzelheit unserer Zukunft unbekannt sein könnte.

Gott kennt uns völlig

»Herr, du hast mich erforscht und erkannt« beginnt David. »Du kennst mein Sitzen und mein Aufstehen, du verstehst meine Absicht von fern. Mein Wandeln und mein Liegen – du prüfst es. Mit allen meinen Wegen bist du vertraut« (Ps 139,1-3). Können Sie mir sagen, wie oft Sie sich gestern setzten und wieder aufstanden? Ich kann es nicht. Doch die ganze Zeit war Gott da. Kann ich mich grob daran erinnern, was ich gestern dachte? Nicht besonders gut, und keinesfalls könnte ich das exakt wiedergeben. Und doch weiß Gott all dies mit vollkommener Genauigkeit. Was gestern geschah, weiß er genauso exakt wie das, was vor zwanzig Jahren geschehen ist. Ihm ist alles gegenwärtig.

David wendet sich nun von seinem Tun und Denken zu seinen Worten: »Denn das Wort ist noch nicht auf meiner Zunge – siehe, Herr, du weißt es genau« (V. 4). Selbst wenn ich nicht weiß, was ich sagen werde, selbst wenn ich keine Vorstellung davon habe, was ich am nächsten Donnerstag Nachmittag denken oder sagen werde – Gott weiß es. Meine noch ungedachten Gedanken und ungesprochenen Worte sind wie Samen – ihre Frucht ist dem Hüter der Herzen schon vorher bekannt. Er kennt schon meine zukünftigen Gedanken und Taten.

»Von hinten und von vorn hast du mich umschlossen, du hast deine Hand auf mich gelegt« (V. 5). David denkt über die Tatsache nach, dass Gottes Wissen ihn umgibt. Er kann schlafen und Gott vergessen, doch der Allmächtige schläft nicht. David sagt letztlich: »Dein Blick ist immer auf mir.« Ein Gefangener berichtete, wie er sich fühlte, als er ständig von Wachen beobachtet wurde, Tag und Nacht. Ganz gleich wann er aufblickte, durch das Gitter starrte ihn ein Paar Augen an. Wir fühlen uns unwohl, wenn uns ein Mensch beobachtet, weil wir seine Absichten nicht kennen, doch wenn Gott uns sieht, kann uns diese Tatsache erschrecken oder trösten.

Wenn Sie schon einmal missverstanden wurden, oder jemand Sie übervorteilte, dann seien Sie versichert – Gott es weiß. Vielleicht werden wir in die Ecke gedrängt und meinen, dass wir niemandem in der Welt vertrauen können, dass wir keinen haben, der uns und unsere Geschichte wirklich versteht. Wir können uns mit der Gewissheit trösten, dass Gott alle Fakten kennt.

Kein Wunder, dass David fortfährt: »Zu wunderbar ist die Erkenntnis für mich, zu hoch: Ich vermag sie nicht zu erfassen« (V. 6). Wir können uns gar nicht vorstellen, welche Fülle von Informationen dem Allmächtigen ständig vor Augen steht. Wir können nur versuchen darüber nachzudenken, aber wir können es nie wirklich verstehen.

Gott kennt uns, wo wir auch sind

Jetzt denkt David darüber nach, vor Gott zu fliehen. Er fragt sich, ob es einen Platz gibt, an dem er sich vor Gottes unablässigem Blick verbergen kann. Vielleicht fühlt er sich unwohl bei dem Wissen, dass Gott ihn ständig ansieht, als ob er der einzige Mensch im Universum wäre.

»Wohin sollte ich gehen vor deinem Geist, wohin fliehen vor deinem Angesicht? Stiege ich zum Himmel hinauf, so bist du da. Bettete ich mich in dem Scheol, siehe, du bist da« (V. 7-8). Wenn David bis zum Himmel kommt, ist Gott natürlich da. Wenn er ins Totenreich, den Scheol, steigt, ist Gott auch da. Ja, Gott muss notwendigerweise wissen, was im Grab und sogar in der Hölle vor sich geht. Es gibt keinen Ort auf Erden oder im Himmel, wo Gott uns nicht sehen kann.

Vielleicht kann David Gottes Beobachtung entgehen, wenn er in die entlegensten Gegenden der Erde reist: »Erhöbe ich die Flügel der Morgenröte, ließe ich mich nieder am äußersten Ende des Meeres, auch dort würde deine Hand mich leiten und deine Rechte mich fassen« (V. 9-10). Wir wundern uns über den alttestamentlichen Propheten Jona, der den Seeleuten sagte, dass er »vor dem Angesicht des Herrn auf der Flucht« sei (Jona 1,10). Das ist eine Unmöglichkeit, denn das Angesicht des Herrn findet sich auch auf den Weiten der Ozeane.

David sucht nach einer letzten Möglichkeit. Könnte er sich im Finstern verstecken? »Und spräche ich: nur Finsternis möge mich verbergen und Nacht sei das Licht um mich her: Auch Finsternis würde vor dir nicht verfinstern und die Nacht würde leuchten wie der Tag, die Finsternis wäre wie das Licht« (V. 11-12). Diebe gehen ihrem Geschäft des Nachts nach, in der Hoffnung, den Blicken der Menschen zu entgehen. Doch für Gott ist auch die finsterste Nacht so hell wie die Mittagssonne. Gott kennt solche Begrenzungen nicht. Wir bewegen uns mitten im hellen Sonnenlicht der Allwissenheit Gottes.

Gott kennt uns im Voraus

> Denn du bildetest meine Nieren. Du wobst mich in meiner Mutter Leib. Ich preise dich darüber, dass ich auf eine erstaunliche, ausgezeichnete Weise gemacht bin. Wunderbar sind deine Werke, und meine Seele erkennt es sehr wohl. Nicht verborgen war mein Gebein vor dir, als ich gemacht wurde im Verborgenen, gewoben in den Tiefen der Erde. Meine Urform sahen deine Augen. Und in dein Buch waren sie alle eingeschrieben, die Tage, die gebildet wurden, als noch keiner von ihnen da war (Ps 139,13-16).

Lange vor dem Zeitalter der modernen Neurologie und der Entdeckung des genetischen Codes wusste David schon, dass er ein einzigartiges Wunderwerk war. Was die Welt heute einen Fötus nennt, hieß bei David noch Urform. Lange vor unserer Geburt sind wir Gott bekannt, nach seinem Willen und für seine Absichten geformt.

Ein Freund von mir, der vaterlos bei einer Alkoholikerin aufwuchs, fand Trost in den Worten Davids. Die Tatsache, dass es Gott gewesen war, der ihn im Schoß seiner Mutter hatte wachsen lassen, war ihm eine große Beruhigung. Vielleicht hatte sein irdischer Vater ihn nie berührt, aber sein himmlischer ganz sicher.

»In dein Buch waren sie alle eingeschrieben, die Tage, die gebildet wurden, als noch keiner von ihnen da war« (V. 16). Wieder müssen wir fragen: Wie können alle Tage Davids schon für ihn festgelegt sein, wenn Gott die Zukunft nicht unfehlbar kennt? Es wäre Gott unmöglich, die Zahl unserer Tage zu kennen, wenn er unsere Entscheidungen und die anderer nicht schon vorher kennen würde. David verstand, dass Gott sein Leben auf wunderbare Weise vorausgeplant hat.

In seinem Buch *Knowing God* (Gott erkennen) spricht J. I. Packer von der Freude und der Ehrfurcht, die Gottes Allwissenheit in uns hervorrufen sollte:

> Ich bin in seine Handflächen eingegraben. Er denkt immer an mich. All mein Wissen über ihn hängt von seinem ständigen Bemühen ab, mich zu kennen. Ich kenne ihn, weil er mich zuerst gekannt hat und mich auch weiterhin kennt. Er kennt mich wie ein Freund, wie jemand, der mich lieb hat, und es gibt keinen Augenblick, in dem sein Auge abgewandt wäre oder seine Aufmerksamkeit von mir abgelenkt würde, und deshalb auch keinen Augenblick, in dem seine Fürsorge aufhört.
> Dies ist ein Wissen von ungeheurer Tragweite. Es gibt unaussprechlichen Trost – die Art von Trost, die Kraft gibt, die nicht auf die Nerven fällt –, zu wissen, dass Gott ständig weiß, was mit mir geschieht, und dass er in Liebe über mir zu meinem Besten wacht. Es liegt unendliche Befreiung in dem Wissen, dass seine Liebe zu mir ausgesprochen realistisch ist und in jedem Punkt darauf basiert, dass er das Schlimmste an mir schon kennt, so dass keine Entdeckung ihm irgendwelche Illusionen über mich rauben könnte, so wie ich oft über mich selbst desillusioniert werde. Seine Entschlossenheit, mich zu segnen, wird durch nichts zerstört. [10]

»Für mich aber, wie kostbar sind deine Gedanken, o Gott! Wie gewaltig sind ihre Summen! Wollte ich sie zählen, so sind sie zahlreicher als der Sand. Ich erwache und bin noch bei dir« (V. 17-18). Die Gedanken Gottes über David sind so wunderbar, dass David jeden Morgen darüber nachdenkt. Die Tatsache, dass Gott sich so sehr für ihn interessiert und ihn so genau kennt, ist für ihn eine Quelle der Freude und Hoffnung.

David lenkt seine Gedanken jetzt auf die Bösen. Er bittet Gott, sie zu richten. »Mögest du, o Gott, den Gottlosen töten! Ihr Blutmenschen, weichet von mir!« (V. 19). Solch eine Ausdrucksweise überrascht uns, doch erinnern Sie sich daran, dass David von Menschen spricht, die ihn umbringen wollen. »Sollte ich nicht hassen, Herr, die dich hassen, und sollte mir nicht ekeln vor denen, die gegen dich aufstehen?« (V. 21). Das Wort *hassen*, das David hier benutzt, steht unserem Wort »ablehnen« sehr nahe. David will nichts mit Menschen zu tun haben, die Gott hassen. Er lehnt sie ab und erklärt sie zu seinen Feinden, weil sie Gottes Feinde sind.

David weiß, dass Gott nicht nur ihn vollkommen kennt, sondern auch die Bösen. Gott wird sie richten und wird dabei keine Einzelheit übersehen. Sie werden keine Gelegenheit haben, ihre Geschichte zu beschönigen oder Ereignisse zu ihrem Vorteil zu verdrehen.

Davids Reaktion zeugt von Weisheit. Er ruht sich nicht auf seinem Wissen über die Allwissenheit Gottes aus, ohne auf diese Offenbarung persönlich zu reagieren. Natürlich könnte er darüber sprechen, dass Gott alle Fakten kennt, dass er über absolutes Wissen über den Bösen verfügt, doch danach muss das Licht auch in seine eigene Seele leuchten.

Persönliche Reaktion

Der Psalm beginnt mit Davids Gewissheit, dass Gott ihn durch und durch kennt. Die Seelenerforschung fand bereits statt. Doch jetzt sagt er: »Erforsche mich, Gott, und erkenne mein Herz; prüfe mich und erkenne, wie ich's meine. Und sieh, ob ich auf bösem Wege bin, und leite mich auf ewigem Wege« (V. 23-24, Luther 1984). Er sagt damit praktisch: »Gott, du hast mich schon erforscht, nun zeige mir doch bitte, was du gesehen hast.« Das ist ein sehr mutiges Gebet. Die wenigsten von uns wollen sich so kennen lernen, wie Gott uns kennt. Doch solch eine Erfahrung ist heilsam und zu unserem Vorteil.

Je ehrlicher wir sind, desto eher sind wir bereit zuzugeben, dass uns das klare Bild von den Lügen in unserem Herzen fehlt. Wir sind zu blind, geistlich zu geschickt im Ausweichen, wir haben uns zu oft selbst betrogen, um uns unserer Sünde stellen zu können. Ich habe irgendwo eine Geschichte von einer Frau gelesen, die zu ihrem Pastor sagte: »Irgendetwas stimmt in meinem Leben nicht, und ich habe Gott gebeten es mir zu zeigen, aber ich habe keine Ahnung, worum es sich handeln könnte.«

Er antwortete: »Knien Sie einfach nur nieder, und raten Sie.« Ja, manchmal wissen wir genau, was dem Herrn in unserem Leben missfällt. Zu anderen Zeiten müssen wir mit David beten: »Erforsche mich, … erkenne mein Herz.«

Nach dem Erforschen kommt das Prüfen. »Prüfe mich und erkenne meine ängstlichen Gedanken« (V. 23, nach einer englischen Übersetzung). Vielleicht spricht David hier von der Angst, die er wegen der Drohungen seiner Feinde verspürt. Er möchte so erprobt werden, wie ein Goldschmied Edelmetall prüft. Und er möchte wissen, ob er auf einem »bösen« Weg ist. Vielleicht dachte David an eine bestimmte Sünde, vielleicht aber auch nicht. Was immer vorlag, er wollte es erkennen.

Erforschung führt zur Prüfung und Prüfung zur Leitung: »Leite mich auf dem ewigen Wege« (V. 24). Wir bitten oft um Leitung, um Erforschung und Prüfung beten wir nicht. Doch vielleicht wäre es wichtig, diese Reihenfolge einzuhalten. Die Führung ist für den bestimmt, der mit offenem Herzen vor Gott steht.

Sind wir bereit, dieses Gebet zu sprechen? Es ist richtig, dass Gott im Voraus weiß, ob wir es machen werden oder nicht. Aber die Tatsache, dass er es weiß, nimmt uns die Verantwortung für unser Handeln nicht ab. Sein Wissen sollte uns zu ihm treiben, nicht von ihm weg. Wir sollten mit Petrus sprechen: »Herr, du weißt alles; du erkennst, dass ich dich lieb habe« (Joh 21,17). Denn »kein Geschöpf ist vor ihm unsichtbar, sondern alles bloß und aufgedeckt vor den Augen dessen, mit dem wir es zu tun haben« (Hebr 4,13).

8. Lüge

Der Sündenfall vereitelte Gottes Plan

Wir sind uns einig, dass die Sünde das Paradies zerstörte. Doch wurde durch den Sündenfall auch Gottes Plan vereitelt?

Erwartete oder hoffte Gott wirklich, dass Adam und Eva seinem Gebot gehorchen und glücklich werden würden? Oder hatte Gott den gesamten Plan von Sünde und Erlösung schon gefasst, lange bevor die schöne Frucht am verbotenen Baum Eva faszinierte?

Ich fasse hier zusammen, was heute viele Leute glauben: Gottes Plan A sah vor, dass alle seine Geschöpfe in Gehorsam und Freude leben sollen. Doch weil die Geschöpfe ihren freien Willen missbrauchten, fiel ein Teil der Engel und später die gesamte Menschheit mit allen schrecklichen Konsequenzen in Sünde. Gott reagierte darauf mit Plan B. In der Person Christi wollte er in die Welt kommen und so viele Menschen wie möglich erlösen. Glücklicherweise sind wir Nutznießer dieses Planes und natürlich fordern wir andere auf, sich ebenfalls anzuschließen.

Mit anderen Worten – der Fall des Menschen im Garten Eden vereitelte Gottes ursprünglichen Plan. Die Sünde war nun eine Realität, deshalb kam Jesus, um die ganze Angelegenheit wieder in Ordnung zu bringen. Die ganze Zerstörung, die die Sünde mit sich brachte, veranlasste Gott eher zum *Reagieren* als zum Agieren. Wie ein Künstler, dem von einem Konkurrenten unlösliche Farbe auf die Leinwand geschmiert wurde, nun den Flecken kunstvoll in sein Bild integriert, so nahm Gott das Chaos, das seine aufrührerischen Geschöpfe ihm hinterließen und machte das Beste daraus.

Nach meiner Meinung liegt uns damit eine falsche Interpretation der biblischen Geschichte vor. Es gibt zwingende Beweise, dass der Fall von Luzifer und Adam Plan A entspricht. Der Verlauf der Geschichte und der Erlösung waren immer schon genau so beabsichtigt gewesen. Gott schuf, um zu erlösen; er erlöste, um seine Herrlichkeit besser darzustellen. Die gegenwärtige Welt mit all ihrer Sünde und ihrem Leid gehört zu Plan A.

Ich kann den Chor von Einwänden hören: »Hatten Luzifer, Adam und Eva denn keinen freien Willen?« »Sind alle Geschöpfe Gottes Roboter oder Marionetten, die nichtsahnend an unsichtbaren göttlichen Fäden tanzen?« Oder – wie ein ganz Schlauer es formulierte: »Ist Eva etwa nicht gefallen, sondern *gestoßen* worden?«

»Und was sagt das über Gott aus? – Beabsichtigte er etwa all das Leid der Welt, die Kriege, die Kindesmisshandlungen, den Holocaust? Ist ein Gott vertrauenswürdig, der die existierende als beste aller möglichen Welten wählte? Hatte er keine bessere Alternative?«

Eine weitere Frage drängt sich auf: »Wenn wir uns in Plan A befinden, bedeutet das nicht, dass wir diese Welt mit all ihrem Bösen ergeben hinnehmen müssen wie sie ist, weil diese Zustände ja Gottes Willen entsprechen? Wenn wir versuchen, Umstände zu ändern, kämpfen wir dann nicht gegen Gott?»

Ich gebe Ihnen Recht, es ist schwierig, den Eltern der Kinder, die beim Amoklauf eines Mitschülers umkamen, zu erklären, dass es sich dabei um Plan A handelt. Diese Welt ist so offensichtlich verkehrt, dass jeder zugibt, dass die Dinge nicht so sind, wie sie sein sollten. Und doch werden wir einsehen, dass wir nur dann hoffen dürfen, dass das Leiden irgendeinen Sinn hat, wenn wir das Böse im Rahmen von Gottes ewigem Plan sehen.

Voltaire schrieb einen Roman namens *Candide*. In dieser Satire erlebt Candide eine Tragödie nach der anderen und redet sich dabei ein, dass dies die »beste aller möglichen Welten« sei. Es scheint für Voltaire offensichtlich zu sein, dass das Böse keinen wie auch immer gearteten Nutzen hat. Die Vorstellung, das Böse könne Bestandteil von Gottes Plan sein, schien ihm undenkbar.

Auf Fragen mit solcher Tragweite können wir keine vorschnelle Antwort geben, ehe wir die biblischen Fakten über das Wesen Gottes und seine Pläne gründlich studieren. Im letzten Kapitel versuchte ich, die Allwissenheit Gottes und die daraus resultierenden Folgen zu beschreiben. Wenn wir seine Allwissenheit, seine Allmacht und Weisheit als Einheit sehen, dann scheint es aus göttlicher Perspektive unmöglich, dass etwas schief gehen konnte. Es gibt schreckliches Unrecht in der Welt. Gott freut sich auch nicht an menschlichem Leid, und doch erfüllen sich seine ewigen Pläne immer. Vom Standpunkt der Ewigkeit aus gesehen sind wir immer noch bei Plan A.

Ehe wir auf die Einwände eingehen, sollten wir über Gott und seine Offenbarung nachdenken. Wir wollen einen kurzen Ausflug in seine Gedankenwelt unternehmen und versuchen zu verstehen, was er uns über seinen ewigen Plan sagt. Tauchen Sie mit mir in tiefes theologisches Wasser, bis wir keinen Grund mehr unter den Füßen haben. Wenn wir zurückkommen, möchte ich, dass wir Gott wie nie zuvor anbeten. Ich möchte, dass wir ihn sehen wie nie zuvor und ihm vertrauen wie nie zuvor.

Staunend stehen wir vor der Größe unseres Gottes und dem Geheimnis, das seine Vorhaben umgibt. Wir werden sehen, dass die Theologie in die Doxologie (die Anbetung) mündet. Wer den Geist Gottes ergründet, wird zum Lob Gottes geführt. So wollen wir uns nun der Schrift zuwenden, um zu erfahren, dass die Sünde mit all ihrem Schrecken Gottes ewigen Plan nicht zerstören konnte.

Gottes ewiger Plan

Versuchen Sie einmal, wenn Sie es schaffen, sich eine Zeit vorzustellen, in der nichts als nur Gott existierte: Keine Sterne, keine Engel, keine Welt, keine Luft, keine Lebewesen. Nur Gott, der in all seiner Herrlichkeit und Macht existiert.

Wir haben schon festgestellt, dass er sich seine Eigenschaften nicht angeeignet hat. Heiligkeit, Macht und Barmherzigkeit sind Bestandteile seines Wesens. Wenn er sadistisch wäre statt gütig, könnten wir auch nichts daran ändern und müssten Gott nehmen wie er ist. Auch dann hätten wir kein Recht, ihn nach unseren Wünschen zu ändern. Seien wir dankbar, dass er die personifizierte Liebe ist und dass die Glieder der Dreieinigkeit schon alle Ewigkeit Gemeinschaft hatten. Gott war zufrieden. Er brauchte nichts außer sich selbst, um zufrieden existieren zu können. Paulus sagt: »Der Gott, der die Welt gemacht hat und alles, was darin ist, er, der Herr des Himmels und der Erde, wohnt nicht in Tempeln, die mit Händen gemacht sind, noch wird er von Menschenhänden bedient, als wenn er noch etwas nötig hätte, da er selbst allen Leben und Odem und alles gibt« (Apg 17,24-25).

Sollten Sie sich fragen, wie lange Gott existierte, ehe er sich entschloss, die Schöpfung ins Dasein zu rufen, oder was er während dieser Äonen machte, könnte der große Theologe Calvin Ihnen eine passende Antwort geben. Er sagte einmal, dass er während dieser Zeit die Hölle für Menschen vorbereitet habe, die solche Fragen stellen! Das meinte er natürlich nur scherzhaft. Wir können die Antwort auf solche Frage nicht wissen, weil er sie uns nicht offenbarte. Es gibt Dinge, die wir wissen, aber einiges, was wir nicht wissen.

Warum schuf Gott das Universum überhaupt? Vielleicht hat Jonathan Edwards die beste Antwort: »Zum Überfließen seiner Herrlichkeit.« Er wollte sich selbst offenbaren, wollte Milliarden von Sternen und Planeten schaffen, die seinen Auftrag ausführen und von seiner göttlichen Herrlichkeit und Macht zeugen.

Hier überschreiten wir die Grenze zum Rätselhaften: Gott benutzte kein vorher existierendes Material, als er alles durch sein Wort schuf. Stellen Sie sich das einmal bildlich vor: Sie gehen mit der Absicht in ein Labor, aus dem Nichts ein einzelnes Molekül zu erschaffen! Das übersteigt alle unsere Fähigkeiten, weil es logisch ist, dass von nichts nichts kommt. Das gilt für uns, jedoch nicht für Gott. Er nahm das »Nichts« und machte »Etwas« daraus.

Selbst um nur *ein* Ding aus dem Nichts zu schaffen, ist Allmacht nötig. Nur ein allmächtiges Wesen besitzt die Fähigkeit dazu. Und Gott schuf alles ganz mühelos: »Durch des Herrn Wort sind die Himmel gemacht und all ihr Heer durch den Hauch seines Mundes« (Ps 33,6).

Gott war dabei noch sehr zurückhaltend. Er hätte genauso gut tausend Planeten schaffen können, die unsere Sonne umkreisen, statt dem knappen Dutzend. Er hätte auch noch viel mehr Sterne schaffen können als die Milliarden, die unsere Nacht erhellen. Er hätte auf anderen Planeten Menschen schaffen können, wenn ihm das so gefallen hätte. Er hatte die Wahl. »Du bist würdig, unser Herr und Gott, die Herrlichkeit und die Ehre und die Macht zu nehmen, denn du hast alle Dinge erschaffen, und deines Willens wegen waren sie und sind sie erschaffen worden« (Offb 4,11).

Schuf Gott auch den Teufel? Jedenfalls schuf er den Teufel nicht so, wie er heute ist. Er schuf den Engel, der später zu Satan wurde und auch die Engel, die zu Dämonen wurden. Sie hätten sich jedoch nicht in diese Richtung entwickeln können und könnten auch in ihrer gegenwärtigen Form nicht existieren, wenn Gott es nicht souverän bestimmt hätte und es ihm nicht gefallen hätte.

Wenn wir nach Gottes ewigem Plan fragen, nach den Zielen, die er mit der Schöpfung verfolgt, dann gibt uns die Bibel auf diese Frage an vielen Stellen Auskunft. Es stellt sich heraus, dass die Schöpfung das erste Glied in einer Kette ist, das einen Plan darstellt, der alles umfasst, was Gott tun will. Und das letzte Glied dieser Kette ist immer die Verherrlichung Gottes.

»Gott ist«, wie John Piper es so gerne pointiert ausdrückt, »unerbittlich selbstbezogen. Alles existiert, um zu seiner Verherrlichung beizutragen. Das bedeutet nicht, dass er im üblichen Sinn des Wortes selbstsüchtig wäre. Er muss sich selbst an die erste Stelle setzen, denn wir erwarten von ihm, dass er das Wertvollste ehrt und das ist eben er selbst. Wenn ein Mensch selbstsüchtig ist, dann legt er die Betonung auf etwas weniger Wertvolles, denn Geschöpfe sind dem Schöpfer niemals ebenbürtig. Gott hat keine Wahl, er muss seine Ehre über alles andere stellen.« [1]

Die Schrift unterstreicht diese Wahrheit. Der Herr Gott erklärt:

Ich werde zum Norden sagen: Gib her! und zum Süden: Halte nicht zurück! Bring meine Söhne von fernher und meine Töchter vom Ende der Erde, jeden, der mit meinem Namen genannt ist, und *den ich zu meiner Ehre geschaffen*, den ich gebildet, ja, gemacht habe! (Jes 43,6-7, Hervorhebung vom Autor).

Und dein Volk, sie alle werden Gerechte sein, werden das Land besitzen auf ewig, sie, ein Schößling der Pflanzungen des Herrn, ein Werk seiner Hände, *sich zu verherrlichen* (Jes 60,21, Hervorhebung vom Autor).

Denn ebenso wie der Hüftschurz sich an die Hüften eines Mannes anschließt, so hatte ich das ganze Haus Israel und das ganze Haus Juda an mich angeschlossen, spricht der Herr, damit sie *mir* zum Volk und *zum Ruhm und zum Preis und zum Schmuck* seien; aber sie haben nicht gehört (Jer 13,11, Hervorhebung vom Autor).

Aber er rettete sie um seines Namens willen, um seine Macht kundzutun. Da glaubten sie seinen Worten, sie sangen sein Lob (Ps 106,8.12).

Sie werden Strafe leiden, ewiges Verderben vom Angesicht des Herrn und von der Herrlichkeit seiner Stärke, wenn er kommt, um an jenem Tag in seinen Heiligen verherrlicht und in allen denen bewundert zu werden, die geglaubt haben (2Thess 1,9-10).

Dies sind nur ein paar Beispiele von den vielen Abschnitten, die zeigen, dass alles zur Verherrlichung Gottes geschaffen wurde. Wenn Sie immer noch nicht sicher sind, aus welchem Grund Gott alles schuf, dann überdenken Sie diese Worte: »Denn in ihm ist alles in den Himmeln und auf der Erde geschaffen worden, das Sichtbare und das Unsichtbare, es seien Throne oder Herrschaften oder Gewalten oder Mächte: Alles ist durch ihn und für ihn geschaffen« (Kol 1,16). Nichts wird ausgelassen, alles wurde *durch* ihn und *für* ihn geschaffen! Diese Welt wurde für Jesus geschaffen.

Mit diesem Ziel vor Augen schuf Gott die Engel und das Universum mit Adam und Eva in Eden. Mit diesem Ziel vor Augen, plante er die vielen Zwischenziele, die alle dazu dienen, auf das endgültige Ziel hinzuführen. So sind all seine Pläne miteinander verbunden. Ich will Ihnen ein Beispiel erzählen. Als ich noch zur Schule ging, hatte ich Chemieunterricht. Weil es ein Kurs war, den ich unbedingt schaffen musste, arbeitete ich hart, um eine gute Note zu bekommen. Doch dieses Ziel war Teil des größeren Zieles, nämlich den Abschluss der Highschool zu schaffen. Dieses Ziel wiederum war Teil eines noch höheren Zieles, nämlich eine theologische Ausbildung zu machen. Und selbst dieses Ziel war nur ein Zwischenziel auf dem Weg, das mich an ein noch höheres Ziel heranführen würde, nämlich Pastor und Prediger zu werden. Und dieses Ziel mündet zu weiteren Zielen – ich sehe, wie Menschen durch die Macht des Evangeliums verändert werden.

Genauso bilden alle Ziele Gottes ein in sich verwobenes Netz. Ein Ereignis resultiert aus dem vorhergehenden und ist selbst Grundlage des nächsten. Die Schöpfung der Welt war die Grundlage der Erschaffung von Adam und Eva. Die Geburt ihrer Kinder führte zur nächsten Ebene und so setzte sich das durch alle Zeitalter fort. Auch die Engel wurden für einen bestimmten Zweck erschaffen, und letztlich dient alles zur Ehre Gottes.

Mangel an Wissen macht oft unsere Absichten zunichte. Vielleicht möchten Sie auf dem Heimweg für Ihre Frau Blumen kaufen, doch wenn Sie bei dem Laden halten, sehen Sie, dass das Geschäft gar nicht mehr existiert. Oder Sie meinten, noch fünfzig Mark in der Tasche zu haben. Doch Ihr Teenager hatte Ihnen das Geld aus der Brieftasche genommen und vergessen, es Ihnen zu sagen, weil Sie gerade in der Dusche waren, und er es dringend für Schulbücher brauchte.

Eines Tages ging ich ins Krankenhaus, um einen Freund zu besuchen, und wusste nicht, dass er inzwischen gestorben war. Meine »Vorsehung« war keine gewesen. Bei einer anderen Gelegenheit planten meine Frau und ich eine Kreuzfahrt, aber es stellte sich heraus, dass die Reise wegen dringender Reparaturen am Schiff abgesagt worden war. Weil ich so wenig weiß, muss ich meine Pläne ständig ändern.

Doch Gott kennt solche Einschränkungen nicht. »Der Herr hat das alles schon lange beschlossen« (Apg 15,18, Hoffnung für Alle).

Wir wollen sorgfältig darüber nachdenken. Erstens ist Gott *allmächtig*, d. h. er kann wirklich alles. Es gibt nichts, was er nicht könnte, ausgenommen Handlungen, die gegen sein Wesen verstoßen. Er hätte Geschöpfe machen können, die ihm immer gehorchen. Ja, er hätte jede Menge Engel von der guten Sorte schaffen können, die auch jetzt genau erfüllen, was er ihnen befiehlt. Er hätte uns auch gleich so schaffen können, wie wir einmal im Himmel sein werden: Vollkommen, ohne das Verlangen nach oder die Möglichkeit zur Sünde. Alle diese Möglichkeiten hatte er, und noch eine ganze Menge anderer dazu.

Zweitens: Gott ist *allwissend*. Nichts kann geschehen, das ihn überrascht. Als er Luzifer schuf, wusste er, dass dieser in Sünde fallen würde. Als er Adam schuf, wusste er schon, dass dieser ebenfalls in Sünde fallen würde. Es kann keine neue Tatsache geben, die Gott nicht ohnehin in Betracht gezogen hätte. Kein Geschöpf kann eine Entscheidung treffen, ohne dass Gott vorher davon gewusst hätte. »Er ist es, der die Erde gemacht hat durch seine Kraft, der den Erdkreis gegründet durch seine Weisheit und die Himmel ausgespannt durch seine Einsicht« (Jer 10,12). Gottes Allmacht und Allwissenheit gehören zusammen.

Nach unserer Definition bedeutet Allwissenheit, dass Gott alles weiß, ehe es geschieht. Und weil Gott sich nie irrt, wusste er, dass die Zukunft sich genau so ereignen wird, wie er es vorhergesehen hatte. Angesichts seiner Vorkenntnisse hätte Gott eine ganz andere Welt schaffen können: Eine Welt ohne Teufel, eine Welt voller Menschen, deren Herzen immer bereit sind, das Rechte zu tun. Seine Möglichkeiten liegen jenseits unserer Vorstellungskraft.

Drittens: Gott ist *allgegenwärtig*. Er erfüllt das gesamte Universum. Das bedeutet – es gibt keinen Ort, an dem Gott nicht ist. Nichts kann hinter seinem Rücken geschehen; kein Plan kann in irgendeinem verqualmten Hinterzimmer beschlossen werden, der seiner Aufmerksamkeit entgeht. Gehen Sie in die Weiten des Weltalls, und auch dort ist Gott. »Oder kann sich jemand in Schlupfwinkeln verbergen, und ich, *ich* sähe ihn nicht? spricht der Herr. Bin ich es nicht, der Himmel und Erde erfüllt? spricht der Herr« (Jer 23,24).

Ist Ihnen schon aufgefallen, dass Eigenschaften Gottes in der Bibel oft miteinander verknüpft werden? Jeremia verband z. B. Gottes Allmacht und seine Weisheit: »Er ist es, der die Erde gemacht hat durch seine Kraft, der den Erdkreis gegründet durch seine Weisheit und die Himmel ausgespannt durch seine Einsicht« (Jer 10,12). Auch seine Allgegenwart und seine Allwissenheit stehen in Wechselbeziehung. Wenn Gott handelt, dann wirken alle seine Eigenschaften zusammen, keine agiert unabhängig von der anderen, und keine unterdrückt eine andere.

Es ist Zeit für eine persönliche Frage: Meinen Sie, dass dieser Gott, der so machtvoll ist – voller Wissen und Weisheit – das Universum so schuf, dass etwas seinem Willen zuwider laufen kann? Ich denke nicht. Hiob hatte Recht: »Ich habe erkannt, dass du alles vermagst und kein Plan für dich unausführbar ist« (Hiob 42,2). Nicht einmal der freie Wille des Menschen kann Gottes ewigen Plänen im Wege stehen. Gottes Macht, Wissen und Weisheit sind unendlich.

Hören wir auf die Worte von Charles Alexander:

> Wäre Gott weniger als allmächtig, oder würde er es zulassen, dass das Böse sich ohne seine Zustimmung und Anweisung entwickelt und vermehrt, dann wäre er nicht Gott und könnte auch nicht Gott sein. Wenn es Böses geben muss, dann stehen wir in der Hand Gottes und nicht des Zufalls, denn wenn das Böse unabhängig von der Anordnung Gottes geschähe, oder nicht durch den Willen Gottes, dann müsste es neben unserem Gott noch einen weiteren Gott geben. [2]

Die Schöpfung war das erste Kettenglied in der Reihe der Ziele Gottes. Doch schon lange vor der Schöpfung hatte Gott den Tod Christi, die Erlösung der Menschen und den Sieg Christi über das Böse im Sinn. Die Schöpfung war die Verwirklichung des ewigen Planes in der Zeit.

Gottes ewige Erlösung

Paulus zeigt die Verbindung zwischen Schöpfung und Erlösung: »In ihm [Christus] hat er uns vor Grundlegung der Welt auserwählt, dass wir heilig und tadellos vor ihm seien« (Eph 1,4). Paulus bezieht sich auf die Erschaffung der Welt, doch sagt er, dass schon vor der Geburt der Erde etwas geschah. Ehe die Welt entstand, ehe Adam und Eva unter den Bäumen des Gartens Eden spazieren gingen, hatte Gott seinen Erlösungsplan gefasst. Schon damals hatte er eine Gruppe von Menschen erwählt, damit sie heilig und tadellos sein sollten. Wir können uns die Schöpfung nicht ohne die Erlösung vorstellen. Beide gehören in Gottes Plänen von Anfang an zusammen. »Die Welt wurde für Golgatha geschaffen. Als Gott die Welt schuf, tat er es mit der Absicht, für diese Welt zu sterben. Das Heilmittel existierte schon vor der Krankheit.« [3]

Ich kenne einen Pastor, der glaubt, Gott hätte große Hoffnungen in Adam und Eva gesetzt und sei bitter enttäuscht worden. Deshalb hätte er einen neuen Plan B entworfen. In einer Predigt zum Thema »Gott, der Spieler« sagte dieser Mann, dass Gott gewettet hätte, dass die Menschheit ihm dienen würde. Als er das Spiel verlor, tat er, was jeder Spieler tut: Er erhöhte den Einsatz und verwettete seinen eigenen Sohn. Dieser Pastor ging so weit, dass er den Wortlaut von

Johannes 3,16 änderte: »Denn so hat Gott die Welt geliebt, dass er seinen eingeborenen Sohn *aufs Spiel setzte.*«

Für diesen Pastor, wenn wir bei dieser Bezeichnung bleiben wollen, gibt es keine Garantien. Gott konnte nicht sicher sein, dass jemand an Jesus glauben würde, nachdem er für die Sünder gestorben war. Schließlich war es wegen des freien Willens der Menschen auch denkbar, dass niemand an Jesus glaubt. Gott hätte seinen gesamten Einsatz verlieren können! Nach dieser Theorie war der Tod Christi Gottes Reaktion auf einen Notfall, von dem er gehofft hatte, dass er nicht eintreten würde. Wir können dankbar sein, dass Gott sich entschlossen habe, alles wieder in Ordnung zu bringen, aber er habe sein Spiel verloren. Bei keinem seiner Pläne konnte er sich des Erfolges sicher sein. Doch weil Gott die Liebe sei, können wir von ihm erwarten, dass er tue was er könne, um uns zu helfen!

Welch erniedrigende Vorstellung!

Es ist unnötig zu betonen, dass das Kreuz Christi von aller Ewigkeit her geplant war. Obwohl ich diese Verse schon einmal in einem früheren Kapitel dieses Buches zitierte, möchte ich sie noch einmal erwähnen. »Diesen Mann«, sagt Petrus in der Apostelgeschichte, »*der nach dem bestimmten Ratschluss und nach Vorkenntnis Gottes hingegeben worden ist*, habt ihr durch die Hand von Gesetzlosen an das Kreuz geschlagen und umgebracht« (Apg 2,23, Hervorhebung vom Autor). Und etwas später heißt es: »Denn in dieser Stadt versammelten sich in Wahrheit gegen deinen heiligen Knecht Jesus, den du gesalbt hast, sowohl Herodes als Pontius Pilatus mit den Nationen und den Völkern Israels, *alles zu tun, was deine Hand und dein Ratschluss vorherbestimmt hat*, dass es geschehen sollte« (Apg 4,27-28, Hervorhebung vom Autor).

Gott plante das Kreuz schon in den fernen Äonen der Ewigkeit, weil er an unsere Erlösung schon gedacht hatte, ehe er uns schuf. »[Gott] hat uns errettet und berufen mit heiligem Ruf, nicht nach unseren Werken, sondern nach seinem eigenen Vorsatz und der Gnade, die uns in Christus Jesus *vor ewigen Zeiten* … gegeben worden ist« (2Tim 1,9-10, Hervorhebung vom Autor). Wörtlich heißt es hier im griechischen Text, dass uns die Gnade »vor den Zeitaltern der Ewigkeit« gewährt worden ist!

Der Text, der vielleicht am deutlichsten beweist, dass Gott von jeher geplant hatte, die Welt zu erlösen, findet sich im Epheserbrief: »vor den Zeitaltern her in Gott, der alle Dinge geschaffen hat, verborgen war; damit jetzt den Gewalten und Mächten in der Himmelswelt durch die Gemeinde die mannigfaltige Weisheit Gottes kundgetan werde, *nach dem ewigen Vorsatz der Zeitalter, den er verwirklicht hat in Christus Jesus*, unserem Herrn« (Eph 3,8-11, Hervorhebung vom Autor).

Sehen Sie hier den Zusammenhang: Der Gott, der alles schuf, plante die Gemeinde, um seine Weisheit zu zeigen, und das war sein »ewiger Vorsatz!« Kein Wunder, dass wir Erlösung und Schöpfung nicht trennen können. Gottes eigentliches Ziel war Erlösung, und die Schöpfung war ein notwendiger Schritt auf dem Weg dorthin. Ohne die Schöpfung hätte es keine Geschöpfe gegeben, die seine Herrlichkeit zeigen. Ohne Gemeinde hätte sich die vielfältige Weisheit der Erlösung nicht darstellen lassen. Die Welt wurde »*durch* ihn und *für* ihn geschaffen«.

Auch wenn wir Mühe haben mit der Tatsache, dass Gott ohne Anfang ist, können wir uns doch daran freuen, dass er die Erlösten schon so lange kennt, wie er existiert. Seit unendlichen Zeiten wusste er, dass er uns Gnade gewähren würde. Um es anders auszudrücken: Wenn Sie zu den Erlösten gehören, dann gab es keine Zeit, zu der Gott Sie nicht geliebt hätte, oder zu der Sie nicht Gegenstand seiner besonderen Pläne gewesen wären. Darum konnte Johannes sagen, dass unsere Namen »von Grundlegung der Welt an« im Buch des Lebens geschrieben stehen (Offb 13,8).

Natürlich ist es für unseren Verstand schwierig zu begreifen, dass Gott von aller Ewigkeit her erwählte, bestimmte und plante. Wichtig ist für uns zu erkennen, dass das Kreuz Christi schon zu Gottes Plan gehörte, ehe es tatsächlich auf Golgatha aufgerichtet wurde. Gott überließ in seinem Universum nichts dem Zufall, er ließ sich nicht auf ein leichtfertiges Spiel ein.

Wenn Sie, lieber Leser, der Meinung sein sollten, dass Sie in Gottes Plan nicht berücksichtigt wurden, wenn Sie sich Gedanken machen, ob Sie zu den Erwählten gehören, von denen Gott schon von aller Ewigkeit her wusste, dann lassen Sie mich Ihnen Mut zusprechen. Sie können herausfinden, ob Gott Ihnen von aller Ewigkeit her Gnade gewährte. Kommen Sie einfach zu Jesus und nehmen Sie ihn im Glauben auf. Setzen Sie ihr gesamtes Vertrauen auf ihn, glauben Sie, dass er Sie auf ewig erretten kann. Er hat versprochen, Sie anzunehmen. Ihr Wunsch, zu ihm zu gehören, ist ausreichend Grund für die Annahme, dass er Sie zu sich gezogen hat (Joh 1,12).

Obwohl die Schöpfung der Erlösung zeitlich vorangeht, war das Wichtigste für Gott immer die Erlösung. Die Schöpfung ist nur die Bühne der Erlösung, sie war das notwendige Bindeglied, um den ewigen Plan durchführen zu können. Und nun werden wir das dritte Glied in der Kette von Gottes Plänen noch deutlicher werden lassen.

Gottes zukünftige Erfüllung

Wir haben betont, dass Gott alles zu seiner Ehre schuf. Und nun kommen wir zu dem Zweck alles dessen: »Er hat uns ja das Geheimnis seines Willens kundgetan nach seinem Wohlgefallen, das er sich vorgenommen hat in sich selbst für die Verwaltung bei der Erfüllung der Zeiten: alles zusammenzufassen in dem Christus, das, was in den Himmeln, und das, was auf der Erde ist – in ihm« (Eph 1,9-10).

Paulus nennt es die »Erfüllung der Zeiten«, d. h. wenn alle Zeitalter dieser Erde vergangen sein werden. Historiker sprechen von verschiedenen Zeitaltern, z. B. dem prähistorischen Zeitalter, dem Mittelalter oder dem Zeitalter des Wassermanns. Ein Ziel entwickelt sich aus dem vorhergehenden, bis der Wille Gottes ganz erfüllt ist. Und wenn alles vorbei ist, wird alles unter der Herrschaft Christi zusammengefasst – nicht der Herrschaft von Buddha oder Mohammed, sondern von Christus.

Wenn man etwas sich selbst überlässt, dann ist die Wahrscheinlichkeit des Zerfalls größer, als die Entstehung von etwas Neuem. Verfall ist Teil der Natur, die Natur strebt dem zufälligen Chaos zu. Das Universum, so heißt es, dehnt sich immer noch weiter aus. Gott wird allem ein Ende setzen und alles unter Christi Herrschaft stellen. Alles auf der Erde ist unter Kontrolle, es gibt nichts, das dem Zufall überlassen wäre. Gott hält die Karten in der Hand. Dass seine Pläne sicher in Erfüllung gehen, sollte uns freuen.

Kennen Sie die Geschichte von dem Mann, der eine Teppich-Fabrik besuchte? Als er dastand und nach oben blickte, konnte er die Unterseite eines großen Teppichs sehen, der weiter oben gewoben wurde. Die Fäden sahen unordentlich verknotet aus. Die verschiedenen Farben kreuzten sich in scheinbar zufälligem Durcheinander. Doch als er eine Leiter hinaufstieg und den Teppich von oben sah, war er erstaunt über die beeindruckenden Muster und ihre harmonische Symmetrie. Die Schönheit der Farben und die vielen Details der Arbeit faszinierten ihn.

Wir sehen vom Leben nur die Unterseite. Wir meinen Fehler zu entdecken und sind sicher, dass nicht mehr alles unter Kontrolle sei, nie könnte der Weber das scheinbar sinnlose Leid der Welt zu einem Muster zusammenfügen. Wir denken, dass nichts all das Leiden rechtfertigen kann, das wir auf diesem Planeten finden. Doch das schöne Muster auf der Oberseite ist uns noch verborgen. Es ist das Bild von Gottes geliebtem Sohn. Sein Plan schlägt nicht fehl.

Fragen zu Gottes großem Plan

War also der Garten Eden nur eine Bühne für Marionetten namens Adam und Eva? Und der Teufel – was blieb ihm übrig, wenn ohnehin alles zu Gottes Plan gehörte? Und hätte man den Holocaust nicht vermeiden können, wenn wirklich alles nach dem göttlichen Plan gelaufen wäre? Können wir einem Gott vertrauen, der das Böse einplante? Solche Fragen schreien nach einer Antwort.

Die Frage des freien Willens

Es gibt eine Geschichte über ein paar Theologen, die über freien Willen und Prädestination diskutierten. Als die Auseinandersetzung hitziger wurde, kristallisierten sich zwei Gruppen heraus. Ein Mann blieb unentschieden, er wollte sich erst keiner der Gruppen anschließen, gesellte sich dann aber doch der Gruppe zu, die für Prädestination eintrat. Als man ihn fragte, was er dort wolle, antwortete er: »Ich bin aus freiem Willen gekommen.«

»Freier Wille! Sie gehören nicht hierher!« entgegneten die Prädestinationsbefürworter. Also ging er zu den Anhängern des »Freien Willens« zurück. Auch sie fragten ihn, warum er die Seite gewechselt habe, und er antwortete: »Ich bin hierher geschickt worden.«

»Raus hier!« empörten sie sich. »Sie können nicht zu uns gehören, wenn Sie nicht aus freiem Willen kommen.« Man ließ den Mann verwirrt draußen stehen.

Die Wechselwirkung zwischen Gottes Willen und dem Willen des Menschen ist seit Jahrhunderten Gegenstand von Diskussionen, und ich möchte nicht so tun als könne ich dieses Geheimnis in ein paar Absätzen lösen. Man muss sogar zugeben, dass sich die Theologen noch nicht einmal über die Definition des Ausdrucks *freier Wille* einig sind. In diesen wenigen Absätzen kann ich nur die Richtung angeben, die eine solche Diskussion nehmen sollte.

Gott schuf uns mit einem Willen. Unsere Vorlieben, unsere Bedürfnisse oder unser Wissen sind Grundlage für unser Handeln. Einer göttlichen Anweisung sind wir uns bei unseren Entscheidungen nicht bewusst. Wenn Sie Pilatus gefragt hätten, warum er dem Tod Jesu zustimmte, hätte er nicht gesagt: »Weil Gott mich überzeugte, dass ich das tun soll.« Er handelte nach seinem eigenen Willen, doch – wir erwähnten das bereits – wies Petrus darauf hin, dass Pilatus und alle anderen Beteiligten nur so handelten, wie Gott es schon zuvor bestimmt hatte. »Sie taten, was deine Hand und dein Ratschluss vorherbestimmt hat, dass es geschehen sollte« (Apg 4,28).

Gott ordnete das Universum so, dass unser Verlangen uns in eine Richtung zieht, dass sein Wille erfüllt wird. Interessanterweise sieht die Bibel keinen Widerspruch zwischen der menschlichen Verantwortung und der göttlichen Vorsehung und Leitung. Derselbe Schriftabschnitt, der lehrt, dass Jesus durch den vorherbestimmten Willen Gottes starb, nennt die Männer, die dieses Urteil durchführten, böse. Sie sind verantwortlich für ihre Handlungen (Apg 2,23).

Vielleicht sollte ich es in diesem Zusammenhang am besten so ausdrücken: Jede Auffassung über den freien Willen, die leugnet, dass Gott unter den Einwohnern der Erde regiert, ist nicht schriftgemäß. Jede Auffassung über die Prädestination, die uns zu Marionetten macht, ist ebenfalls nicht schriftgemäß. Die Bibel zeugt von einer Konvergenz unserer Wünsche, Bestrebungen und Entscheidungen mit dem Willen und Plan Gottes. Sie spielen zusammen, um Gottes Zielen zu dienen. Gottes Beitrag macht die Ereignisse sicher, unser Beitrag bedeutet, dass wir verantwortlich handeln. Ich behandelte dieses Thema an anderer Stelle ausführlicher. [4]

Die Frage des Willens Gottes

Wie können wir behaupten, dass das Böse »dem Willen Gottes« entspricht? Ist es nicht offensichtlich, dass das Böse dem Willen Gottes *entgegengesetzt ist*? Wie kann diese schlimme Welt Plan A sein? Ist das schreckliche Leid in Armenien, im Kosovo, in Ruanda etwa Gottes Wille?

Wir müssen zwischen Gottes offenbartem Willen (der auf der Erde nicht erfüllt wird) und seinem verborgenen Willen unterscheiden. Das Böse auf dieser Welt verletzt alles, was Gott über den Wert des menschlichen Lebens, die Notwendigkeit von Freundlichkeit und die Bedeutung moralischer Reinheit sagte. Gott offenbarte seine Gesetze, die auf diesem Planeten ständig verletzt werden, und etliche Abschnitte beschreiben genau den Willen Gottes für Christen (Röm 12,2; 1Thess 4,3; 5,18). Doch Luther wies darauf hin, dass es auch einen verborgenen Willen Gottes gibt, der immer ausgeführt wird. Diesen geheimen Willen können wir nicht hinterfragen. Er ist einfach ein Grund mehr, ehrfürchtig staunend vor Gott zu stehen.

Wir können an vielen Stellen der Schrift Beweise für diesen übergreifenden, verborgenen Willen Gottes finden. Gott befahl Abraham, Isaak zu opfern, doch der Allmächtige hatte im Geheimen schon geplant, dass der Junge leben sollte (1Mo 22). Gott befahl Mose, dem Pharao zu sagen, dass er das Volk ziehen lassen sollte, doch im Geheimen hatte Gott schon geplant, dass das Herz des Pharao verhärtet werden sollte, so dass er Mose nicht gehorchen werde (2Mo 4,21). Der vielleicht deutlichste Beweis für einen solchen verborgenen Willen findet sich in Römer 9, ein Kapitel, das zu lesen und zu überdenken ich Ihnen sehr empfehle. Als die Heiligen in Rom meinten, dass Gottes Wille versage, versicherte Paulus ihnen, dass Gottes Pläne doch eingehalten würden. Es ist der Töpfer, der »wen er will, begnadigt und wen er will, verhärtet« (V. 18). Es ist der Töpfer, der die »Gefäße des Zorns« erträgt, um »den Reichtum seiner Herrlichkeit an den Gefäßen der Begnadigung kundzutun, die er zur Herrlichkeit vorher bereitet hat« (V. 22-23).

Ich las einmal eine Geschichte, die Gottes geheimen Willen demonstriert: Stellen Sie sich einen Adeligen vor. Sein Besitz ist bepflanzt mit Bäumen. Er liebt seine Bäume, kennt jeden mit Namen und sorgt für sie. Unglücklicherweise hat er einen Feind, der ihm auf jede nur mögliche Art schaden will. Eines Nachts überklettert der Feind den Zaun und fällt den Baum, den er für den Lieblingsbaum des Adeligen hält. Unglücklicherweise ist er so aufgeregt, dass er in die falsche Richtung läuft, als der Baum fällt, der Baum stürzt auf ihn und hält ihn am Boden fest.

Kurz nach Sonnenaufgang sieht der Böse den Adeligen mit einem anderen Mann auf sich zukommen. Er weiß, dass er gestellt wird, doch die Tatsache, dass er den liebsten Baum des Adeligen gefällt hat, erfüllt ihn mit Freude. »Ich habe deinen Lieblingsbaum gefällt«, flüstert er erstickt.

Der Adelige sieht den Bösewicht und sagt: »Heute ist ein Bauunternehmer zu mir gekommen. Ich wusste, dass ich einen Baum fällen muss, um mir ein Sommerhaus zu bauen, und ich kam gerade, um dem Bauunternehmer den bestimmten Baum zu zeigen. Danke, dass Sie meine Arbeit erledigt haben.« (Natürlich wird der Mann für seine Tat entsprechend bestraft, auch wenn sie dem ursprünglichen Plan des Adeligen entsprach.)

Wird Gottes offenbarter Wille auf Erden immer befolgt? Nein, denn böse Menschen tun schreckliche Dinge und beleidigen damit den Allmächtigen. Und doch: gleichgültig, was böse Menschen tun, es fördert immer den ewigen Plan Gottes und letztlich, so schreibt Charles Alexander, »wird das Böse im Rückblick immer ein Sklave der Vorsehung gewesen sein, der etwas Höheres und Besseres hervorbrachte, das ohne das Böse nicht entstanden wäre«. [5] Das war es sicher auch, was Paulus meinte, als er sagte, dass »wir vorherbestimmt waren nach dem Vorsatz dessen, der alles nach dem Rat seines Willens wirkt« (Eph 1,11). Auf diese Weise führt die Rebellion der Geschöpfe letztlich doch zur Erfüllung des Willens und der Pläne des Schöpfers.

Die Frage des Konfliktes

Wenn die Welt Gottes Plan gehorcht, bedeutet das, dass wir unsere Hände in den Schoß legen und das Böse akzeptieren, weil alles Gottes Willen entspricht? Nein, wir sollen nicht passiv sein, weil es Gottes offenbarter Wille ist, das Böse zu bekämpfen, wo immer wir es finden. Ähnlich wie bei den Naturkatastrophen *wird das Böse geschickt, damit wir Gott verherrlichen, indem wir es überwinden.* Wir ehren Gott, wenn wir gegen die Welt, das Fleisch und den Teufel kämpfen.

Voltaire machte es sich leicht, als er eine Satire über »die beste aller möglichen Welten« schrieb. Aus unserer Sicht stimmt das nicht, denn Ungerechtigkeit und Grausamkeit jeder Art treiben prächtige Blüten. Aus Gottes Perspektive wird im Moment jedoch der bestmögliche *Plan* durchgeführt. »Wenn Gott mir seine Allmacht nur für vierundzwanzig Stunden leihen würde, dann würden Sie staunen, welche Veränderungen ich in dieser Welt schaffen würde«, schreib J. Monsabre. »Doch wenn er mir auch noch seine Weisheit gäbe, dann *würde ich alles so lassen, wie es ist*« (Hervorhebung vom Autor). [6] Gut gesagt.

Die Erde ist nicht der bestmögliche Planet, doch vom Standpunkt der Ewigkeit aus gesehen wählte der bestmögliche Architekt die bestmögliche Blaupause. Wenn wir darüber nachdenken – würde ein guter, allmächtiger Gott irgendetwas wählen, das weniger als das Beste ist? Die Tatsache, dass dies immer noch Gottes ursprünglicher Plan ist, bedeutet nicht, dass Gott sich über Ungerechtigkeit und Leiden auf diesem Planeten freut, und wir sollten es auch nicht tun. Ja, zu Plan A gehört das Böse, doch auch der endgültige Erfolg im Kampf dagegen gehört dazu. Dieser Plan ist nur im Licht der Ewigkeit zu verstehen.

Ein Beispiel mag uns helfen. Ist eine Herzoperation mit all ihren Schmerzen die beste aller Erfahrungen? Mein Freund, der gerade eine solche Operation hinter sich gebracht hatte und dabei schwer litt, würde ausrufen: »*Nein*!« Doch wenn wir längerfristig denken, dann lautet die Antwort *ja*, denn die Operation war Hilfe für ein längeres Leben und bessere Gesundheit.

Christen sollten an der vordersten Front stehen, wenn es um den Kampf gegen Rassismus, Armut und um den Schutz der Ungeborenen geht. Darüber hinaus sollten wir bereit sein, dem Beispiel unseres Retters zu folgen und unser Leben für andere hingeben. Der endgültige Sieg der Gerechtigkeit Gottes, seiner Liebe und seiner souveränen Herrschaft ist ein wesentlicher Teil von Plan A. Deshalb wehren wir dem Teufel, deshalb kämpfen wir in der Waffenrüstung Gottes, deshalb stehen wir gegen Unrecht auf und identifizieren uns mit dem Leid der Menschheit, so wie Jesus es tat. Wir sind mit dem gegenwärtigen Zustand nicht zufrieden. Wir wollen diese Welt zu einer besseren Welt machen.

Wer Gottes Souveränität als Ausrede für mangelnden Einsatz in der Schlacht gegen den Teufel missbraucht, lässt biblisch gesehen die Ausgewogenheit außer Acht. Er vergisst, dass Gottes Souveränität den Kampf zwischen Gut und Böse gutheißt, und dass Gott verherrlicht wird, wenn wir uns in diesem Kampf auf Gottes Seite schlagen.

Die Frage des Vertrauens

Können wir Gott vertrauen? Nehmen wir diese Frage mit in den Kosovo und fragen wir ein Kind, dessen Eltern im Bürgerkrieg umkamen. Fragen wir Juden, die die Konzentrationslager überlebten, ob ein guter Gott den bestmöglichen Plan für diese Welt wählte. Sprechen wir mit Eltern, deren Kinder unter einem Dutzend verschiedener Krankheiten leiden, ob sie meinen, dass Gottes Plan gut ist. Fragen wir misshandelte Kinder, ob sie Gottes Plan für gerecht und richtig halten.

Hätte Gott seine Welt nicht etwas sorgfältiger aussuchen können? Ist ein Gott vertrauenswürdig, dessen Plan so viel Schmerz für so viele von uns mit sich bringt und der für Millionen das Gericht und ewige Hölle vorsieht?

Ja, er ist vertrauenswürdig.

Der einzige Grund, weshalb wir ihm unser Vertrauen entgegenbringen können, ist das Wissen, dass er regiert. Deshalb muss er einen guten Grund haben, dass er all dem Bösen erlaubt, in die Welt zu kommen. Er muss einen guten Zweck verfolgt haben, als er das Böse zum Teil seines ewigen Planes machte. Denn es ist Tatsache, dass nur ein Gott vertrauenswürdig ist, der sich des guten Ausgangs seiner Pläne sicher ist. Nur weil seine Souveränität sich auf jeden Teil der Geschichte erstreckt, können wir darauf vertrauen, dass das Böse schließlich durch ein höheres Gutes ersetzt wird.

Deshalb stehen wir vor der Wahl: Entweder haben wir einen Gott, der als interessierter Zuschauer fungiert und in seiner Handlungsfähigkeit durch seine

Geschöpfe beschränkt wird; oder wir haben einen Gott, dessen Plan für diese Welt die erste Wahl ist. Wenn Sie das Letztere annehmen, dann können Sie vertrauen, dass jedes kleinste Detail auf diesem Planeten eine Bedeutung hat. Alles Böse wird mit göttlicher Gerechtigkeit bestraft. Alles Gute wird nach seinem Wert belohnt. *Wir können darauf vertrauen, dass es einen moralisch ausreichenden Grund für das Böse gibt, selbst wenn dieser Grund nur Gott allein bekannt ist.*

Vielleicht widersprechen Sie dem, was ich in diesem Kapitel geschrieben habe, und sind trotz allem der Meinung, dass der Fall des Menschen Gottes ursprünglichen Plan tatsächlich zerstörte. Wenn Sie sich so entscheiden, sind die Konsequenzen beängstigend. Ich finde es wesentlich schwieriger, einem Gott zu vertrauen, der auf einen Plan B ausweichen musste, weil Plan A fehlschlug. Wenn wirklich etwas geschah, das nicht zu seinem Plan gehörte, dann könnten in Zukunft noch mehr ungeplante Ereignisse eintreten. Viel besser kann ich einem Gott vertrauen, der von Anfang an einen Plan hatte, der nicht geändert werden musste. Eines Tages wird Gott uns vielleicht erklären, wie von seinem göttlichen Standpunkt aus selbst das scheinbar sinnlose Böse im Leben Sinn hatte. Sie sehen, wenn ich Gottes Kontrolle über die Welt vermindere, fördere ich den Glauben nicht. Je mehr Macht ich Gott zutraue, desto größer wird mein Glaube, dass er alles zum Abschluss bringen wird. Nur wenn Gott über alles vollkommen herrscht, kann ich hoffen.

Um es deutlich zu sagen: Das scheinbar sinnlose Böse hat nur dann einen Zweck, wenn es Teil von Gottes Plan ist. Ein Flugzeug voller Menschen, die in einem kriegsgeschüttelten Land Flüchtlingen helfen wollen, stürzt ab – sind die bedürftigen Flüchtlinge Gott gleichgültig? Nach dem Erdbeben in der Türkei regnete es ausgiebig, was die Bemühungen der Überlebenden, ihre Verwandten zu finden und sich zu versorgen, erschwerte. Ein bestochener Richter spricht einem Vater, der sein Kind missbraucht, das Sorgerecht über dieses Kind zu. Es gibt Tausende solcher Ereignisse, die von unserem Standpunkt aus betrachtet sinnlos und schlecht sind. Und doch ist diese gefallene Welt Teil von Gottes Plan, und wir dürfen sicher sein, dass hinter allem ein Zweck steht. Kein einziges Ereignis findet statt, das zum Schluss nicht zu rechtfertigen wäre.

Rachel, die Tochter von Darrell Scott, wurde in dem Massaker an der Columbine High School ermordet. Er nimmt diese Tatsache zur Kenntnis. Er kocht nicht vor Wut. Nach Aussagen des *Time* Magazins fanden Darrell und seine Familie Befreiung von der Verzweiflung. »Für sie war Rachel eine christliche Märtyrerin – *ihr Tod war eine Tat Gottes*, die eine geistliche Revolution bei den jungen Leuten in Gang setzen sollte« (Hervorhebung vom Autor). [7] Wir brauchen kaum daran zu erinnern, dass Gott nichts Böses tut. Doch wenn der Tod Christi »eine Tat Gottes« war, die von bösen Menschen ausgeführt wurde, dann kann man den Tod einer jungen Frau, der durch böse Teenager herbeigeführt wurde, genauso bezeichnen. Nur wenn Gott souverän ist, haben wir die Hoffnung, dass das Böse in der Welt Gottes Pläne vorantreibt.

Eines Tages mähte ich gerade den Rasen, als ich ein paar Zeilen eines Briefes sah, der in unseren Garten geweht wurde. Ich konnte einige Sätze entziffern; es ging um eine gescheiterte Freundschaft zwischen Verfasser und Adressat. Ich verstand ein wenig, was vorgegangen war, aber ehrlich gesagt, natürlich nicht alles. Ich hätte den Rest des Briefes gebraucht, die Einzelheiten des Anfangs und das Ende. Ich hätte den Zusammenhang gebraucht.

Genauso ist es mit Gottes Plänen. Wir haben sein Wort, welches verlässlich, aber unvollständig ist. Wir wissen genug, um glauben zu können, aber nicht genug, um alles verstehen zu können. Wir verstehen genug zum Leben, aber nicht genug, um Erklärungen abgeben zu können. Unser Leben ist auf eine einzelne Szene des Dramas beschränkt. Das ganze Stück ist uns unbekannt. Wir wissen, wer gewinnen wird, aber wir wissen nicht, warum etwas geschieht. Wir können hundert Fragen stellen, doch die Bibel schweigt dazu. Wie Charles Swindoll sagt, Glaube an die Souveränität Gottes »nimmt mir nicht meine Fragen, aber er befreit mich von der Angst«. [8]

Hier beugen wir uns vor unserem Schöpfer und geben demütig zu, dass wir über ihn vieles nicht wissen. Gott hat das Recht, nur einen Teil seines Willens zu offenbaren. Wir haben nur Einblick in Dinge, die er uns offenbarte, dass er souverän, liebevoll und weise ist. Ja, wir hätten es sicher anders gemacht, doch wie die Bibel sagt, hat Gott keine Ratgeber, mit denen er seine nächsten Schritte bespricht. Wir können uns nur freuen, dass die Triebfeder für alle seine Entscheidungen unendliche Liebe und Gerechtigkeit sind.

Was wäre, wenn Gott eine Gruppe von Menschen haben wollte, die ihm vertrauten, selbst wenn seine Wege »unausforschlich« sind? Was wäre, wenn er wollte, dass wir glauben, dass er gut ist, selbst wenn es scheinbar so viel Beweise für das Gegenteil gibt? Angesichts Gottes unerforschlicher Wege schreibt Petrus: »Darin frohlockt ihr, die ihr jetzt eine kleine Zeit, wenn es nötig ist, in mancherlei Anfechtungen betrübt worden seid, damit die Bewährung eures Glaubens viel kostbarer erfunden wird als die des vergänglichen Goldes, das aber durch Feuer erprobt wird, zu Lob und Herrlichkeit und Ehre in der Offenbarung Jesu Christi« (1Petr 1,6-7).

Letztendlich müssen wir Gott anbetend zu Füßen fallen. Die Bibel beginnt mit der Verkündigung: »Im Anfang schuf Gott die Himmel und die Erde« (1Mo 1,1). Gegen Ende lesen wir: »Der Herr, unser Gott, der Allmächtige, regiert« (Offb 19,6, nach einer englischen Übersetzung). Zwischen diesen Seiten finden wir die Bestätigung, dass wir einem Gott dienen, der keine Fehler macht.

Persönliche Reaktion

Stellen wir uns vor, wir sind im Himmel, blicken auf den Planeten Erde zurück, und betrachten das Drama von ein paar tausend Jahren Leben auf der Erde.

Wir wundern uns, wie klein die Erde ist, verglichen mit den Milliarden von Sternen im fernen Universum. Und doch fand auf diesem Sandkorn der Kampf zwischen Gut und Böse, zwischen Licht und Finsternis sein herrliches Ende. Mit den Engeln rufen wir:

> Amen! Den Lobpreis und die Herrlichkeit und die Weisheit und die Danksagung und die Ehre und die Macht und die Stärke unserem Gott in Ewigkeit! Amen! (Offb 7,12).

Erst dann werden wir verstehen, dass Gott alles gut gemacht hat.

Bis es soweit sein wird, freuen wir uns in Anbetung und glauben, dass Gottes Wille und Wege gerecht und gut sind. Als Paulus über die Pläne Gottes sprach, schloss er mit einem atemberaubenden Lob Gottes und erinnerte uns daran, dass wir immer nur einen winzigen Bruchteil seiner Pläne erkennen können. Wir beten ihn für alles an – sowohl für unser Wissen, als auch für die Geheimnisse, die wir nicht ergründen können. Gottes Wege, sagt Paulus, sind »unausforschlich«.

> O Tiefe des Reichtums, sowohl der Weisheit als auch der Erkenntnis Gottes! Wie unausforschlich sind seine Gerichte und unausspürbar seine Wege! Denn wer hat des Herrn Sinn erkannt, oder wer ist sein Mitberater gewesen? Oder wer hat ihm vorher gegeben, und es wird ihm vergolten werden? Denn von ihm und durch ihn und für ihn sind alle Dinge! Ihm sei die Herrlichkeit in Ewigkeit! Amen (Röm 11,33-36).

Wir wollen diese letzten Zeilen bedenken: »Denn *von* ihm [Schöpfung] und *durch* ihn [Erlösung] und *für* ihn [Vollendung] sind alle Dinge.«

Ja, ihm sei die Ehre in Ewigkeit – Amen!

9. Lüge

Gott kann sich nicht gleichzeitig mit uns freuen

Soll ich Gott gefallen oder mir selbst? In der Moody-Gemeinde befragen wir zukünftige Diakone, um herauszufinden, ob sie für den Dienst geeignet sind. Unsere Gemeindeordnung schreibt eine Reihe von Fragen vor, darunter die folgende: »Widerstehen Sie allen fragwürdigen oder sinnlichen Vergnügungen, die Ihre Gemeinschaft mit Christus untergraben könnten – sowohl in der Theorie als auch in der Praxis?« Ein Kandidat antwortete: »Ja, ich widerstehe allem. Meine Ehe ist ziemlich langweilig.«

Obwohl andere es vielleicht ein bisschen diplomatischer ausdrücken würden, spiegelte seine Antwort doch die Geisteshaltung vieler falsch informierter Christen wider: Entweder wir haben unser Vergnügen, oder wir erfreuen Gott durch unseren Gehorsam, aber beides gleichzeitig geht nicht. Man hat die Wahl zwischen persönlichem Glück und Pflichterfüllung; entweder man nimmt sich die Freiheit zu tun was Spaß macht, oder man quält sich in endloser Schinderei. Ein Christ sagte mir, dass er einen Pullover nicht deshalb kaufe, weil er ihm gefalle. Derselbe Mann sagt manchmal: »Es stimmt etwas nicht mit mir, ich habe lange nicht geweint.« Für ihn war jedes Vergnügen Sünde; endlose Selbstkasteiung und Langeweile hielt er für die unabdingbaren Hauptbestandteile des christlichen Lebens.

»Ich lebe schließlich nur einmal, deshalb nehme ich alles Glück das ich bekommen kann«, sagte ein anderer junger Mann zu mir. Ich versuchte ihm klarzumachen, dass trinken und huren ihn nirgendwohin führen werden. Er sollte Jesus als Retter annehmen und sich mit Gott versöhnen lassen. Doch der leiseste Hinweis, dass er von seinem Vergnügen ablassen und sich Gott zuwenden sollte, provozierte die folgende Antwort: »Was soll ich denn tun? Zu Hause sitzen und Filme aus den sechziger Jahren ansehen?« Er wollte das, was er für sein Vergnügen hielt, nicht durch Langeweile ersetzen. Gott, so dachte er, würde ihm alles verbieten, was Spaß macht.

»Kann ich nicht ein schönes Leben führen und Jesus kurz vor meinem Tod annehmen?« fragte mich ein Alkoholiker. Auch er dachte, dass er gegen sein »schönes Leben« etwas sehr viel Schlechteres eintauschen würde, wenn er Jesus als seinen Retter annehmen würde. Seine Flasche gegen Gott einzutauschen bedeutete für ihn Verlust.

Der Zweck dieses Kapitels ist es zu zeigen, dass Gott durchaus Freuden kennt und auch wir uns freuen dürfen. Die Bibel verwehrt uns nicht jedes Vergnügen, sondern fordert uns sogar auf, nach den höchsten Freuden zu streben: »Habe deine Lust am Herrn, so wird er dir geben, was dein Herz begehrt« (Ps 37,4). Gott will unsere Wünsche nicht ignorieren, sondern erfüllen. Ich hoffe, es gelingt mir zu zeigen, dass wir unsere ureigensten Bedürfnisse erfüllen, indem wir Gott gefallen. Es ist ein gutes Gefühl, wenn man weiß, dass man sich nicht entscheiden braucht, ob man Gott oder sich selbst an die erste Stelle setzt. *Wer Gott an die erste Stelle setzt, setzt sich damit selbst an die erste Stelle.*

Ich verdanke zwei Büchern von John Piper (*Desiring God* – »Verlangen nach Gott« und *Pleasures of God* – »Gottes Vergnügungen«) sehr viele Einsichten, die ich in dieses Kapitel einfließen ließ. Ich empfehle diese Bücher sehr zum eingehenden Studium. [1]

Eine Schlussfolgerung zog ich aus dem Studium dieser Bücher: Wir können alle Lehren über Gott studieren, doch unser Verlangen und Suchen nach ihm selber muss das Ziel unseres Studiums sein.

Fünf Glieder in der Kette der Freude

Wenn wir unsere Freude in Gott suchen, kann er uns nur Freude schenken, die aus ihm selbst kommt. Die folgenden fünf Aussagen sind Glieder einer Kette, die uns zu persönlichem Glück und zur persönlichen Erfüllung führen sollen. Sie zeigen, dass unsere Suche nach Sinn und Glück ihren Ursprung im Wesen Gottes hat. Die Annahme, dass die Erkenntnis Gottes zur Langeweile führt, ist so weit von der Wahrheit entfernt, wie nur möglich.

Bemerkung: Ziehen Sie bitte keine vorschnellen Schlüsse aus dem Gesagten, bis Sie verstanden haben, wie die Kettenglieder miteinander verbunden sind. Wir werden zeigen, wie die Freude im Charakter Gottes verankert ist, und das wird die Basis für unsere eigene geistliche Freude sein. Eine Wahrheit baut auf der vorhergehenden auf, bis wir deutlicher sehen, dass wir Gott Freude bereiten, wenn wir unsere Freude in ihm finden.

Gott selbst kennt viele Vergnügungen

»Die gute Nachricht lautet, dass Gott wunderbar glücklich ist«, schreibt John Piper. »Niemand würde die Ewigkeit mit einem unglücklichen Gott verbringen wollen.« [2] Die unkontrollierbaren Wendungen und Wege des Lebens frustrieren uns oft in unserem Streben nach Glück. Der Beruf, den wir gewählt haben, hält nicht, was er versprach; bei dem Partner, den wir geheiratet haben, wird eine Krankheit diagnostiziert, deren Namen wir kaum aussprechen können, und unser Urlaub wird durch schlechtes Wetter verdorben. Jeder Tag führt uns vor Augen, dass unsere besten Pläne von Dutzenden unvorhersehbarer Ereignisse durchkreuzt werden.

Versuchen Sie sich für einen Augenblick vorzustellen, wie es sein würde, wenn Sie Gott wären. Sie sind allmächtig, nichts kann Sie besiegen; Sie sind allwissend, so dass niemand Sie betrügen kann; Sie sind allgegenwärtig, so dass nichts Sie überdauern kann. Offensichtlich haben Sie alle Voraussetzungen, um glücklich zu sein!

Fügt man dem noch Weisheit, Güte, Herrlichkeit und Schönheit hinzu, dann sieht man ein, dass Gottes Bedürfnisse immer erfüllt werden. »Unser Gott ist in den Himmeln; alles, was ihm wohlgefällt, tut er« (Ps 115,3). Stellen Sie sich vor, Sie wären in der Lage, zu tun, was immer Sie wollen! Kein Wunder, dass Gott glücklich ist!

Woran hat Gott Freude? Zuallererst an seinem Sohn: »Dieser ist mein geliebter Sohn, an welchem ich Wohlgefallen gefunden habe. Ihn hört« (Mt 17,5). Jesaja zitiert Gott: »Siehe, mein Knecht, den ich halte, mein Auserwählter, an dem meine Seele Wohlgefallen hat« (Jes 42,1). Paulus gibt Gottes Freude an seinem Sohn so wieder: »Denn es gefiel der ganzen Fülle der Gottheit, in ihm zu wohnen« (Kol 1,19).

Die Freude des Vaters am Sohn besteht, seit Gott existiert und wird für immer bestehen bleiben. »Wenn Gott über irgendetwas begeistert ist, ... dann über seinen Sohn. Diese Begeisterung wird sich nie ändern, wird sich nie abkühlen. Sie brennt mit unvorstellbarem Eifer und unbegreiflicher Glut.« [3] Jonathan Edwards hatte Recht: »Das unendliche Glücklichsein des Vaters besteht in der Freude an seinem Sohn.« Wir sprachen schon darüber, dass Gott uns nicht offenbarte, was er vor der Erschaffung der Welt tat, aber eines ist sicher: Er freute sich an dem Sohn und sie genossen zur großen gegenseitigen Befriedigung ihre Gemeinschaft.

Zweitens freut sich Gott an seiner Schöpfung. »Und Gott sah alles, was er gemacht hatte, und siehe, es war sehr gut« (1Mo 1,31). Er war zufrieden mit seinem Werk, das er so mühelos hervorgebracht hatte. Der Psalmist weiß, dass die Herrlichkeit des Herrn ewig währt und betet, dass der Herr »sich seiner Werke freuen« möge (Ps 104,31).

Gott fragte Hiob, ob er verstehe, was nötig war, um die Welt zu schaffen: »Worauf sind ihre Sockel eingesetzt? Oder wer hat ihren Eckstein gelegt, als die Morgensterne miteinander jubelten und alle Söhne Gottes jauchzten?« (Hiob 38,6-7). Offensichtlich hatte Gott die Engel geschaffen, ehe er das Universum schuf, so dass es bei diesem Ereignis Publikum gab. Stellen Sie sich die Freude der Engel vor, als die Galaxien entstanden! Wenn diese Wesen ihre Eigenschaften von Gott erhielten, dann können wir sicher sein, dass der Allmächtige sich mit ihnen freute. John Piper sagt, wir können uns fast vorstellen, wie Gott sagt: »Seht her!« und die himmlischen Heerscharen in begeisterten Applaus ausbrechen. [4]

Als Gott das Gebot gab: »Du sollst keine anderen Götter haben neben mir« (2Mo 20,3), da galt dieses Gebot auch für ihn selbst. Wenn er sein Hauptvergnügen in jemand anderem finden würde, dann würde er sich des Götzendienstes schuldig machen, deshalb liegt sein Vergnügen in ihm selbst begründet. Aber er kann sich über seine Schöpfung freuen, weil sie Ausdruck seiner Herrlichkeit ist: »Die Himmel erzählen die Herrlichkeit Gottes, und das Himmelsgewölbe verkündet seiner Hände Werk. Ein Tag sprudelt dem anderen Kunde zu, und eine Nacht meldet der anderen Kenntnis« (Ps 19,2-3). Tag und Nacht ruft die Schöpfung: »Gott ist herrlich, Gott ist herrlich!«

Gott freut sich auch über die Werke seiner Schöpfung, weil sie ihn preisen (Ps 103,22). Die Lebewesen im Ozean preisen ihn in »allen Tiefen des Meeres« (Ps 148,7, Luther 1984). Er freut sich an den verborgenen Geheimnissen des Meeres, selbst wenn kein Mensch sie je entdeckt.

Vater und Sohn wirkten bei der Schöpfung zusammen (Kol 1,16). Nicht das Empfinden eines Mangels motivierte sie, etwas zu erschaffen; das Universum ist einfach der Ausdruck ihrer gemeinsamen Freude. »Sohn und Vater werden in der Schöpfung gleich verherrlicht, weil die Schöpfung ein Überfließen der Freude ist, die sie aneinander hatten.« [5]

So wie Gott sich an der Schöpfung erfreut, können auch wir uns freuen. Das Wesen des Götzendienstes besteht darin, den Schöpfer durch die Geschöpfe zu ersetzen, doch wir sind keine Götzendiener, wenn wir die Schöpfung als Ausdruck von Gottes Herrlichkeit und Macht ansehen. Die Wunderwerke Gottes führen uns zu der Überlegung: Wenn die Schöpfung schon herrlich ist, wie viel größer ist dann die Herrlichkeit des Schöpfers!

Gott freut sich auch über sein Volk. »Er leitet mich in Pfaden der Gerechtigkeit um seines Namens willen« (Ps 23,3). Der wichtigste Grund, aus dem Gott sich persönlich für das Leben seines Volkes engagiert, ist sein Ruf. Das bestätigt John Piper: »Gottes große Liebe gilt dem Wert seines heiligen Namens, nicht dem Wert von sündigen Menschen.« [6] Und doch freut er sich daran, seinem Volk Gutes zu tun: »Der Herr, dein Gott, ist in deiner Mitte, ein Held, der rettet; er freut sich über dich in Fröhlichkeit, er schweigt in seiner Liebe, er jauchzt über dich mit Jubel« (Zeph 3,17). Und wieder freut sich Gott ausnahmslos deshalb an uns, weil wir ihm Ehre bringen. Er ist selbstbezogen, weil es über ihm niemanden gibt, dem er seine Existenz oder seinen Erfolg verdankt.

Gott findet sehr viel, über das er sich freuen kann.

Doch ist er immer glücklich? Gibt es nicht vieles auf der Welt, das ihn traurig macht? Viele Abschnitte der Bibel sprechen von einem zornigen Gott. In der Tat, »Gott ist ein gerechter Richter und ein strafender Gott an jedem Tag« (Ps 7,11). Es gibt Dinge, die ihm keinerlei Freude bereiten: »Sollte ich wirklich Gefallen haben am Tod des Gottlosen, spricht der Herr, nicht vielmehr daran, dass er von seinen Wegen umkehrt und lebt? ... Denn ich habe keinen Gefallen am Tod dessen, der sterben muss, spricht der Herr« (Hes 18,23.32). Bei Vers 32 drängt sich die Frage auf, ob Gott sich immer freut. Wenn es Ereignisse gibt, die ihn bedrücken, ist er dann nicht im Unglücklich-Sein gefangen? [7]

John Piper findet die Antwort in dem »unendlich komplexen Gefühlsleben Gottes«. Einerseits trauert Gott über den Tod der Bösen und über die Auflehnung der Menschheit. Doch wenn er alle Ereignisse bedenkt, die zu der Rebellion führten und aus ihr folgen werden, dann ist er zufrieden. Mose warnte vor dem kommenden Gericht und sagte: »Wie der Herr sich über euch freute, euch Gutes zu tun und euch zahlreich werden zu lassen, so wird der Herr sich über euch freuen, euch zugrunde zu richten und euch zu vernichten« (5Mo 28,63). Derselbe Psalm beschreibt interessanterweise, dass er »alles, was ihm wohlgefällt, tut«, wie Gott sowohl die Ägypter als auch »starke Könige« niederschlug (Ps 135,6-12). Solche Gerichte freuen ihn wegen seines Verlangens nach Gerechtigkeit und gerechter Bestrafung. Kurz gesagt, Gott ist nie gezwungen, etwas zu tun, das ihm nicht gefällt. Letztendlich macht ihm sein gesamtes Werk Freude. [8]

Gott ist ein glücklicher Gott.

Gott hat uns um seiner Freude willen geschaffen

Es wäre seltsam, wenn unser Schöpfer Freude empfinden kann und uns keine Freude gönnen würde. Können wir uns einen Vater im Himmel vorstellen, der sich freut, während er uns jedes Vergnügen madig macht? Er hat uns so geschaffen, dass wir ein Verlangen nach Vergnügen haben, wir können ja gar nicht anders handeln.

Vielleicht gelang es niemandem, mit mehr Überzeugung von unserer Frustration bei der Suche nach Glück zu schreiben als Blaise Pascal. Trotz beharrlicher Suche finden wir das Glück nicht in den Dingen, die uns Erfüllung versprechen. Als er über die menschliche Natur sprach, schrieb Pascal: »Sie will groß sein und sieht doch, dass sie nur klein ist. Sie will glücklich sein und merkt, dass sie elend ist. Sie will vollkommen sein und erkennt die eigenen Unvollkommenheiten. Sie will das Objekt der Liebe und Wertschätzung anderer sein und merkt, dass ihre Fehler nur Ablehnung und Verachtung verdienen.« [9] Unser Problem besteht nicht darin, dass wir nach Glück suchen, sondern dass wir es an den verkehrten Stellen suchen.

Pascal behauptet: »Ausnahmslos jeder sucht nach Glück. Obwohl man verschiedene Mittel benutzt, steuern alle auf dasselbe Ziel zu. Die einen führen Kriege, um es zu erreichen, und andere lassen sich etwas anderes einfallen. In der Sehnsucht nach Glück liegt das Motiv für alle Taten der Menschen begründet, einschließlich derer, die sich erhängen.« [10] Die Gegenwart, so schreibt er weiter, kann uns nie befriedigen. Auch wenn eine momentane Erfahrung uns Erfüllung verspricht, suchen wir eine Sackgasse nach der anderen ab, bis uns endlich der Tod einholt. Pascal meinte bestimmt nicht, dass es falsch sei, Glück anzustreben. Es ist sogar notwendig. Doch unser Durst nach Glück muss uns zu dem richtigen Ziel führen.

C. S. Lewis denkt hier ähnlich. Er sagt, dass Gott uns unser Verlangen nach Glück schenkt.

> Wenn in den meisten modernen Köpfen die Vorstellung spukt, dass das Streben nach unserem eigenen Glück und die ernste Hoffnung auf Genuss etwas Schlechtes ist, dann möchte ich hier einbringen, dass diese Vorstellung sich von Kant und den Stoikern her eingeschlichen hat und kein Bestandteil des christlichen Glaubens ist. Wenn wir nämlich die Versprechungen über Belohnung und das atemberaubende Wesen der verheißenen Belohnung in den Evangelien erkennen, dann scheint unser Herr unser Verlangen nicht zu stark, sondern zu schwach zu finden. Wir sind halbherzige Geschöpfe, die mit Alkohol, Sex und Ehrgeiz spielen, während uns eine unendliche Freude angeboten wird; wie ein unwissendes Kind, das lieber weiter Sandkuchen in einem heruntergekommenen Sandkasten bäckt, weil es sich nicht vorstellen kann, was mit einem Angebot für einen Urlaub am Meer überhaupt gemeint ist. Wir geben uns viel zu schnell zufrieden. [11]

Niemand sucht das Elend. Ich habe viele Ehepaare getraut, aber noch nie hörte ich eine Braut oder einen Bräutigam sagen: »Wir heiraten, weil wir unglücklich werden wollen.« Selbst Leute, die wissen, dass sie besser nicht heiraten sollten, tun es in der Hoffnung, dass der Schmerz einer Ehe weniger schlimm sein wird als der Schmerz eines einsamen Lebens. Ja, Pascal hatte Recht: Ein Mensch begeht Selbstmord, weil er glaubt, dass der Schmerz jenseits des Grabes weniger schlimm sein wird als der, den er jetzt zu ertragen hat.

Denken Sie einmal über Strategien nach, mit denen wir Schmerz minimieren und Vergnügen maximieren. Wir unterziehen uns einer Operation in der Hoffnung, dass wir uns nachher besser fühlen werden. Wir wählen einen Beruf, den wir nicht mögen, weil wir glauben, dass das magere Einkommen, das er uns bringt, besser ist als das Verhungern. Der Mann, der Ehebruch begeht, tut das in der Absicht, sein Glück zu vermehren und meint, dass er den Schmerz minimieren kann, indem er sein Tun geheim hält. Der hingegebene Sonntagsschullehrer bereitet sich sorgfältig auf seine Lektion vor, weil er glaubt, dass das seinen Schülern am meisten Glück und Nutzen bringt; außerdem hat er selbst die Befriedigung, eine Aufgabe gut erledigt zu haben. Ob Christen, Muslime, Juden oder Atheisten – wir alle versuchen, Schmerz zu meiden und unser Vergnügen zu mehren.

Gott sehnt sich nach Freude und legte diese Sehnsucht auch in uns hinein. Wir sind zwar nach seinem Bild geschaffen, verfolgen aber unsere eigenen Interessen und kalkulieren, was uns am besten tut. Gottes Suche nach Freude endet nie in einer Sackgasse.

Wir sind anfällig für seichte Vergnügungen

Im Garten Eden genossen Adam und Eva zwei besondere Arten des Vergnügens: Sie kannten Gott und lebten mit ihm. Es schien verlockend, von dem verbotenen Baum zu essen. »Und die Frau sah, dass der Baum gut zur Speise und dass er eine Lust für die Augen und dass der Baum begehrenswert war, Einsicht zu geben; und sie nahm von seiner Frucht und aß« (1Mo 3,6). Der Baum war gut, weil alles gut ist, was Gott geschaffen hat. Das Problem bestand darin, dass Gott ihnen befohlen hatte, nicht davon zu essen. Unsere Ureltern standen vor der Wahl: Welche Variante würde ihnen am meisten Vergnügen bereiten? Nach ihrer Vorstellung würde ihnen das Essen mehr Vergnügen bereiten als das Nichtessen. Weisheit zu erlangen wäre angenehmer als ohne Weisheit weiterzuleben. Weil sie die Konsequenzen ihres Ungehorsams nicht abschätzen konnten, brachten sie über sich und über die Welt viel Unglück. Der Ungehorsam, von dem sie meinten, er würde ihr Glück vermehren, maximierte stattdessen ihr Leid.

Wie Adam und Eva war auch Mose auf der Suche nach dem Glück, aber er beschloss, es im Gehorsam zu finden. »Durch den Glauben weigerte sich Mose, als er groß geworden war, ein Sohn der Tochter Pharaos zu heißen, und zog es vor, lieber mit dem Volk Gottes Ungemach zu leiden, als den zeitlichen Genuss der Sünde zu haben, indem er die Schmach des Christus für größeren Reichtum hielt als die Schätze Ägyptens, denn er schaute auf die Belohnung« (Hebr 11,24-26).

Mose bedachte seine Wahlmöglichkeiten: *Soll ich die Freude der Sünde suchen, oder die Freude Gottes, die »ewige Belohnung«?* Jedenfalls motivierte ihn die Überlegung, welche Entscheidung ihm den größeren Gewinn und die meiste Freude bereiten würde. Er wandte sich von dem vergänglichen Vergnügen der Sünde ab und wählte die dauerhafte Freude, die jeder erlebt, der Gottes Wegen folgt.

Jesus tat dasselbe. »Lasst uns hinschauen auf Jesus, den Anfänger und Vollender des Glaubens, der um der vor ihm liegenden Freude willen die Schande nicht achtete und das Kreuz erduldete und sich gesetzt hat zur Rechten des Thrones Gottes« (Hebr 12,2). Jesus wusste, dass die zukünftige Freude größer sein würde als der gegenwärtige Schmerz. Ja, er hätte Unmengen von Engeln rufen können, und sie hätten ihn aus seinem gegenwärtigen Leid befreit, aber er wollte die größere Freude nicht verwirken, die auf seinen Gehorsam folgte.

Den Schöpfer durch die Schöpfung ersetzen bedeutet, die geringere Freude zu wählen. Sehr schnell werden wir zu Götzendienern, wenn wir die zeitlichen Freuden des Lebens dem ewigen Gott vorziehen. Die Freuden dieser Welt und die Freuden Gottes locken uns mit denselben Versprechungen und werben um unsere Loyalität. Doch weltliche Freuden können ihre Versprechungen nicht einhalten.

Was ist das Kennzeichen weltlicher Vergnügungen? Sie sind zerbrechlich und vergänglich; im selben Augenblick, in dem wir denken, dass wir sie ergriffen haben, zerrinnen sie uns zwischen den Fingern. D. L. Moody, der die Gemeinde gründete, in der ich als Hauptpastor diene, hatte einen Lieblingsvers, der zwei verschiedene Arten des Vergnügens einander gegenüberstellt: »Die Welt vergeht und ihre Lust; wer aber den Willen Gottes tut, bleibt in Ewigkeit« (1Joh 2,17). Selbst wenn es uns gelingt, der Welt ein paar vergnügliche Jahre abzujagen, indem wir unsere Begierden nach Wunsch befriedigen, wird diese Zeit nur allzu schnell der Vergangenheit angehören. Robert Burns hatte Recht:

Vergnügen gleicht verstreuten Mohnblumen –
Man ergreift sie – und ihre Blütenblätter fallen
Vergnügen gleicht einer Schneeflocke auf dem Fluss –
Eben noch war sie weiß, schon ist sie für immer geschmolzen. [12]

Weltliche Vergnügen beanspruchen den Platz Gottes. Doch sie erfüllen unsere Erwartungen nicht. Luther sah das realistisch: »Niemand sündigt, außer, er denkt falsch von Gott.« Sicherlich hätten Adam und Eva nicht gesündigt, wenn sie geglaubt hätten, dass Gott gut ist. Die sinnlichen Vergnügen wollen uns einreden: »Gott erfüllt meine Bedürfnisse nicht! Gott erfüllt meine Bedürfnisse nicht!« Um noch einmal Piper zu zitieren: »Sünde ist das, was wir dann tun, wenn wir mit Gott unzufrieden sind – Sünde lockt uns mit dem Versprechen des Glücks.« [13]

Weltliche Vergnügungen versprechen uns die Freiheit, bringen uns aber Sklaverei. Wir wollen hören, was Jesus dazu sagt: »Wahrlich, wahrlich, ich sage euch: Jeder, der die Sünde tut, ist der Sünde Sklave. Der Sklave aber bleibt nicht für immer im Haus; der Sohn bleibt für immer« (Joh 8,34-35). Es ist nicht die Aufgabe von Bediensteten, morgens aufzustehen und Anweisungen zu geben – das ist den Herren vorbehalten. Sündhaftes Vergnügen gibt uns eine Illusion von Freiheit, aber es ist die schlimmste Form der Knechtschaft.

Zu Weihnachten sah ich einmal ein Kind in seinem Buggy sitzen. Eifrig kurbelte es an seinem Spielzeuglenkrad nach rechts, während sein Wagen nach links geschoben wurde. Das kümmerliche Lenkrad war mit nichts von Bedeutung verbunden. Das Kind konnte wütend in die gewünschte Richtung drehen, doch seine Mutter hatte die Gewalt über den Wagen. Genauso gibt uns die Sünde die Illusion der Kontrolle, doch der Steuermechanismus hat keine Verbindung mit der echten Steuerung. Wir gehorchen gehorsam unseren Begierden. Nicht wir, sondern die Sünde hat das letzte Wort.

Eine der Tragödien des neunzehnten Jahrhunderts war die Karriere von Oscar Wilde. Obwohl er einen brillanten Geist besaß und die höchsten Ehrungen der Literatur erwarb, wurde er Opfer eines unnatürlichen Lasters und endete ehrlos im Gefängnis. Er gab zu:

> Die Götter haben mir fast alles geschenkt. Doch ich habe mich durch die schrecklichen Verführungen von sinnloser und sinnlicher Behaglichkeit verzaubern lassen. ... Ich war der Höhen müde und ging absichtlich in die Tiefe, um nach neuen Gefühlen zu suchen. Was mir in der Sphäre des Geistes das Paradox war, wurde die Perversität im Bereich der Gefühle. ... Ich suchte das Vergnügen, wo es mir gefiel und zog weiter. Ich vergaß, dass kleine alltägliche Handlungen einen Charakter formen und deshalb das, was in der geheimen Kammer geschieht, eines Tages laut von den Hausdächern gerufen wird. Ohne es zu merken, war ich nicht mehr der Herrscher meiner Seele. Ich erlaubte den Begierden, mich zu beherrschen. Ich endete in schrecklicher Schande. [14]

Die Leidenschaft ist ein schlechter Herr. Das Vergnügen der Sünde wird überbewertet, weil Sünden falsche Etiketten tragen. »Denn einst waren auch wir unverständig, ungehorsam, gingen in die Irre, dienten mancherlei Begierden und Lüsten, führten unser Leben in Bosheit und Neid, verhasst, einander hassend. Als aber die Güte und die Menschenliebe unseres Heiland-Gottes erschien, errettete er uns, nicht aus Werken, die, in Gerechtigkeit vollbracht, wir getan hätten, sondern nach seiner Barmherzigkeit« (Tit 3,3-5). Wir sind dumm, wenn wir auf die Welt schielen und meinen, beschwindelt worden zu sein. Fragen Sie Oscar Wilde und er wird Ihnen sagen, dass die Sünde Sie immer weiter führt, als Sie zu gehen bereit waren, Sie länger aufhält, als Sie bleiben wollten, und Sie mehr kostet, als Sie je zahlen wollten.

Sucht ist ein Anschauungsunterricht, der uns beibringen soll, dass Sünde eine schlechte Idee ist. Wir können den Betrug der Sünde am deutlichsten bei Alkoholismus, Spielsucht oder Sexbesessenheit sehen. Aber prinzipiell gilt dasselbe für die »Sünden des Geistes«, d. h. Geiz, Eifersucht oder Selbstverherrlichung. Unser Problem ist, dass das Vergnügen solcher Sünden uns genauso überwältigen kann. Wir können uns ein Leben ohne solche Verhaltensmuster nicht vorstellen. Wir meinen sogar, dass sie untrennbar zu unserem Wesen gehören.

Es gibt eine Geschichte von einem Drachen, der sich sagte: »Wenn ich doch nur diese Schnur loswerden könnte, die mich zurückhält, könnte ich so hoch fliegen, wie ich will. Die Schnur nimmt mir die Freiheit.« Eines Abends erfüllte sich der Wunsch des Drachen – die Schnur riss, und endlich war der Drachen frei, über den Wolken und bis zu den Sternen zu fliegen. Doch schon bald stürzte er krachend zu Boden, denn die Schnur, die ihn zurückgehalten hatte, hielt ihn auch in der Luft. Wir können eine Lehre daraus ziehen: Wer über die Wolken hinausfliegen will, muss Gott die Herrschaft überlassen.

Geistliche Reife heißt, das größere Vergnügen höher zu schätzen als das geringere

Wie kann die Freude, die Gott schenkt, mit der Euphorie konkurrieren, die beispielsweise von Pornografie hervorgerufen wird? Wie mit dem Amüsement eines Seitensprungs, mit Drogenrausch oder Trunkenheit? Oder dem Prickeln beim Glücksspiel? Oder dem Vergnügen, das Selbstsucht, Selbstliebe und Selbstbezogenheit hervorbringen? Oder mit der Befriedigung, wenn wir dem Hass in unserem Herzen Raum geben? Wie können die Freuden, die Gott für uns bereithält, so beglückend sein wie das eben Genannte?

Gott stellt uns auf eine Weise zufrieden, wie andere Vergnügungen es niemals können. Er gibt uns etwas von höchstem Wert – nämlich sich selbst. Um nochmal Pascal zu zitieren:

> Es gab früher im Menschen eine echte Freude, von der ihm heute nur der Abdruck eines leeren Platzes bleibt, den er vergeblich versucht, mit allem zu füllen, was ihn umgibt, und von Dingen, die nicht da sind, die Hilfe zu erwarten, die er von den vorgefundenen Dingen nicht erlangt. Aber all diese sind unzureichend, weil der unendliche Abgrund nur durch ein unendliches und unveränderliches Objekt, d. h. nur durch Gott selbst gefüllt werden kann. [15]

C. S. Lewis schreibt, dass Gott in den Psalmen das »all-erfüllende Wesen« ist. Sein Volk ist glücklich durch die »überströmende Freude«, die es an ihm hat. »Ihn habt ihr nicht gesehen und habt ihn doch lieb; und nun glaubt ihr an ihn, obwohl ihr ihn nicht seht; ihr werdet euch aber freuen *mit unaussprechlicher und herrlicher Freude*, wenn ihr das Ziel eures Glaubens erlangt, nämlich der Seelen Seligkeit« (1Petr 1,8-9, Luther 84, Hervorhebung vom Autor).

Auch David sprach von dieser Freude:

> Der Herr ist das Teil meines Erbes und mein Becher; du bist es, der mein Los festlegt. Die Messschnüre sind mir gefallen auf liebliches Land; ja, mein Erbteil gefällt mir. Ich preise den Herrn, der mich beraten hat, selbst des Nachts unterweisen mich meine Nieren. Ich habe den Herrn stets vor Augen; weil er zu meiner Rechten ist, werde ich nicht wanken. Darum freut sich mein Herz und frohlockt meine Seele. Auch mein Fleisch wird in Sicherheit ruhen. Denn meine Seele wirst du dem Scheol nicht lassen, wirst nicht zugeben, dass dein Frommer die Grube sehe. Du wirst mir kundtun den Weg des Lebens; Fülle von Freuden ist vor deinem Angesicht, Lieblichkeiten in deiner Rechten immerdar (Ps 16,5-11).

In den ersten Versen dieses Psalms wendet sich David von den falschen Göttern ab. Er erkennt die Armut dieser falschen Bräute, die ihre Versprechungen nicht halten können. Er wendet sich von den unreinen Vergnügungen ab, die immer einen faden Nachgeschmack hinterlassen und deren Lohn eine unerfüllte Seele ist.

Er sieht sich um und erkennt, dass Gott ihn mit Segnungen umgab. Er denkt an die Zeit zurück, als die Israeliten in das Land kamen und es durch das Los aufgeteilt wurde. Er erkennt, dass sein Los im Leben sehr gut ist: »Die Messschnüre sind mir gefallen auf liebliches Land; ja, mein Erbteil gefällt mir« (V. 6). Heute sollten wir uns einen Augenblick Zeit nehmen und uns an die Güte Gottes in unserem eigenen Leben erinnern. Wer von uns zum Glauben an Jesus gekommen ist, hat ein unbeschreibliches Erbe, das wir nie für selbstverständlich halten dürfen.

Als David auf die bevorstehenden Herausforderungen blickt, ehrt er den Herrn mit seinem Geist und seinem Herzen. »Ich habe den Herrn stets vor Augen; weil er zu meiner Rechten ist, werde ich nicht wanken« (V. 8). David gibt dem Herrn einen Ehrenplatz. Jemand hat gesagt, dass sich David »wie eine Biene in den reinen Freuden der Gemeinschaft mit dem Herrn vergräbt«. Viele Jahre vorher, als David Buße über seinen Fehltritt tat, schrieb er: »Schmecket und sehet, dass der Herr gütig ist! Glücklich der Mann, der sich bei ihm birgt!« (Ps 34,8). Es gibt kein Vergnügen, das größer wäre als der Genuss der Gemeinschaft mit Gott.

Dieses Erkennen der Segnungen Gottes hat zwei Vorteile. Erstens haben wir das sofortige Gefühl der Erfüllung: »Darum freut sich mein Herz und frohlockt meine Seele« (V. 9). David hat das Glück gefunden, das wir alle so selbstverständlich suchen. Stellen Sie sich eine Freude ohne Schuld, ohne Gewissensbisse und mit echter Freiheit vor. Natürlich glaube ich nicht, dass David niemals einen schlechten Tag hatte (wenn man die Psalmen liest, dann gewinnt man den Eindruck, dass er fast immer einen schlechten Tag hatte). Doch ein schlechter Tag mit Gott war ihm lieber, als ein guter mit sich selbst und seinem eigenen Vergnügen. Es ist kein Gegensatz, dass es Freude mitten im Leid und Glück mitten im Schmerz gibt.

Zweitens gibt es einen zukünftigen Vorteil. Sein Leib, sagt David, wird sicher ruhen: »Denn meine Seele wirst du dem Scheol nicht lassen, wirst nicht zugeben, dass dein Frommer die Grube sehe« (V. 10). Er wird in der Hoffnung auf ein zukünftiges Leben ins Grab gehen, er wird zuversichtlich sterben und selbst im Tod Freude finden: »Du wirst mir kundtun den Weg des Lebens; Fülle von Freuden ist vor deinem Angesicht, Lieblichkeiten in deiner Rechten immerdar« (V. 11).

Wir wollen uns die Verheißung in Erinnerung rufen, dass der Herr in diesem Leben zur Rechten Davids steht und im zukünftigen Leben David zur Rechten des Herrn sein wird! So, wie wir heute Gott ehren, so werden wir eines Tages geehrt. Und die Freude wird rein, überströmend und ewig sein.

Könnten wir uns in der Gegenwart Gottes anders als großartig fühlen, wenn wir seine Schönheit sehen und wissen, dass er uns angenommen hat? Sicherlich wird solche Freude in unserem zukünftigen Leben unsere ständige Erfahrung sein, doch selbst jetzt fühlen wir schon einen Vorgeschmack dieses göttlichen Segens.

Gottes Freude und unsere Freude harmonieren miteinander

Gott kennen zu lernen bedeutet nicht den Verzicht von Freude, sondern deren Erfüllung. Wir beten an, was wir verehren, was uns erfreut. Was, wenn Gott uns auf das Missionsfeld schickt? Was, wenn jemand aus unserer Familie stirbt? Was, wenn unsere emotionalen Bedürfnisse nicht befriedigt werden? Die Antwort der Schrift auf diese Frage lautet, dass es besser ist, mit Gottes Segen einen schwereren Weg zu gehen, als unseren eigenen Weg zu wählen und dabei auf seine wunderbare Gemeinschaft zu verzichten. Was für Gott am besten ist, ist auch für uns am besten. Was Gott Vergnügen bereitet, steckt voller Belohnung für uns. Strebe nach dem verkehrten Vergnügen, und du bekommst nichts; strebe nach Gott, und du bekommst alles. Wie C. S. Lewis sagte: Man findet Befriedigung in diesem Leben, »und den Himmel bekommt man noch dazu«. Jerry Walls hatte Recht: »In unserem Zeitalter sehnen sich die Menschen genau wie in jedem anderen Zeitalter nach Glück und erkennen dabei nicht, dass sie letztlich nach Heiligung suchen.« [16]

Was Gott am meisten verherrlicht, ist auch das Beste für uns.

Persönliche Reaktion

Georg Müller (1805-98) war ein großer Mann des Gebetes und des Glaubens. Er gründete in England Waisenhäuser, und zwar nicht nur, um bedürftige Kinder zu versorgen, sondern auch um die Vertrauenswürdigkeit Gottes zu beweisen. Er bat nie um Spenden, sondern verließ sich ganz allein auf das Gebet. Seine Lebensgeschichte besteht aus lauter Wundern. Er lernte etwas, das seine Beziehung zu Gott revolutionierte: »Ich sah deutlicher denn je, dass es das erste und wichtigste Geschäft eines jeden Tages ist, mich darum zu kümmern, dass meine Seele glücklich in Gott ist. Als erstes sollte ich mich nicht so sehr darum kümmern, dem Herrn zu dienen oder ihn zu verherrlichen, sondern meine Seele in einen glücklichen Zustand zu versetzen, um meinen inneren Menschen ernähren zu können.« [17]

Er fährt fort, dass er sich entschloss, jeden Morgen im Neuen Testament zu lesen. Dem schloss er auch Bekenntnis und Bitten an, zusammen mit Nachdenken über das Wort Gottes, bis sein Herz in der Gegenwart des Allmächtigen Ruhe gefunden hatte. Erst dann begann er seinen Tag, wenn seine Seele gesättigt war.

Lassen Sie uns von diesem Vorbild lernen. Wenn es im Moment nicht Ihre Gewohnheit ist, Ihren Tag in der Gegenwart Gottes zu beginnen, dann möchte ich Sie ermuntern, dies zu tun. Ganz gleich, was es uns an Anstrengung kosten mag, wir werden mit der Zusage belohnt, dass sich in der Gegenwart Gottes echte Freude findet. Zwanzig Minuten am Tag werden unser Leben verändern. Lesen Sie pro Tag einen Psalm oder ein Kapitel aus dem Neuen Testament. »Wer Gott hat und alles andere«, sagten die Puritaner, »hat nicht mehr als der, der nur Gott hat.« Fanny Crosby dichtete:

Oh, die eine Freude einer einzigen Stunde,
die ich vor deinem Thron verbringe.
Wenn ich im Gebet knie und mit dir, mein Gott, Gemeinschaft habe
wie ein Freund mit dem Freund!
Zieh mich näher, näher, liebster Herr,
zu dem Kreuz, an dem du gestorben bist.
Zieh mich näher, näher, näher, liebster Herr,
an deine kostbare, blutende Seite.

Machen wir doch die Freude an Gott zu unserer ersten Priorität.

10. Lüge

Hilf dir selbst, dann hilft dir Gott

Kennen Sie die Geschichte über den Mann, den eine Überschwemmung in seinem Haus festhielt? Das Wasser umspülte seine Füße, während er auf seiner Schwelle saß. Da kam ein Boot vorbei, um ihn zu evakuieren. Aber er winkte ab und sagte: »Gott wird mich retten!« Am folgenden Tag stieg das Wasser weiter und ein anderes Boot kam, um den Mann zu retten, der jetzt auf einem Balkon im ersten Stock stand. Wieder wollte er nicht mitkommen und rief: »Gott wird mich retten!« Spät am nächsten Tag fand man ihn, wie er auf dem Kamin saß, von Wasserwirbeln umgeben. Ein Hubschrauber schwebte über ihm und ein Mann rief: »Wir wollen Ihnen helfen!« Doch er rief zurück: »Gott wird mich retten!»

Wie das Schicksal es wollte, stieg das Wasser noch weiter und der Mann ertrank. Er kam in den Himmel und war nicht gerade gut drauf. Er beklagte sich bei Petrus: »Ich hatte erwartet, dass du mich retten würdest!«

»Ehrlich gesagt bin ich ziemlich erstaunt, dich hier zu finden«, antwortete Petrus, »weil wir zwei Rettungsboote und einen Hubschrauber geschickt haben, um dich abzuholen!« Wir können fast hören, wie Petrus sagt: »Denk dran: *Hilf dir selbst, dann hilft dir Gott*!«

Laut einer Umfrage glauben acht von zehn Amerikanern, dass der Satz »Hilf dir selbst, dann hilft dir Gott« in der Bibel steht. [1] Es scheint offensichtlich, dass wir unseren Teil tun müssen, wenn wir erwarten, dass Gott seinen Teil dazutut. Warum sollten wir uns darauf verlassen, dass Gott alles allein erledigt? Nur wenn wir tun, was wir können, dürfen wir erwarten, dass Gott uns da hilft, wo wir etwas nicht tun können.

Dieses Vernunftprinzip geht von zwei Annahmen aus: Die erste spricht von der Notwendigkeit und vom Wert der Arbeit. Wir wollen nichts mit Menschen teilen, die faul sind. Nur wenn jemand bereit ist, selbst mit anzupacken, sind wir bereit ihm zu helfen. Er muss auch etwas dazu tun. Wir erwarten von unseren Kindern, dass sie mitarbeiten. Wir sagen z. B.: »Ich werde für deine Ausbildung aufkommen, wenn du während der Sommerferien arbeitest und wenigstens dein Taschengeld verdienst. Ich helfe dir, wenn du dir selbst hilfst, denn du musst meiner Zuwendung, meines Opfers erst würdig werden. Warum solltest du etwas umsonst bekommen?« Wir verachten Faulheit.

Die zweite Annahme basiert auf der Fähigkeit des Menschen, selbst den ersten Schritt zu tun. Wenn Sie eine Behinderung hätten, die Ihnen die Arbeit unmöglich machen würde, dann würde man von Ihnen natürlich nicht erwarten, »sich selbst zu helfen«. Aber wenn es Ihnen gut geht und Sie die Fähigkeiten mitbringen, etwas zu tun, dann hilft man nur, wenn auch Sie sich Mühe geben. Man kommt Ihnen auf halbem Wege entgegen, vielleicht sogar noch etwas weiter. Aber es sollte klar sein, dass Sie nicht erwarten können, dass alles für Sie getan wird. Es gibt kein kostenloses Mittagessen, jemand muss bezahlen, und das sollten durchaus Sie selbst sein.

Wir sind versucht anzunehmen, dass Gott in diesen Dingen so denkt wie wir. Aber Gott ist kein Mensch. Wir haben schon besprochen, dass es falsch ist, wenn wir ihm zu schnell menschliche Wesenszüge zuschreiben. Wir müssen unsere Ansichten von Gott an der Schrift messen. Bevor wir ihm unsere Eigenschaften zuschreiben, müssen wir ergründen, was er über sich selbst ausgesagt hat.

Man muss zugeben, das Sprichwort »Hilf dir selbst, so hilft dir Gott« enthält einiges an Wahrheit. Die Bibel warnt uns davor, Gottes Segnungen in Anspruch zu nehmen, ohne unsere Verpflichtung anzuerkennen, ihm so gut wie möglich zu dienen. Z. B. sagte Paulus, dass jemand, der nicht arbeiten will, auch nicht essen soll (2Thess 3,10). Wir können nicht herumhängen und erwarten, dass Gott schon alles für uns erledigen wird. Er will, dass wir ein Boot oder einen Helikopter besteigen, wenn wir in Not geraten. Es gibt einiges, das wir zuerst tun können, und anschließend hilft uns Gott. Jakobus sagt den Gläubigen: »Naht euch Gott! Und er wird sich euch nahen« (Jak 4,8).

Aber – und das ist wichtig – für jedes Ereignis, wo Gott dem hilft, der sich selbst hilft, gibt es ein Dutzend Vorfälle, bei denen Gott jemandem hilft, der sich selbst *nicht* helfen kann. Wenn er nämlich denen nicht helfen würde, die unfähig sind, sich selbst zu helfen, wären wir alle verloren. Wir werden gleich näher darauf eingehen – nur solche Menschen empfangen Vergebung, die wissen, dass sie sich *nicht* selbst helfen können. Unsere Erlösung beruht auf der Erkenntnis, dass wir absolut nichts tun können, um uns selbst zu helfen. Gott muss uns sogar die Fähigkeit geben, sein Geschenk überhaupt anzunehmen!

Wir sollten an dieser Stelle festhalten, dass die Aussage »Hilf dir selbst, dann hilft dir Gott« sich nicht in der Bibel findet; sie hat ihre Ursprünge in heidnischen Religionen. Schon fünfhundert Jahre vor Christus schrieb Äsop: »Die Götter helfen denen, die sich selbst helfen.« Der griechische Philosoph Euripides schrieb: »Versuche es erst selbst, und danach rufe Gott um Hilfe.« Und George Herbert im 17. Jahrhundert sagte: »Hilf dir selbst, dann hilft dir Gott.« Die amerikanische Fassung stammt von Benjamin Franklin, der sagte: »Gott hilft denen, die sich selbst helfen.«

Diese Behauptung ist ein Feind der Gnade, und wenn Franklin diesen Satz wirklich ernst nahm, dann war das eine der Ursachen für seine ablehnende Haltung dem Evangelium gegenüber. Als Deist glaubte Franklin aufrecht an Gott und an die göttliche Vorsehung, doch er konnte nicht anerkennen, dass Jesus Gott ist. Er war ein enger Freund des großen Evangelisten George Whitefield, der die Menschen aufforderte, Buße zu tun und an das Evangelium zu glauben. Doch trotz einer engen und gegenseitig aufbauenden Freundschaft, die dreißig Jahre hielt, schrieb Franklin nach dem Tode seines Freundes: »Whitefield betete um meine Bekehrung, aber er erfuhr nie die Genugtuung, erhört worden zu sein.« [2] Auch als der Tod kam, sah Franklin keinen Grund zu glauben. Er sagte, dass er bald wissen würde, ob es wahr sei oder nicht.

Ob wir uns selbst helfen können, hängt von unserem Problem ab. Wenn unser schlimmstes Problem die Unwissenheit ist, dann können wir uns selbst helfen, indem wir uns um Bildung bemühen. Wenn wir ein Problem damit haben, unseren tiefsten Gefühlen Ausdruck zu verleihen, dann können wir von einem Psychiater Hilfe erwarten. Wenn wir in der Gefahr stehen zu ertrinken, könnte es sein, dass wir es gerade noch an Land schaffen, oder aber die Küstenwache könnte uns helfen. Unglücklicherweise ist unser Problem viel gravierender als alle eben aufgezählten. Wenn Sie tot sind, haben Sie ein Problem, das so groß ist wie Gott selbst. Die Auferstehung ist etwas, das nur Gott vollbringen kann.

Wenn es um unsere Erlösung geht, muss Gott einschreiten und uns retten, weil wir uns nicht selbst helfen können. Solange wir noch denken, dass wir uns in dieser Hinsicht selbst helfen könnten, werden wir nie gerettet. Die Quintessenz des Evangeliums besteht darin, zu verstehen, wie groß unsere Not ist und wie groß Gottes Macht ist. Ich will es Ihnen genauer erklären.

Unser Dilemma vor der Bekehrung

Stellen Sie sich die Frage, ob Sie zu Ihrer eigenen Errettung etwas beitragen können: »Auch euch hat er auferweckt, die ihr tot wart in euren Vergehungen und Sünden, in denen ihr einst wandeltet gemäß dem Zeitlauf dieser Welt, gemäß dem Fürsten der Macht der Luft, des Geistes, der jetzt in den Söhnen des Ungehorsams wirkt« (Eph 2,1-2).

Bevor wir zu Gott umkehrten, waren wir *tot* in Vergehungen und Sünden. Keiner von uns macht auf dem Weg zum Friedhof einen Abstecher bei der Apotheke, um Medizin für die Freunde zu kaufen, die dort begraben liegen. Wenn Sie krank wären, dann könnte die richtige Dosis eines Medikamentes sicherlich helfen, doch die Freunde auf dem Friedhof befinden sich außerhalb der Reichweite jeder medizinischen Hilfe. Genauso sind wir ohne Jesus geistlich gesprochen tot, nicht nur krank. Wir sind von Gott abgeschnitten und können keinen Kontakt zu ihm aufnehmen.

Ein Freund von mir besitzt eine Fotografie der Leiche des Philosophen Jeremy Bentham. Benthams Leib sitzt in einem Stuhl, trägt einen Hut und ist gekleidet wie ein angesehener Herr des beginnenden 19. Jahrhunderts. Als er noch lebte, verfügte Bentham, dass sein gesamter Besitz dem University College Hospital in London vermacht werden sollte. Er verband damit jedoch eine Bedingung: Seine Leiche sollte einbalsamiert werden und an jeder Sitzung der Krankenhausleitung teilnehmen. Das wird, so weit ich informiert bin, auch heute noch so eingehalten. Man rollt seine Leiche an den Konferenztisch und der Vorsitzende stellt fest: »Jeremy Bentham, anwesend, aber ohne Stimmberechtigung.« Seit seinem Tod im Jahr 1832 erhob er seine Stimme nicht und hatte keinen Anteil am Erlass irgendeiner Vorschrift!

Anwesend, aber ohne Stimmberechtigung! Genau das gilt geistlich gesehen für uns, wenn Jesus nicht eingreift. Menschen, die geistlich tot sind, können leiblich ganz lebendig sein – sie können zur Oper gehen, Geld verdienen oder in den Alpen Ski laufen. Wir können in der Tat all das und noch viel mehr tun, aber geistlich sind wir ohne Jesus tot, d. h. ohne Verbindung zu Gott.

Haben Sie schon einmal die Erfahrung gemacht, mit jemandem zu reden, der gar nicht hören wollte, was Sie zu sagen haben? So jemand filtert jede Aussage, die ihm nicht passt, aus oder interpretiert sie um; Ihre Worte erreichen sein Herz nicht. Das ist ein treffendes Bild, um unsere Situation darzustellen, ehe Gottes Gnade in unser Leben eingreift. »Abgewichen sind die Gottlosen von Mutterschoße an, es irren von Mutterleibe an die Lügenredner. Gift haben sie gleich Schlangengift, wie eine taube Kobra, die ihr Ohr verschließt, dass sie nicht hört auf die Stimme der Beschwörer, des Zauberers, der die Zaubersprüche beherrscht« (Ps 58,4-6). Das ist wenig schmeichelhaft, aber sobald wir besser verstehen, wer wir im Grunde unseres Herzens sind, werden wir zustimmen, dass diese Darstellung nicht übertrieben ist.

Ohne Gottes Eingreifen sind wir außerdem blind. Wenn wir geistlich gesprochen uns selbst überlassen sind, dann sehen wir weder unsere Not noch begreifen wir das Wunder des Evangeliums. »Die Ungläubigen, bei denen der Gott dieser Welt den Sinn verblendet hat, damit sie den Lichtglanz des Evangeliums von der Herrlichkeit des Christus, der Gottes Bild ist, nicht sehen« (2Kor 4,4). Ich hoffe, dass Sie zu verstehen beginnen, warum wir nicht in der Lage sind, uns »selbst zu helfen«. Natürlich verschlimmern wir unser Problem, wenn wir behaupten, dass wir sehr wohl leben, hören und sehen können. »Der Weg der Gottlosen ist wie das Dunkel; sie erkennen nicht, worüber sie stürzen« (Spr 4,19).

Unsere innersten Sehnsüchte führen uns in die Irre, aber auch ein äußerer Feind beeinflusst uns. Paulus sagt, dass wir einst gelebt haben »gemäß dem Zeitlauf dieser Welt, gemäß dem Fürsten der Macht der Luft, des Geistes, der jetzt in den Söhnen des Ungehorsams wirkt. Unter diesen hatten auch wir einst alle unseren Verkehr in den Begierden unseres Fleisches, indem wir den Willen des Fleisches und der Gedanken taten und von Natur Kinder des Zorns waren wie auch die anderen« (Eph 2,2-3). Satan flößt uns seine Gedanken ein, bis wir sie für unsere eigenen halten. Wir lassen uns recht gerne betrügen. Wenn wir einfach nur krank wären, könnten wir sicherlich irgendwo eine Behandlung finden; wenn wir einfach nur den grauen Star hätten, dann könnte uns ein

Chirurg helfen. Doch wir sind tot, und wir sind blind – kein Wunder, dass wir für den Betrug eine leichte Beute sind.

Einige Menschen denken, dass die Ursache für unser Problem in unserem Umfeld liegt. Wenn man nur die Umstände ändern würde, dann würde das auch uns verändern. Andere meinen, dass unser Mangel an Selbstwertgefühl schuld ist und setzen ihre Hoffnung auf die Psychologie. Ja, unser Umfeld ist wichtig, und gute Berater können uns helfen, aber keines von beiden kann die Verbindung zu Gott herstellen. Sie können uns kein göttliches Leben schenken, sie können uns nicht aus unserem geistlichen und sittlichen Friedhof befreien.

Gottes Rettermacht

Wir sind dankbar, dass Gott auf unseren Friedhof kommt.

> Gott aber, der reich ist an Barmherzigkeit, hat um seiner vielen Liebe willen, womit er uns geliebt hat, auch uns, die wir in den Vergehungen tot waren, mit dem Christus lebendig gemacht – durch Gnade seid ihr errettet! Er hat uns mitauferweckt und mitsitzen lassen in der Himmelswelt in Christus Jesus, damit er in den kommenden Zeitaltern den überragenden Reichtum seiner Gnade in Güte an uns erwiese in Christus Jesus (Eph 2,4-7).

Wann trat Gott in Aktion? *Als wir noch tot waren.* Er kam zu uns zu einer Zeit, als wir uns nicht selbst helfen konnten. Wir konnten zu dem, was ihm zu tun gefiel, nichts hinzutun. Auferstehung ist das Werk eines allmächtigen Gottes. Als Jesus am Grab von Lazarus stand, sagte er nicht: »Nun, lieber Lazarus, werde ich dir helfen, wenn du dir nur ein bisschen selbst hilfst. Ich verlange nicht viel, und ich werde mehr tun als mein Anteil normalerweise ausmacht, aber du musst wenigstens mit dem Zeh wackeln. Wenn du das tust, dann werde ich von da an die Sache übernehmen.«

In jedem Herbstsemester gebe ich ein Predigt-Seminar an der Trinity International University. Auch dieses Jahr bat ich meine Studenten, sich mit mir auf einem Friedhof zu treffen und forderte sie auf, den Toten zu predigen. Vor mir war der Grabstein eines Ehepaares, das im Jahr 1912 gestorben war. Ich bat einen der Studenten zu predigen und dem Ehepaar zu sagen, dass jetzt der Auferstehungsmorgen herangekommen sei! Bisher fand sich noch kein Student bereit, das zu tun, weil sie annehmen, dass ich das nicht ernst meinen könne.

Also ging ich selbst zu dem Grab hinüber und forderte die Toten auf, hervorzukommen. Dann wartete ich auf eine Reaktion. Als es (zum Glück!) keine Reaktion gab, zog ich meine Studenten ein wenig auf und behauptete, dass die Toten nur deswegen nicht auferstehen würden, weil sie nicht hören könnten, doch wenn ich nur laut genug rufe, dann würden sie schon reagieren! So artikulierte ich meinen Aufruf zur Auferstehung nochmals und diesmal etwas lauter. Wieder wartete ich, und, wie man leicht vorhersagen kann, geschah wieder nichts.

Dann wandte ich mich an die Studenten und fragte: »Wie fühlte ich mich wohl, während ich den Toten predigte?« Sie antworteten ganz richtig: »Ziemlich dumm.« Aber genauso dumm sind wir jedes Mal, wenn wir die gute Nachricht des Evangeliums predigen. Wir fordern Tote auf, sich zu erheben, Taube zum Hören und Blinde zum Sehen! Und trotzdem sind wir keinesfalls dumm, wenn wir das tun, denn Gott kann Tote auferwecken, er kann taube Ohren und blinde Augen öffnen. Wie Paulus es ausdrückte: »Denn weil in der Weisheit Gottes die Welt durch die Weisheit Gott nicht erkannte, hat es Gott wohlgefallen, durch die Torheit der Predigt die Glaubenden zu erretten« (1Kor 1,21).

Wenn Gott uns rettet, dann wird seine Auferstehungskraft wirksam. Er ruft etwas in uns ins Dasein, das vorher nicht da war: »Daher, wenn jemand in Christus ist, so ist er eine neue Schöpfung; das Alte ist vergangen, siehe, Neues ist geworden« (2Kor 5,17). Gott muss in unsere Sphäre vordringen, er ist derjenige, der zu uns kommen muss. Er kann von uns nicht erwarten, »unser Bestes zu geben«.

Ich möchte Sie ermutigen. Es macht keinen Unterschied, ob jemand zehn Jahre tot war oder nur drei Tage. Der Zustand der Leiche ist angesichts der Gegenwart Gottes unerheblich. Genauso ist für Gott kein größerer Kraftakt nötig, um einen »schlimmen« Sünder zu erretten als einen »guten«. Tot ist tot, und Auferstehung ist Auferstehung. Sie denken vielleicht, dass Ihre Sünde zu groß und Ihre Vergangenheit zu schäbig ist. Aber die Gnade in Gottes Herzen ist größer als die Sünde in Ihrer Vergangenheit. Es geht nicht darum, wie groß unsere Sünde ist, sondern dass Gottes wirksames Gegenmittel angewendet wird.

Warum Gott uns rettet

Was ist der Zweck, den Gott mit der Auferstehung verfolgt? Paulus nennt in dem Abschnitt aus dem Epheserbrief zwei Gründe: »Er hat uns mitauferweckt und mitsitzen lassen in der Himmelswelt in Christus Jesus, damit er in den kommenden Zeitaltern den überragenden Reichtum seiner Gnade in Güte an uns erwiese in Christus Jesus« (Eph 2,6-7). Gott kam, um uns zu retten und seine Gnade zu zeigen. Gott will uns gewissermaßen herzeigen, so dass in den kommenden Zeitaltern allen Gottes unverdiente Gnade deutlich wird: Allen Engeln, allen Dämonen, allen Menschen und jedem sonst, der einen Schimmer von Gottes Großzügigkeit erkennen kann. Die eigentliche Ursache für das Kreuz liegt immer in Gott begründet. So sagt z. B. Paulus, dass Gott Jesus »zum Erweis seiner Gerechtigkeit« schickte (Röm 3,25).

Als Pastor Paul Gibson, der Leiter von Cambridge, sich zur Ruhe setzte, wurde zur Ehrung seines Lebenswerkes ein Portrait von ihm in Auftrag gegeben. Als Gibson bei der Enthüllung seinen Dank aussprach, machte er dem Künstler ein wohlverdientes Kompliment. Er sagte, dass in Zukunft Menschen, die dieses Portrait sehen würden, sich weniger fragen würden: »Wer ist denn dieser Mann?«, sondern: »Wer hat das Bild gemalt?« [3] Genauso wird in der Ewigkeit niemand fragen: »Wer sind die Erlösten?«, sondern: »Wer ist der Erlöser?« Wer wollte solche Sünder nehmen und in eine Ehrenposition hieven? Wer wollte unwürdige Menschen nehmen und sie mit Christus auferwecken, damit sie mit ihm zur Rechten des Vaters sitzen?

Der zweite Grund für Gottes Erlösungswerk bezieht sich auf uns. In Epheser 2,4-5 weisen drei Worte auf Gottes Wohlwollen für die Sünder hin. Wir wollen diese Verse noch einmal lesen, und dabei die Betonung auf diese drei Worte legen: »Gott aber, der reich ist an *Barmherzigkeit*, hat um seiner vielen *Liebe* willen, womit er uns geliebt hat, auch uns, die wir in den Vergehungen tot waren, mit dem Christus lebendig gemacht – durch *Gnade* seid ihr errettet« (Eph 2,4-5, Hervorhebung vom Autor). Gnade bedeutet, dass wir etwas empfangen, was wir nicht verdienen. Barmherzigkeit schützt uns vor dem, was wir eigentlich verdienen würden. Wenn Gott uns rettet, erhält er, was er gerne haben möchte, nämlich Herrlichkeit, und wir erhalten, was wir gerne haben möchten, nämlich seine Freundlichkeit.

Denken Sie einmal über Folgendes nach: Als Gott Jesus auferweckte, war das eine Demonstration seiner Macht. Als er *uns* auferweckte, war das ebenso eine Demonstration seiner Macht, aber es war auch eine Demonstration seiner Barmherzigkeit. Jesus verdiente es, auferweckt zu werden, wir nicht. In Mozarts Requiem findet sich die wunderbare Zeile: »Hilf mir daran zu denken, dass ich der Grund für deinen Weg war.«

Hilft uns Gott, wenn wir »uns selbst helfen«? Als Menschen ziehen wir vorschnell den Schluss, dass wir Gott helfen müssen, dass wir etwas tun müssten, ehe wir gesegnet werden. Doch Paulus rückte diese Auffassung zurecht: »Dem aber, der Werke tut, wird der Lohn nicht angerechnet nach Gnade, sondern nach Schuldigkeit. Dem dagegen, der nicht Werke tut, sondern an den glaubt, der den Gottlosen rechtfertigt, wird sein Glaube zur Gerechtigkeit gerechnet« (Röm 4,4-5). Gott ist weit entfernt davon, dem zu helfen, der sich selbst hilft; Gott hilft nur denen, die sich *nicht selbst helfen können.* Gott fühlt sich nicht von unserer Stärke angezogen, sondern von unserer Schwachheit, nicht von unseren Fähigkeiten, sondern von unserer Unfähigkeit. Er ist der Gott der Auferstehung.

Erinnern wir uns daran, dass unserer Bekehrung gute Werke folgen sollen. Gleich nachdem Paulus ausdrücklich lehrte, dass wir durch Gnade und durch Glauben erlöst werden, fügte er hinzu: »Denn wir sind sein Gebilde, in Christus Jesus geschaffen zu guten Werken, die Gott vorher bereitet hat, damit wir in ihnen wandeln sollen« (Eph 2,10). Vor unserer Bekehrung hilft Gott nur denen von uns, die wissen, dass sie sich nicht selbst helfen können. Nach unserer Bekehrung hilft er uns, dass wir »uns selbst helfen« können. Nachdem wir von den Toten auferweckt wurden, werden wir zu »Gottes Mitarbeitern« (1Kor 3,9).

Erklären Sie diese gute Nachricht jemandem, und er kommt womöglich auf die Idee: »Wenn die Erlösung ein Geschenk ist, dann gehört sie ewig mir. Also kann ich sie annehmen und anschließend leben, wie es mir gefällt. Ich kann jede Sünde und jedes Verbrechen begehen und komme immer noch in den Himmel.« Wer so eine Antwort gibt, rechnet nicht mit der radikalen Wende, die Gottes Eingreifen im menschlichen Herzen hervorbringt. Wenn wir wiedergeboren werden, erhalten wir eine neue Natur, neue Vorlieben und vor allem Liebe zu Gott. Gute Werke, die wir tun, nachdem wir den rettenden Glauben empfangen haben, sind für uns eine Bestätigung der Echtheit unserer Bekehrung.

Die Schwierigkeit, die Gnade anzunehmen

Zwei verschiedene Arten von Menschen finden es schwierig, Gottes Gnade anzunehmen. Zur ersten Gruppe gehören Menschen, die von ihrer Schuld überwältigt sind: Drogenabhängige, Alkoholiker, Prostituierte und so weiter. Sie denken: *»Gott ist sauer auf mich und nichts kann ihn dazu bewegen, mich anzunehmen.«* Wenn wir ihnen Gottes Gnade erklären, dann fühlen sie sich unwürdig.

Eine zweite Gruppe von Menschen hat Probleme die Gnade anzunehmen. Dazu gehören die Selbstgerechten, Leute, die ehrenamtliche Arbeit leisten, die nie mit dem Gesetz in Konflikt geraten sind, die ihre Rechnungen regelmäßig bezahlen und ihre Nasen nicht in die Angelegenheiten anderer Leute stecken. Diese Menschen arbeiten hart, sind im Grunde genommen ehrlich, sehen sich um und entdecken mindestens ein Dutzend anderer, die schlechter sind als sie selbst. Sie finden Gottes Gnade beleidigend. Schon die Vorstellung, dass sie nichts zu ihrer eigenen Erlösung dazutun können, ist ein Affront für ihren Erfolg und ihren Wohlstand. Deshalb sagte Jesus zu den Frommen seiner Zeit: »Wahrlich, ich sage euch, dass die Zöllner und die Huren euch vorangehen in das Reich Gottes« (Mt 21,31). Wie schlimm, dass es Menschen gibt, die Gottes Gnade nicht annehmen, weil sie »sich selbst helfen« und deshalb meinen, dass sie beim Jüngsten Gericht gut wegkommen werden. Jesus hat einem Menschen nichts zu geben, wenn er glaubt, nichts zu benötigen.

Ein Jugendfreund von mir wuchs mit dem Sprichwort auf: »Hilf dir selbst, dann hilft dir Gott.« Als Teenager begann er seine Karriere mit Bagatelldiebstählen und führte später das etwas riskante Leben eines Autodiebes. Er geriet in den Sog von Drogen und Alkohol und er musste immer mehr stehlen, um seine Süchte finanzieren zu können. Der Gedanke, dass Gott denen hilft, die sich selbst helfen, brachte ihn zur Verzweiflung. Wo und wie sollte er denn anfangen, sich selbst zu helfen? Er brach seine guten Vorsätze fast im selben Augenblick wie er sie fasste. Erst als er akzeptierte, dass Gott denen hilft, die sich *nicht* selbst helfen können, bekehrte er sich und konnte seinen sündigen Lebensstil hinter sich lassen.

Gott tut immer den ersten Schritt. Er kommt zu uns, wenn wir endlich unsere Selbstrettungsversuche aufgegeben haben. David Hubbard drückte es so aus: »In einem Gnaden-Komplott wirken Vater, Sohn und Heiliger Geist zusammen, um unser Leben zu ändern.« [4] Unser Beitrag besteht darin, das zu tun, was Lazarus tat: Reagieren, wenn Gott uns ruft.

Simon Wiesenthal überlebte den Holocaust. Da es ihm ein Anliegen ist, dass wir diesen schrecklichen Teil menschlicher Geschichte nicht vergessen, schrieb er ein Buch mit dem Titel *The Sunflower* (»Die Sonnenblume«). Darin setzt er sich mit dem Thema Schuld auseinander und erzählt in diesem Zusammenhang, wie er eines Tages vom Todeslager in ein provisorisches Feldhospital gebracht wurde. Dort wurde er ans Bett eines sterbenden deutschen Soldaten geführt, dessen letzter Wunsch es war, einige Augenblicke mit einem Juden verbringen zu dürfen. Wiesenthal betrat den Raum zögernd, denn er wusste nicht, was ihn dort erwartete. Er kam zu einem tödlich verwundeten Mann, der von Kopf bis Fuß verbunden war. Der leidende Soldat wandte sich ihm zu und sprach flüsternd, als er seinem Herzen Luft machte. Er berichtete von dem schrecklichen Verbrechen, das er begangen hatte, als er ein jüdisches Dorf in Brand gesetzt hatte. In seinem Geist hörte er ständig die Schreie von verbrennenden Frauen und Kindern. Sein Gewissen kannte keinen Frieden. Im Bewusstsein des nahenden Todes versuchte er verzweifelt, von einem Volksgenossen der Menschen Vergebung zu erlangen, die er umgebracht hatte.

Wiesenthal konnte sich nicht durchringen, dem sterbenden Mann seine Bitte zu erfüllen. Er machte sogar mehrere Versuche, wegzugehen, doch bat ihn der leidende Soldat zu bleiben. Der Soldat wollte diese Gräueltat loswerden, er brauchte Vergebung. Doch Wiesenthal fühlte sich außerstande, mit einer Handbewegung ein solch schreckliches Verbrechen gegen die Menschheit zu vergeben. Und wer war er, zu meinen, er könne für die Toten die Vergebung aussprechen, deren Schreie der junge Mann in seinem gequälten Geist hörte?

Später fragte sich Wiesenthal, ob er richtig gehandelt hatte. Vielleicht hätte er dem sterbenden Soldaten seinen Wunsch doch erfüllen sollen? Deshalb schrieb er zweiunddreißig bekannten und anerkannten Männern und Frauen und fragte sie nach ihrer Meinung. Sechsundzwanzig stimmten der Entscheidung Wiesenthals zu: Er hätte kein Recht gehabt, dieses Verbrechen gegen ein ganzes Volk zu vergeben, da er nicht im Namen der Toten sprechen konnte. Sechs waren der Ansicht, er hätte den besseren Weg wählen sollen und dem Sterbenden wenigstens im eigenen Namen die Vergebung zusprechen sollen.

Ravi Zacharias wies darauf hin, dass die Notlage von Wiesenthal eine echte gewesen sei, aber auch die des Soldaten des Nazi-Regimes, der in der letzten Lebensstunde Vergebung gesucht hatte. Sicherlich hätte Wiesenthal nicht für die Toten sprechen können, und auch nicht im Namen Gottes, dessen Vergebung der Soldat eigentlich brauchte. [5] Aber ich will die Überlegungen noch in eine andere Richtung lenken: Stellen Sie sich vor, Sie wären am Bett dieses Sterbenden gestanden und hätten ihm gesagt: »Hilf dir selbst, dann hilft dir Gott.«

Wir verübten nicht die Verbrechen dieses Soldaten, aber wir haben eines mit ihm gemeinsam: Wir können uns nicht selbst helfen, indem wir Gutes tun. Unsere Taten helfen uns bei der Versöhnung mit Gott nicht. Einfach ausgedrückt: Wir sind nicht so gut, wie Gott es von uns verlangt. Deshalb stehen wir trotz der offensichtlichen Unterschiede im Lebensstil verurteilt neben diesem Nazi vor dem Richterstuhl der Heiligkeit Gottes. Andererseits hätte auch dieser Soldat in den Himmel kommen können, wenn er an Jesus geglaubt hätte, denn Gott gibt dieselbe Gabe der Rechtfertigung jedem, der glaubt, und vollbringt dasselbe Wunder in seinem Herzen.

Der Film *Der letzte Kaiser* erzählt die Geschichte eines kleinen Jungen, der zum Kaiser von China gekrönt wird. Er führt ein sagenhaftes Leben mit Tausenden von Eunuchen als Sklaven, die ihm gehorchen müssen. »Was passiert, wenn du etwas anstellst?«, fragt ihn sein Bruder. »Wenn ich etwas anstelle, dann wird jemand anderer bestraft«, antwortet der Kaiser. Um es zu beweisen, zerbricht er einen Krug und einer seiner Diener wird dafür geschlagen.

Was Jesus tat, geht weit darüber hinaus. In dem Film macht der Kaiser etwas falsch und der Diener wird geschlagen. Christentum heißt, dass die Diener etwas falsch machen und der Kaiser dafür geschlagen wird. In der Gegenwart Gottes sind wir immer im Unrecht, doch wir sind dankbar dafür, dass Jesus uns ins Recht setzt. Das ist Gnade.

Ich wende mich heute denen zu, die sich nicht selbst helfen können. Je mehr Sie von der Sünde entstellt sind, desto besser stehen Ihre Chancen zu erkennen, dass Sie Hilfe nötig haben. Ich lade Sie ein, zu dem »Gott aller Gnade« zu kommen, der in der Lage ist, Sie im Glauben aufzuerbauen. Und wenn wir zu ihm kommen, wird unser Leben verändert.

> Denn die Gnade Gottes ist erschienen, heilbringend allen Menschen, und unterweist uns, damit wir die Gottlosigkeit und die weltlichen Begierden verleugnen und besonnen und gerecht und gottesfürchtig leben in dem jetzigen Zeitlauf, indem wir die glückselige Hoffnung und Erscheinung der Herrlichkeit unseres großen Gottes und Heilandes Jesus Christus erwarten. Der hat sich selbst für uns hingegeben, damit er uns loskaufte von aller Gesetzlosigkeit und sich selbst ein Eigentumsvolk reinigte, das eifrig sei in guten Werken (Tit 2,11-4).

Persönliche Reaktion

Wie Sie auf dieses Kapitel reagieren, hängt davon ab, in welcher Phase Ihrer geistlichen Reise Sie sich befinden. Diejenigen von uns, die schon ihr Vertrauen auf Jesus gesetzt haben, können sich Zeit nehmen, um Gott anzubeten und ihm zu danken, dass er uns von unserem Eigensinn gerettet hat. Wir können über die Verheißung nachdenken, dass wir im zukünftigen Zeitalter die »unvergleichlichen Reichtümer seiner Gnade« widerspiegeln werden.

Wenn Ihnen vielleicht zum ersten Mal in Ihrem Leben bewusst wurde, dass Sie Gottes persönliches Eingreifen in Ihrem Leben nötig haben, ist es Zeit, einfach zuzugeben, dass Sie sich nicht selbst helfen können. Wie schon wiederholt besprochen, wird Gott Sie erst erlösen, wenn Sie alles Vertrauen auf Ihre eigene Leistung aufgeben und Ihren Glauben auf Jesus allein setzen.

Jesus erzählte eine Geschichte von zwei Männern, die in den Tempel gingen, um zu beten. Der erste stand dort und pries Gott dafür, was für ein toller Mensch er sei: »Gott, ich danke dir, dass ich nicht bin wie die übrigen der Menschen: Räuber, Ungerechte, Ehebrecher oder auch wie dieser Zöllner. Ich faste zweimal in der Woche, ich verzehnte alles, was ich erwerbe« (Lk 18,11-12).

Aber der Zöllner näherte sich Gott ganz anders. Er »stand weitab und wollte sogar die Augen nicht aufheben zum Himmel, sondern schlug an seine Brust und sprach: Gott, sei mir, dem Sünder, gnädig!« (V. 13). Jesus erklärte, dass dieser Mann gerechtfertigt nach Hause ging, der andere dagegen nicht. Wenn es um die Gnade geht, dann können wir nichts tun außer unsere große Not zu Gott bringen. Gott deckt unser Versagen zu, er hilft denen, die sich nicht selbst helfen können und denen das auch bewusst ist. Wenn wir diese Gnade empfangen haben, dann wird unser Leben verändert. Sagen Sie Gott jetzt in diesem Augenblick, dass Sie Ihr Vertrauen ganz auf ihn setzen.

Augustinus sagte, dass man Gnade nur mit leeren Händen empfangen kann.

Epilog

Können wir ihm vertrauen?

Es gibt auf diesem Planeten Kriege, Armut, Naturkatastrophen und schreckliches Unrecht. Wer könnte die Eimer von Tränen berechnen, die zu jeder Stunde in dieser gefallenen Welt vergossen werden? Ist ein souveräner Gott vertrauenswürdig, der jederzeit diesem Leid ein Ende setzen könnte und es nicht tut? Ist ein Gott vertrauenswürdig, der die Macht gehabt hätte, alle Katastrophen zu verhindern, die durch die Jahrhunderte hindurch die Erde erschütterten? Ist ein Gott vertrauenswürdig, der die Macht gehabt hätte, einen Hitler als Kind in den Armen seiner Mutter sterben zu lassen?

Es gibt Begegnungen mit dem Bösen, die so schrecklich sind, dass sie die Grundlagen unseres Glaubens an einen gütigen Gott erschüttern. Es gibt Menschen, deren Glaube darüber zerstört wurde. Elie Wiesel schrieb stellvertretend für Millionen von Juden und anderen Opfern des Holocaust und wir müssen seine Klage hören:

> Nie werde ich diese Nacht vergessen, die erste Nacht im Konzentrationslager, die mein Leben in eine lange Nacht verwandelte, die ich siebenmal verfluche und versiegle. Niemals werde ich diesen Rauch vergessen. Nie werde ich die Gesichter der Kinder vergessen, deren Leiber ich zu Rauchkränzen unter einem stillen blauen Himmel werden sah. Niemals werde ich diese Flammen vergessen, die meinen Glauben für immer verzehrten. [1]

Können wir Gott vertrauen?

Eine billige Antwort wäre hier fehl am Platz, auch dürfen wir uns nicht abschotten, wenn Wiesel über das Gefühl des seelischen Schmerzes und die Enttäuschung über Gott berichtet. Wir können verstehen, warum diese Flammen den Glauben eines Menschen für immer verzehren konnten. Doch nicht an Gott zu glauben ist kaum ein Trost angesichts solcher Gräuel. Denn ohne Gott gibt es keine Chance, dass die Ungerechtigkeiten der Vergangenheit wiedergutgemacht werden. Ein jüdischer Freund von mir – er ist Atheist – gab zu, dass der Gedanke ihn beunruhige, dass Hitler für seine Taten nie zur Rechenschaft gezogen werden würde. Er hat keine Hoffnung, dass es einmal eine Abrechnung geben wird, die alles in Ordnung bringt. Nicht an Gott zu glauben ist keine Lösung.

Andererseits sollten wir nicht vorgeben, eine adäquate, rein rationale Antwort auf Elie Wiesels Dilemma zu haben. Die Schwierigkeit, das menschliche Leiden mit der Existenz eines guten und machtvollen Gottes zu vereinbaren, fordert unsere besten Köpfe heraus. Auch nachdem alle theologischen Aufsätze zu diesem Thema geschrieben worden sein werden und den Streitenden die Argumente ausgegangen sein werden, werden wir diese Frage immer noch nicht verstehen: Wir stehen ehrfürchtig vor einem großen Geheimnis. John Stackhouse schreibt:

> Der Gott der Vorherbestimmung, der Gott der weltweiten Vorsehung, der Gott, der alles erschaffen hat und alles erhält und so letztendlich für alles verantwortlich ist – dieser Gott hat uns nur einen kleinen Einblick in den göttlichen Plan für den Kosmos offenbart. Gott hat uns keine vollständige Lösung für einen Sinn des Leidens, den Sinn der ganzen Verrücktheit erkennen lassen. Gott hat es stattdessen gefallen, ein Geheimnis zu bleiben. [2]

Ja, es hat Gott gefallen, Geheimnisse zu bewahren. In seinem Buch *de principii* beschreibt Origines, was Paulus meinte als er schrieb, dass Gottes Gerichte unerforschlich (Röm 11,33) und seine Wege unergründlich sind (vergl. Ps 145,3). Lesen Sie folgende Worte:

> Paulus sagte nicht, dass Gottes Gerichte etwa schwer zu erforschen wären, sondern dass sie überhaupt nicht zu erforschen sind. Er sagte nicht, dass Gottes Wege schwer zu entdecken wären, sondern dass es unmöglich ist, sie zu entdecken. Wie weit man auch immer bei dieser Suche kommen und Fortschritte durch vermehrte ernste Studien machen mag, selbst wenn wir im Geist durch Gottes Gnade Hilfe erfahren und erleuchtet werden, wird niemand in der Lage sein, das endgültige Ziel seiner Forschungen zu erreichen. [3]

Um zu verdeutlichen, welche Ansprüche der Glaube an uns stellt, erzählt der Philosoph Basil Mitchell folgende Parabel: Es herrscht Krieg. In einem besetzten Land trifft ein Mitglied der Widerstandsbewegung eines Abends einen Fremden, der ihn sehr beeindruckt. Sie verbringen den Abend im gemeinsamen Gespräch. Der Fremde betont dabei, dass er auch auf der Seite des Widerstandes stehe – ja, er führe ihn sogar an. Er fordert den jungen Partisanen auf, an ihn zu glauben, ganz gleich, was geschehe. Der junge Mann ist von dem Fremden beeindruckt und entscheidet sich, ihm Glauben zu schenken.

Am nächsten Tag sieht er, wie der Fremde auf der Seite der Untergrundbewegung kämpft, und so sagt er seinen Freunden: »Schaut mal, der Fremde ist auf unserer Seite.« Sein Glaube wird gerechtfertigt.

Doch am übernächsten Tag erscheint der Fremde in der Uniform eines Polizisten und liefert der Besatzungsmacht – dem Feind! – Rebellen aus!

Die Freunde des jungen Mannes murren gegen den Fremden und meinen, er könne nicht auf ihrer Seite sein, weil man gesehen hätte, wie er dem Feind geholfen habe. Doch der junge Partisan ist unbeeindruckt, er hält am Glauben an den Fremden fest.

Manchmal bittet er den Fremden um Hilfe und bekommt sie. Manchmal bittet er vergeblich um Hilfe. Wenn ihn das entmutigt, sagt er sich immer wieder: »Der Fremde weiß es am besten.«

Weil das Verhalten des Fremden so widersprüchlich erscheint, spotten die Freunde des jungen Mannes über seinen Glauben: »Wenn sein Verhalten beweisen soll, dass er auf unserer Seite steht, dann sollte er möglichst schnell zu den anderen überlaufen.« Der junge Mann steht vor einem Dilemma: Muss er annehmen, dass der Fremde gar nicht auf seiner Seite steht, oder glaubt er den Umständen zum Trotz weiter an ihn?

Wir können aus dieser Parabel zwei Dinge lernen. Erstens hängt unsere Entscheidung für oder gegen den Glauben von der Begegnung ab, die wir mit Jesus hatten. Wenn wir in Jesus Gott sehen, wie er uns nahe ist, wie er uns liebt und unsere Sünde vergibt, dann sind wir in der Lage, zu glauben, auch wenn wir keine endgültige Antwort auf die Leidensfrage haben. Luther, der über die geheimnisvollen Wege Gottes nachdachte, fordert uns auf, »vor dem verborgenen Gott zu fliehen und zu Jesus zu laufen«.

Natürlich sind der »verborgene Gott« und der fleischgewordene Gott identisch. Wir haben keine zwei verschiedenen Gottheiten vor uns, zwischen denen wir wählen müssten. Wie Stackhouse ausführt, ist Luthers Rat auch nur dann sinnvoll, wenn Gott und Jesus eins sind. »Wir fliehen vor den Geheimnissen des Ratschlusses Gottes, von denen wir nicht genug wissen, um sie verstehen zu können (weil Gott so wenig davon offenbarte), und laufen zu Jesus Christus, in dem Gott sich für uns verständlich offenbarte.« [4] Jesus versichert uns in seinem Wort, dass er für uns ist, und dass nichts uns von seiner Liebe trennen kann. Doch seine Handlungen sind widersprüchlich, manchmal scheint es, als sei er gar nicht auf unserer Seite. Was tun wir? An welchem Punkt geben wir die Hoffnung auf und sagen: »Er kümmert sich ja doch nicht um mich?«

Mit wie viel Ausdauer wir glauben, hängt vom Ausmaß unserer Freundschaft mit dem Fremden (Jesus) ab. Je besser wir ihn kennen, desto größer ist die Wahrscheinlichkeit, dass wir ihm weiter vertrauen, auch wenn seine Handlungen uns irritieren und er scheinbar gar nicht auf unserer Seite steht. Seine Liebe zu uns lässt sich nicht an den Umständen messen, in denen wir stecken, sondern an seinen Verheißungen. Um Stackhouse noch einmal zu zitieren: »Wir können richtig auf das Böse in unserem Leben reagieren, weil *wir wissen, dass Gott allgütig und allmächtig ist, weil wir Jesus kennen«* (Hervorhebung vom Autor). [5]

Das ist die Anfechtung unseres Glaubens. Jesus kam, um uns den Vater zu zeigen. Und durch ihn wissen wir, dass Gott weiß, wie viel wir ertragen können, ohne daran zu zweifeln, dass er unser Bestes will. Wenn es Gott gefällt, das Gegenteil dessen zu tun, was ein Gott der Liebe nach unserem Dafürhalten tun sollte, dann ist das eine Prüfung unserer Loyalität. Stellen Sie sich vor, Gott schickt Umstände, die unseren Glauben an seine Güte und Liebe strapazieren. Wie kann er unseren Glauben am besten prüfen? Er wird seine Eigenschaften verleugnen. Wenn er scheinbar auf die Seite des Gegners wechselt – glauben wir dann immer noch, dass er unser Bestes will? Können wir ihm glauben, ganz gleich, was geschieht?

Jesus tröstet uns: »Euer Herz werde nicht bestürzt. Ihr glaubt an Gott, glaubt auch an mich! Im Hause meines Vaters sind viele Wohnungen. Wenn es nicht so wäre, würde ich euch gesagt haben: Ich gehe hin, euch eine Stätte zu bereiten? Und wenn ich hingehe und euch eine Stätte bereite, so komme ich wieder und werde euch zu mir nehmen, damit auch ihr seid, wo ich bin. Und wohin ich gehe, dahin wisst ihr den Weg« (Joh 14,1-4).

»Wenn er mich damals im Stich ließ, wieso sollte ich glauben, dass er jetzt für mich da ist?«, fragte mich eine Frau. Sie war als Kind misshandelt worden und kämpfte als Erwachsene mit Zorn und Misstrauen gegen Gott. Sie konnte nicht verstehen, warum ihr himmlischer Vater, dem alle Macht zur Verfügung steht, nicht eingegriffen hatte, als sie brutal vergewaltigt und geschlagen worden war. Wir sind dankbar, dass sie zum Glauben durchgedrungen ist, aber es ist schwer für sie. Jeder Zentimeter ihres geistliches Wachstums ist hart erkämpft. Ja, letztlich wird unser Glaube von dem Einen abhängen, dem wir zu vertrauen begonnen haben.

Das führt mich zu der zweiten Erkenntnis, die wir aus der Parabel gewinnen können: Die Problematik des Bösen wird nicht im jetzigen Leben beantwortet, sondern erst im nächsten. Erinnern Sie sich daran, dass es in unserer Geschichte an einigen Tagen so schien, als sei der Fremde auf der Seite der Gegner. Der Konflikt zog sich ohne Lösung dahin. Aber denken Sie daran, dass Gott die ganze Ewigkeit zur Verfügung steht, um uns alle Geheimnisse seiner Pläne zu erklären (wenn es ihm denn so gefällt). Als Gläubige stimmen wir mit Paulus überein, der sagte: »Denn ich denke, dass die Leiden der jetzigen Zeit nicht ins Gewicht fallen gegenüber der zukünftigen Herrlichkeit, die an uns geoffenbart werden soll« (Röm 8,18). Und an anderer Stelle: »Deshalb ermatten wir nicht, sondern wenn auch unser äußerer Mensch aufgerieben wird, so wird doch der innere Tag für Tag erneuert. Denn das schnell vorübergehende Leichte unserer Bedrängnis bewirkt uns ein über die Maßen überreiches, ewiges Gewicht von Herrlichkeit, da wir nicht das Sichtbare anschauen, sondern das Unsichtbare; denn das Sichtbare ist zeitlich, das Unsichtbare aber ewig« (2Kor 4,16-18).

Liebt uns unser himmlischer Vater wirklich mehr als ein irdischer Vater? Manchmal scheint es, dass irdische Väter eher auf unsere Wünsche und Bedürfnisse eingehen. Natürlich liebt unser himmlischer Vater uns mehr, als unser irdischer Vater das je könnte, doch hat er ganz andere Prioritäten. Wir schätzen Gesundheit, und das tut auch unser himmlischer Vater, aber unseren Glauben schätzt er als noch wichtiger ein. Er freut sich, uns mit der nötigen Nahrung zu versorgen, doch er freut sich noch mehr, wenn wir ihm auch dann vertrauen, wenn wir hungern oder sogar verhungern. Und ja, er freut sich, wenn wir ihm auch dann vertrauen, wenn er scheinbar nicht da ist, wenn wir ihn brauchen.

Jahrelang beschäftigte mich das Problem, wie man das Leiden dieser Welt mit der Liebe Gottes vereinbaren kann. Nach allem Studieren und Nachdenken musste ich die Schlussfolgerung ziehen, dass eine annehmbare rationale Lösung vielleicht gar nicht existiert. Ich versuchte in diesem Buch darzulegen, dass wir demütig bekennen müssen, dass Gottes Wege »alle Erkenntnis übertreffen«. Es war einfach nicht sein Wille, uns alle Teile des Puzzlespiels zu zeigen. Doch wie Tony Campolo sagt: »Es ist (Kar-)Freitag, doch der Sonntag kommt bestimmt.«

Nachdem Johannes der Täufer ins Gefängnis geworfen worden war, fing er an zu zweifeln, ob Jesus nun der Messias sei oder nicht. Denn eins war sicher: das Alte Testament sagte voraus, dass der Messias die Gefangenen befreien würde (Jes 61,1). Johannes machte denselben Fehler, den viele machen, die glauben, dass Gott verpflichtet wäre, uns heute zu heilen: Er deutete die Zeit und die Anwendung einer Verheißung Gottes falsch.

Solange Johannes in dem Kerker saß, schien es, als würde Jesus Jesajas Verheißung nicht erfüllen. Ich bin sicher, er fand es unfair, dass man ihn nun dafür bestrafte, weil er einen solch gerechten Standpunkt in der Frage der sündigen Ehe des Herodes eingenommen hatte, wo er doch eine solch wichtige Rolle im irdischen Dienst Jesu gespielt hatte. Deshalb schickte er eine Delegation zu Jesus, um genau nachzufragen: »Bist du es, der da kommen soll, oder sollen wir auf einen andern warten?« (Mt 11,3).

Als Antwort erinnerte Jesus den Johannes daran, dass Wunder stattfinden würden, und fügte dann hinzu: »Selig ist, wer sich nicht an mir ärgert« (V. 6). Wir könnten es auch so ausdrücken: »Selig ist, wer sich nicht daran stört, wie ich meine Aufgabe erfülle.«

Oder – »Selig ist, wer nicht sagt: Ich werde Gott nie vertrauen, weil er mich nicht vor Gewalt und Unrecht beschützt hat.« Oder – »Selig ist, wer nicht sagt: Ich finde die Lehre der Hölle so abschreckend, dass ich nicht an den Gott der Bibel glaube.«

Selig ist, wer dem Herzen Gottes vertraut, auch wenn uns unverständlich bleibt, was seine Hand tut. Selig ist, wer ehrfürchtig vor den Geheimnissen der Pläne Gottes steht. Selig ist, wer unbeirrt am Glauben festhält, egal was geschieht. Selig ist, wer Gott Gott sein lässt.

Vor seinem Tod hat einer der größten Prediger Amerikas ein Schlüsselgedicht geschrieben:

Er braucht nicht um Hilfe rufen,
Und nichts kann ihn verwirren.
Er braucht dich nicht, und er braucht mich nicht.
Er steht allein in der Einsamkeit seiner Selbst.

Er ist erhaben und er ist einzigartig.
Es gibt niemanden, der so ist;
Und niemanden, der vor ihm war:
Er ist überlegen und überragend.

Er ist der Superlativ alles Guten,
Das man von ihm sagen könnte.
Ich versuche dir zu sagen – du kannst ihm vertrauen!

Er kann alle unsere Bedürfnisse stillen,
Und er kann dies gleichzeitig tun.
Er gibt den Schwachen Kraft.
Er ist für Angefochtene und Versuchte zugänglich;
Er fühlt mit uns und sieht uns.

Er wacht und führt.
Er heilt Kranke, er reinigt Aussätzige.
Er vergibt den Sündern.
Er entschuldet Schuldner.
Er befreit Gefangene.
Er verteidigt die Schwachen;
Er segnet die Jungen.
Er schätzt die Alten;
er belohnt die Fleißigen.

Er macht die Demütigen schön.
Ich versuche dir zu sagen – du kannst ihm vertrauen!

… er ist der Herr der Mächtigen.
Er ist der General der Eroberer.
Er ist das Haupt der Helden.
Er ist der Führer der Gesetzgeber.
Er ist der Aufseher der Überwinder.
Er ist der Herrscher der Herrschenden.

Er ist der Fürst der Fürsten.
Er ist der König der Könige.
Er ist der Herr der Herren.
Du kannst ihm vertrauen!

… sein Joch ist sanft,
Seine Last ist leicht.
Ich wünschte, ich könnte ihn dir beschreiben.

Er ist unbeschreiblich,
Weil er nicht zu verstehen ist.
Er ist unwiderstehlich und er ist unbesiegbar.
Du kannst ihn nicht loswerden,
Du kannst ihn nicht aus deinem Geist ausschließen.
Du kannst ihn nicht überleben,
Und du kannst nicht ohne ihn leben.

… Der Tod hatte keine Macht über ihn.
Und, Gott sei gedankt,
das Grab konnte ihn nicht halten.

Es gab niemanden vor ihm,
Es wird niemanden nach ihm geben.
Er hat keinen Vorgänger,
Und er wird keinen Nachfolger haben.
Du kannst ihn nicht des Amtes entheben,
Und er wird sein Amt nie niederlegen.
DU KANNST IHM VERTRAUEN! [6]

»Halleluja!« singt die Menge im Himmel in der Vision des Johannes auf Patmos. »Das Heil und die Herrlichkeit und die Kraft sind unseres Gottes! Denn wahrhaftig und gerecht sind seine Gerichte« (Offb 19,1-2).

Ja, wir können ihm vertrauen.

Fußnoten

Vorwort

[1] Chris Stamper, »Religious Cafeteria and other Cultural Buzz«, in: *World magazine*, 5.12.1998, S. 30
[2] Os Guinness in seiner Einleitung zu: Blaise Pascal, *The Mind on Fire.* Portland, Oregon:Mutnomah Press 1989, S. 28.
[3] John Stott, Romans: *God's Great News for the World.* Downers Grove, Ill.: InterVarsity Press 1994, S. 312.

Kapitel 1

[1] »Playing Possum.« Text und Melodie von Carly Simon, Copyright 1980 von Universal-PolyGram International Publishing, Inc., einer Tochter von Universal Studios, Inc. Text steht unter internationalem Copyright. Alle Rechte vorbehalten. Zitat mit Genehmigung.
[2] Henry Scougal, *The Life of God in the Soul of Man.* Harrisonburg, Va.: Sprinkle Publication 1986, S. 109.
[3] Blaise Pascal, *The Mind on Fire*, Hrsg James M. Houston. Portland, Ore.: Multnomah Press 1989, S. 109.
[4] Augustinus, *Confessions*. London: Penguin 1961, S. 21.
[5] Donald W. McCullough, *The Trivialization of God.* Colorado Springs: Nav-Press, 1995, S. 13-14.
[6] Ebd., S. 20.
[7] Gloria Copeland, *God's Will is Prosperity*, Fort Worth: KCP-Publications 1978.
[8] McCullough, *The Trivialization of God*, S. 40.
[9] Robert Schuller, *Self-Esteem: The New Reformation*. Waco: Word books 1982, S. 26-27 und 127.
[10] Joseph Haroutunian, *Piety versus Moralism: The Passion of New England Theology*. New York: Harper and Sons, 1932, S. 145.
[11] Robert Wuthnow, »Small Groups Forge New Notions of Community and the Sacred« in: *Christian Century* vom 8. Dezember 1993, S. 1239-40.
[12] Rosemary Radford Ruether zitiert bei: Elisabeth Achtemeier, »Why God is Not Mother« in: Christianity Today, 16. August 1993, S. 22.
[13] Parker T. Williamson, »Sophia Upstages Jesus at Re-imaging Revival« in: *Good News*, Juli/August 1998, S. 24.

[14] Paul Sherry zitiert von Edward Plowman in: »Read it and Weep«, *World Magazine* vom 5. Dezember 1998, S. 24.
[15] Neale Donald Walsch, *Conversations with God.* New York: G. P. Putman's Sons 1996, S. 13.
[16] Ebd. S. 8.38-39.
[17] Betty J. Eadie and Curtis Taylor, *Embraced by the Light.* Placerville/Cal: Gold Leaf 1992.
[18] Alan Jacobs, »The God of the Bestseller«, in: *The Weekly Standard* vom 6. Dezember 1999, S. 32.
[19] C. S. Lewis, *Miracles.* New York: Macmillan 1960, S. 93.
[20] David Crystal, Hrsg. *The Cambridge Fact Finder.* Cambridge: University Press 1997, S. 3.
[21] *Encyclopedia Americana*, Internationale Ausgabe, S. 582.
[22] Johannes Calvin, *Institutes of Christian Religion,* Hrsg. John T. McNeill, Übers. ins Englische von Ford Lewis Battles. Philadelphia: Westminster Press 1960, S. 37.
[23] Zit. in: McCullough, *The Trivialization of God,* S. 90.
[24] James Walsch (Hrsg.), *The cloud of Unknowing.* New York: Paulist Press 1981, S. 121.
[25] Ebd.
[26] John Piper, *Desiring God: Meditations of a Christian Hedonist.* Portland, Ore: Multnomah Press 1986, S. 19.

Kapitel 2

[1] Marty Kaplan, »Ambushed by Spirituality« in: *Time* vom 24. Juni 1996, S. 62.
[2] Wayne Dyer, *Your Sacred Self.* New York: Harper & Collins 1995, S. xii.
[3] Glenn Tinder, »Birth of a Troubled Conscience«, in: *Christianity Today* vom 26. April 1999, S. 33.
[4] Zitiert nach: Ravi Zacharias, *Can Man Live without God?* Dallas: Word Publishing 1994, S. 18-19.
[5] Philip Yancey, *What's So Amazing about Grace? Grand Rapids: Zondervan 1997, S. 11.*
[6] McCullough, *The Trivialization of God,* S. 86.
[7] Roland Bainton, *Here I Stand.* New York: New American Library 1950, S. 30.

Kapitel 3

[1] A. W. Pink, zitiert in J. I. Packer, *Knowing God.* Downer's Grove, Ill.: Inter-Varsity Press 1973, S. 69.
[2] Ebd., S. 72.

[3] R. C. Sproul, *The Holiness of God.* Wheaton: Tyndale 1984, S. 63.
[4] C. S. Lewis, *The Lion, the Witch, and the Wardrobe.* New York: Macmillan 1950, S. 75-76.
[5] McCullough, *The Trivialization of God,* S. 20.

Kapitel 4

[1] C. S. Lewis zitiert bei: Charles Olrich, *The Suffering of God.* Downers Grove, Ill.: InterVarsity Press 1982, S. 20.
[2] Charles Cranfielt, zitiert bei John Stott, *The Cross of Christ.* Downers Grove, Ill.: InterVarsity Press 1986, S. 134.
[3] Johannes Calvin, zitiert in: ebd., S. 141.
[4] Ebd. S. 160.
[5] Ebd. S. 151.
[6] Archibald Hodge, *Commentary on the Confession of Faith.* Philadelphia 1869, S. 70.
[7] Dennis Ngien, »The God Who Suffers« in: *Christianity Today,* 3. Jg., Febr. 1997, S. 40.
[8] George Butterick, zitiert bei Stott, *The Cross of Christ,* S. 158.
[9] Stephen Neill, zitiert ebd.
[10] P. T. Forsyth, zitiert ebd.
[11] Stott, *The Cross of Christ,* S. 156.
[12] Elie Wiesel, *Night.* New York: Bantam Books 1982, S. 61.
[13] Ravi Zacharias, *Cries of the Heart.* Nashville, Tenn.: Word Publishing 1998, S. 60.
[14] Edward Shillito, »Jesus of the Scars«, in: *Areopagus Proclamation,* Bd. 10, Nr. 7 (April 2000).

Kapitel 5

[1] Paul Galloway, »Theologians Opening Heaven's Gate a Bit Wider« in: *Chicago Tribune* vom 28. Januar 1996, S. 1.
[2] John Stott in: *Authentic Christianity,* zitiert in: *Christianity Today* vom 6. September 1999, S. 104.
[3] Raymond Panikkar, *The Unknown Christ of Hinduism.* London: Darton, Longman and Todd 1965, S. 54.
[4] John Sanders, *No Other Name.* Grand Rapids: Eerdmans 1992, S. 208.
[5] W. Gary Phillips, »Evangelical Pluralism: A Singular Problem« in: Bibliotheka Sacra, April/Juni 1994, S. 11.
[6] Archibald Hodge, *Commentary on the Confession of Faith.* Philadelphia: Presbyterian Board of Publication 1869, S. 70.

[7] Phillips, »Evangelical Pluralism: A Singular Problem«, S. 12.
[8] »Clark Pinnock's Response« in: *Predestination and Free Will,* Hrsg. David und Randall Basinger. Downers Grove, Ill.: InterVarsity Press 1986, S. 150.
[9] Clark Pinnock, *A Wideness in God's Mercy: The Finality of Jesus Christ in a World of Religions.* Grand Rapids: Zondervan 1992, S. 98.111.158.172-176.
[10] Ebd., S. 141.
[11] Ebd., S.77.
[12] Phillips, »Evangelical Pluralism: A Singular Problem«, S. 11.15.
[13] Carl Henry, zit. bei: William V. Crocket; James G. Sigountos (Hrsg.), *Through no Fault of Their Own?* Grand Rapids: Baker Book House 1991, S. 254.
[14] Jonathan Edwards, zitiert in: John Piper, *Let the Nations be Glad.* Grand Rapids: Baker Books 1993, S. 128.
[15] Benjamin B. Warfield, *The Plan of Salvation.* Grand Rapids: Eerdman 1977, S. 74.

Kapitel 6

[1] *Chicago Sun Times* v. 5. Mai 1999, S. 1.
[2] Ebd.
[3] »The Lost and Helpless Flee from Hell to the Hills«, in: *Independent Foreign News* vom 26. August 1999.
[4] C. H. Spurgeon, *The Treasurey of the Bible. Old Testament.* Grand Rapids: Zondervan 1962, Bd. 4, S. 212.
[5] C. H. Spurgeon, *The Metropolitan Tabernacle Pulpit.* Pasadena (Tex): Pilgrim 1970, Bd. 15, S. 460.
[6] Albert Camus, *The Plague*. Übers. Stuart Gilbert. New York: Penguin 1966.
[7] Hodge, *A Commentary on The Confession of Faith.* S. 134.
[8] Timothy Lull (Hrsg.), *Martin Luther's Basic Theolgical Writings*. Minneapolis: Fortress Press 1989, S. 744.
[9] Ebd., S. 742.
[10] John Stuart Mill, *Nature: The Unity of Religion and Theism.* O. O., Watts&Co, The Rationalist Press 1904, S. 21.
[11] John Piper, *World Magazine* vom 4. Sept. 1999, S. 33.
[12] William Cowper, *Cowper's Poems,* Hrsg.: Hugh l'Anson. New York: Everyman's Library 1966, S. 188-189.
[13] Zitiert bei: Charles Swindoll, *The Mystery of God's Will.* Nashville, TN: Word Publishing 1999, S. 115.
[14] Moody Adams, *The Titanic's Last hero.* West Columbia, S. C.: Olive Press 1997, S. 23.

Kapitel 7

[1] William James zitiert in: Robert Morey, *The Battle of the Gods*. Southbridge, Mass.: Crown Publications 1989, S. 77.
[2] Basinger und Basinger (Hrsg.), *Predestination and Free Will*. S. 97-98.
[3] Gregory Boyd, *Letter from a Skeptic*. Wheaton: Victor Books 1994, S. 30.
[4] Richard Rice, *The Openness of God*. Nashville, Tenn.: Review and Herald, 1979, S. 36-37.
[5] Basinger und Basinger (Hrsg.), *Predestination and Free Will*. S. 96.
[6] John Piper, »Why the Glory of God Is at Stake in the ›Foreknowledge‹ Debate« in: *Modern Reformation*, Sept/Okt 1999, S. 43.
[7] Ebd. S. 42.
[8] Greg Boyd, *God at War: The Bible and Spiritual Conflict*. Downers Grove, Ill.: InterVarsity Press 1997, S. 58.
[9] Greg Boyd, zitiert bei: Rebecca J. Ritzel, »Marketing Heresy?« In: World Magazine, Nr. 20 v. 20 November 1999, S. 27.
[10] J. I. Packer, *Knowing God*. Downers Grove, Ill.: Inter Varsity Press 1973, S. 37.

Kapitel 8

[1] John Piper, *The Pleasures of God*. Portland, Ore.: Multnomah Press 1991, S. 38.
[2] Charles D. Alexander, *Hallelujah! For the Lord God Omnipotent Reigneth!* Pensacola, Fla: Mt. Zion Publications o. J., S. 12. Abschrift einer Rede auf der Jahresversammlung der Sovereign Grace Union in London, Juli 1969.
[3] Ebd., S.16.
[4] Erwin Lutzer, *Doctrines That Divide*. Grand Rapids: Kregel 1998, S. 153-223. Viele Menschen glauben, dass das Problem des Bösen durch einen Appell an den freien Willen der Geschöpfe Gottes gelöst werden kann. Diese Ansicht ist aus vielen Gründen völlig unbefriedigend. Erstens, wenn Gott geplant hätte, dass seine Geschöpfe nicht sündigen, aber er seinen Plan wegen ihres freien Willens nicht hätte erfüllen können, dann müssen wir darauf hinweisen, dass er sich hätte entschließen können, Engel und Menschen zu schaffen, von denen er wusste, dass sie nicht sündigen würden. Oder er hätte Wesen schaffen können, die denen im Himmel gleichen, die nur Gott dienen wollen und frei sind von der Fähigkeit zur Sünde. Weiter ist es schwer zu glauben, dass der freie Wille das immense Leid dieser Welt und für viele ein Leben in der Hölle in der nächsten Welt wert gewesen wäre. Wenn nämlich der freie Wille so wichtig für Gottes Programm gewesen wäre, dann würde man erwarten, dass dies in der Schrift gelehrt würde, doch das ist nicht der Fall. Die Bibel lehrt nicht, dass wir Roboter sind, sondern verantwortliche Menschen, doch weist sie auch darauf hin, dass wir

nicht so frei sind, wie diejenigen behaupten, die auf einem absolut freien Willen des Menschen bestehen. Wenn wir die folgenden Abschnitte lesen, dann werden wir die Vorstellung verabschieden, dass Gott sich durch den freien Willen seiner Geschöpfe selbst beschränkt hätte: 2Mo 4,21; 12,36; Ps 105,25; Spr 21,1; Dan 4,21; Amos 3,6; Joh 1,13; 5,21; 12,39-40; Apg 4,27-28; 13,48; Röm 9,22-24; Eph 1,4-5; 2Thess 2,13.

5 Alexander, *Hallelujah! For the Lord God Omnipotent Reigneth!* S. 2.

6 Frank Mead (Hrsg.), *12,000 Religious Quotations*. Grand Rapids: Baker Book House 1989, S. 179.

7 S. C. Gwynne, »An Act of God?«, *Time*, 20. Dezember 1999, S. 58.

8 Charles Swindoll, *The Mystery of God's Will.* Nashville, Tenn.: Word Publishing 1999, S. 91.

Kapitel 9

1 John Piper, *Desiring God.* Nähere Angaben s. Anm. 26 zu Kap. 1. *The Pleasures of God.* Nähere Angaben s. Anm. 1 zu Kap. 8.

2 Piper, *The Pleasures of God*, S. 23.

3 Ebd., S. 31.

4 Ebd., S. 85.

5 Ebd., S. 89.

6 Ebd., S. 108.

7 Ebd., S. 61.

8 Ebd., S. 66.

9 Blaise Pascal, *The Mind on Fire.* S. 66.

10 Ebd., S. 108.

11 C. S. Lewis, *The Weight of Glory and Other Addresses.* Grand Rapids: Eerdmans Publishing Co., 1965, S. 94-95.

12 John Bartlett, *Familiar Quotations,* Hrsg: Emily Morison Beck. Boston: Little, Brown & Co, 1968, S. 495.

13 John Piper, *Future Grace.* Sisters, Oreg.: Multnomah Press 1995, S. 8.

14 Oscar Wilde, *De Profunids*, zit. bei Wiliam Barclay, *The Letters of the Galatians and Ephesians.* Edinburgh: Saint Andrew's Press 1954, S. 177.

15 Pascal, *The Mind on Fire,* S. 109.

16 Jerry L. Walls in *Good News*, Mai/Juni 1995, zitiert in: *Christianity Today,* 17. Juli 1995, S. 49.

17 Georg Müller, zitiert bei: Piper, *Future Grace*, S. 127.

Kapitel 10

1 »Born Again Christians Ignorant of Faith, Survey Also Finds Hell's De-

scription Divides Americans« in: *Barna Research Outline* vom 18. März 1995, S. 1.

[2] Arnold Dallimore, *George Whitefield.* Winchester, Ill.: Crossway Books, 1980, S. 453.

[3] John R. W. Stott, *God's New Society: The Message of Ephesians*. Downers Grove, Ill.: InterVarsity Press 1979, S. 82.

[4] David Hubbard, zitiert bei: McCullough, *The Trivialization of God*, S. 97.

[5] Zacharias, *Cries of the Heart*, S. 116.

Epilog

[1] Elie Wiesel zitiert in: John Stackhouse, *Can God be Trusted? Faith and the Challenge of Evil.* New York: Oxford University Press 1998, S. 47.

[2] Stackhouse, *Can God be Trusted?*, S. 103.

[3] Origen, *On First Principles*. New York: Harper and Row 1966.

[4] Stackhouse, *Can God be Trusted?, S. 103.*

[5] Ebd., S. 104.

[6] S. M. Lockridge, »You Can Trust Him«, in: *Reformation and Revival,* Jan/Feb 2000, S. 19.

1. Lüge

Fragen zur Gruppenarbeit

Gott ist genau so, wie ich ihn mir wünsche

Die Lüge untersuchen

A. »Wir sind dazu geboren, nach einem Sinn zu fragen und hinter dieser Frage steht unsere Suche nach Gott.«

1. Auf welche Weise suchen Menschen, die Sie kennen, nach einem Sinn im Leben?

2. Wie haben Sie selbst nach Gott gesucht?

B. »Das Wort *Gott* ist zu einer Leinwand geworden, auf der jeder nach Belieben sein eigenes Portrait des Göttlichen malen kann – wie der Junge an seinem Tisch können wir Gott so zeichnen, dass er allen unseren Anforderungen entspricht.«

1. Beschreiben Sie einige dieser Portraits des Göttlichen, die Ihnen begegnet sind. An welche Art von Gott (wenn überhaupt) glauben Ihre Freunde und Bekannten?

C. »Götzendienst ist mehr als das Tanzen um eine Statue aus Gold oder Silber. Auch, wenn wir uns eine Vorstellung von Gott zurechtzimmern, die wenig Ähnlichkeit mit dem wirklich existierenden Gott hat, ist das Götzendienst.«

1. Definieren Sie »Götzendienst« mit eigenen Worten.

2. Könnte solch ein Götzendienst auch für Sie eine Versuchung darstellen? Bitte erklären Sie Ihre Antwort.

D. Es gibt zwei Hauptgründe, warum wir heute so viele verkehrte Ansichten über Gott haben:

- Wir bringen keine Geduld auf, wenn Gott schweigt.

- Wir wollen einen Gott, der toleranter mit uns umgeht, der weniger verlangt und uns nicht verurteilt.

1. Wie äußert sich die Ungeduld der Menschen über Gottes Schweigen?

2. Aus welchem Grund halten Menschen Gott für intolerant, besitzergreifend und verurteilend? Wie würden Sie auf solche Behauptungen reagieren?

E. Rufen Sie sich einige der Götzen unserer Zeit ins Gedächtnis:

- Den Gott meiner Gesundheit und meines Reichtums

- Den Gott meiner seelischen Bedürfnisse

- Den Gott meines Geschlechtes

- Den Gott meiner Selbstbestätigung

- Den Gott meiner Todeserfahrung

1. Beschreiben Sie jeden dieser heutigen Götzen mit eigenen Worten.

2. Welcher dieser Götzen könnte Sie am ehesten zu Fall bringen? Warum? Wie können Sie der Versuchung widerstehen?

F. »Mit dem Verlust des biblischen Gottes ist uns das Bewusstsein für Sünde abhanden gekommen, und ohne ein Bewusstsein für Sünde verlieren wir den Maßstab für unser Verhalten. Mit diesem Verlust geht dann der Zusammenbruch der Gesellschaft einher.«

1. Können Sie dieser Aussage zustimmen? Erklären Sie.

2. Nennen Sie mindestens ein Beispiel, welche negativen Auswirkungen der Verlust des biblischen Gottes für die Gesellschaft um Sie herum hat.

G. »Nur ein Gott, der uns richtet, kann uns erretten. *Götzen richten uns nicht, doch sie können uns auch nicht erlösen.*«

1. Warum kann uns ein Gott nicht retten, wenn er sich weigert, uns zu richten?

2. Warum können uns Götzen nicht erlösen?

Die Wahrheit entdecken

A. Lesen Sie Psalm 42,2 und 63,2.

1. Wie vermitteln diese Verse eine geeignete Gemütsverfassung, um Gott zu suchen?

2. Welchen Rat erteilen diese Verse einem Menschen, der Gott kennen lernen will?

B. Lesen Sie Psalm 115,3-8.

1. Was lernen Sie in Vers 3 über den Gott der Bibel?

2. Worin unterscheidet sich der biblische Gott von den Götzen?

3. Auf welche Weise ähneln Götzendiener ihren Götzen?

C. Lesen Sie Hes 14,2-3.

1. Wo haben die Menschen, die in diesen Versen beschrieben werden, ihre Götzen aufgestellt? Was bedeutet das?

2. Wie geben Götzen den Menschen einen Anstoß zum Sündigen?

3. Wie reagiert Gott auf diese Art von Götzendienst (V. 3)?

D. Lesen Sie Jes 45,15-17.

1. Wie verbirgt sich Gott vor uns? Warum, meinen Sie, macht er das?

2. Wenn Gott sich verbirgt, dann ist der Mensch versucht, sich einen sichtbaren Ersatz zu schaffen. Was aber erwartet diejenigen, die Götzen verehren (V. 16)?

3. Was wird denen verheißen, die den unsichtbaren (aber wahren) Gott verehren (V. 17)?

E. Lesen Sie Jes 57,15.

1. Wie beschreibt dieser Vers Gott?

2. Wo wohnt Gott nach der Aussage dieses Verses?

3. Warum wohnt Gott bei den Gebeugten?

F. Lesen Sie Jak 4,7-10.

1. Was bedeutet es, sich Gott zu unterwerfen?

2. Was geschieht, wenn wir uns Gott nahen?

3. Zu welchem Verhalten ermutigt Jakobus seine Leser? Aus welchem Grund mag er das tun?

4. Wie fasst Vers 10 die Verse 7-9 zusammen? Welche Reaktion ruft dieser Vers bei Ihnen hervor? Was verheißt dieser Vers denen, die gehorsam sind? Was ist mit Gehorsam gemeint?

2. Lüge

Fragen zur Gruppenarbeit

Viele Wege führen zu Gott

Die Lüge untersuchen

A. »In den letzten zehn Jahren wurde die Sünde wegdefiniert: Wenn es überhaupt noch etwas gibt, das die Bezeichnung Sünde verdient, dann ist es der Gedanke, dass der andere Unrecht hat.«

1. Auf welche Weise wurde die Sünde wegdefiniert?

2. Warum hält man es für eine Sünde, wenn man andere beschuldigt, Unrecht zu haben? Was stimmt an dieser Art von Toleranz nicht?

B. »Die heutige Religiosität definiert Gott folgendermaßen: Gott ist ein Arbeitgeber, der jedem die gleiche Chance gibt. Er ist die universelle Energiequelle, die nur darauf wartet, dass wir sie anzapfen. Was wir glauben, ist unwesentlich. Es kommt darauf an, dass die höhere Macht, die schon in uns schlummert, unser Selbstverständnis durchdringt.«

1. Wie argumentieren Menschen, die Gott als universelle Energiequelle bezeichnen oder als einen Arbeitgeber, der jedem die gleiche Chance gibt?

2. Was mag die Ursache sein, dass einige Menschen der Meinung sind, es sei gleichgültig was wir glauben? Was würden Sie ihnen antworten?

C. »Die Gute Nachricht lautet: Es geht nicht darum, wie groß unsere Sünde ist, sondern es geht um die von Gott vorgeschriebene Methode. Wir sind eingeladen, ins Allerheiligste zu treten, aber wir dürfen nicht allein kommen.«

1. Was ist mit der von Gottes vorgeschriebenen Methode gemeint?

2. Warum können wir nicht so wie wir sind, in die Gegenwart Gottes treten?

D. »Sie haben sicherlich schon jemanden sagen hören: ›Ich habe mich vom Christentum nicht abgewandt, ich bin nur einen Schritt weiter gegangen zur Spiritualität.‹ Dieser Fortschritt erfreut sich heutzutage allgemeiner Beliebtheit. Doch genau genommen muss man sich vom Christentum abwenden, wenn man darüber hinausgeht. Wann immer man etwas zufügen will, beschneidet man es in Wirklichkeit. Die Menschen, welche die Einzigartigkeit Jesu Christi aufgeben, geben nicht einfach einen Teil der Botschaft des Evangeliums auf, sie geben es *ganz* auf.«

1. Warum muss man das Christentum verlassen, wenn man darüber hinausgeht?

2. Warum gibt jemand die gesamte Botschaft des Evangeliums preis, wenn er die Einzigartigkeit Christi bestreitet?

E. Menschen versuchen, Gott mit eigenen Opfern zu versöhnen:

- Das Opfer der Aufrichtigkeit. Einige Menschen meinen, dass Gott sie annehmen müsse, weil sie es gut meinen.

- Das Opfer des Dienstes: Mancher rechnet Gott alle guten Taten vor, die er vollbracht hat und meint, Gott schulde ihm den Himmel für seine Leistung.

- Manche bringen das Opfer ihrer eigenen geistlichen Suche.

- Viele bringen die Opfergabe der *Schuld.* Sie geißeln sich, sie glauben, dass sie für ihre Sünden bezahlen könnten, wenn sie nur genug Reue zeigten.

1. Warum reicht keines dieser Opfer aus, um Zugang zu Gott zu erlangen?

2. Welches dieser Opfer hat Ihrer Meinung nach die weiteste Verbreitung? Warum?

3. Für welches dieser Opfer wären Sie am ehesten anfällig? Erklären Sie.

F. »Der Wert des Opfers muss der begangenen Sünde entsprechen. Weil unsere Sünden gegen einen unendlichen Gott gerichtet sind, brauchen wir ein Opfer von unendlichem Wert. Daraus folgt, dass nur Gott das Opfer zur Verfügung stellen kann, das er selbst verlangt. Das ist die Bedeutung des Evangeliums: Gott selbst hat seine Ansprüche für uns erfüllt.«

1. Warum muss der Wert des Opfers der begangenen Sünde entsprechen?

2. Was tat Gott, um seine eigenen Ansprüche zu erfüllen?

G. »Glauben Sie nie, dass es viele Wege zu Gott gibt. Jesus ist der einzige, geeignete Mittler, das einzige geeignete Opfer, und der einzige geeignete Erlöser.«

1. Warum ist Jesus der einzige geeignete Mittler und Retter?

2. Wie würden Sie jemandem antworten, der behauptet, dass Jesus nur einer von vielen Wegen zu Gott ist?

Die Wahrheit entdecken

A. Lesen Sie 1Mo 4,2-7, und vergleichen Sie diese Stelle mit Hebr 11,4; 3Mo 10,1-3; 16,1-5.

1. Warum weigerte sich Gott, Kains Opfer anzunehmen?

2. Warum richtete Gott Aarons Söhne?

3. Warum müssen wir das Protokoll beachten, wenn wir uns Gott nähern?

B. Lesen Sie Hebr 7,24-28.

1. Was könnte mit einem »unveränderlichen Priestertum« Jesu gemeint sein (V. 24)?

2. Wodurch kann Jesus »die völlig erretten, die sich durch ihn Gott nahen« (V. 25)?

3. Wie wird Jesus in Vers 26 beschrieben? Warum ist das wichtig?

4. Was bedeutet der Ausdruck »ein für allemal« (V. 27)?

C. Lesen Sie Hebr 10,11-14.19-22.

1. Wie viele Opfer brachte Jesus dar?

2. Wie ist es möglich, dass jemand, der »für immer vollkommen gemacht« worden ist (Vergangenheit), gleichzeitig »geheiligt wird« (Gegenwart)?

3. Wie sollen wir uns nach Vers 22 Gott durch Christus nähern? Wodurch wird uns dies ermöglicht?

D. Lesen Sie Hiob 9,32-35 und 1Tim 2,5-6.

1. Wonach sehnte sich Hiob? Warum?

2. Was wurde uns nach 1Tim in Christus geschenkt? Wie wurde uns dieses Geschenk gemacht?

E. Lesen Sie Joh 14,6 und Apg 4,10-12.

1. Welchen Anspruch erhebt Jesus in Joh 14,6? Könnte es nach dieser Erklärung auch andere Wege zu Gott geben?

2. Welchen Anspruch erhob Petrus in Apg 4,10-12? Was sagt Petrus hier über andere Möglichkeiten der Errettung?

3. Lüge

Fragen zur Gruppenarbeit

Gott ist heute toleranter als früher

Die Lüge untersuchen

A. »Ist es heute für uns sicherer zu sündigen als zur Zeit des Alten Testaments?«

1. Beantworten Sie diese Frage.
2. Warum glauben Ihrer Meinung nach einige Menschen, dass das Sündigen heute weniger Konsequenzen nach sich zieht, als zur Zeit des Alten Testamentes?

B. Viele Menschen glauben, dass »unser Gottesbild ebenfalls toleranter wird, während wir uns weiter in Richtung Toleranz hin entwickeln. Deshalb ist das Neue Testament mit seiner Betonung der Liebe eine reifere, gnädigere Darstellung von Gott.«

1. Wie würden Sie jemandem antworten, der Ihnen gegenüber eine solche Aussage macht?
2. Warum beschäftigt sich das Alte Testament hauptsächlich mit dem Gesetz, während das Neue Testament die Gnade betont? Schließen die beiden einander aus? Erklären Sie.

C. »Die im Alten Testament geoffenbarten Eigenschaften Gottes werden im Neuen Testament bestätigt. Im Alten Testament sehen wir nicht nur die Strenge Gottes, sondern auch seine Güte; wir sehen sein hartes Gericht, aber auch seine Barmherzigkeit.«

1. Zählen Sie einige Eigenschaften Gottes auf, die im Alten Testament geoffenbart und im Neuen bestätigt werden.
2. Beschreiben Sie einige Ereignisse des Alten Testaments, in denen von Gottes Güte und Gnade berichtet wird.

D. Gott ist auf mindestens drei Weisen unveränderlich:

- sein Wesen ändert sich nicht
- seine Wahrheit ändert sich nicht
- seine Maßstäbe ändern sich nicht.

1. Beweisen Sie mit Hilfe einiger Bibelstellen, dass Gottes Wesen sich nicht ändert.
2. Beweisen Sie mit Hilfe einiger Bibelstellen, dass Gottes Wahrheit sich nicht ändert
3. Zeigen Sie mit Hilfe von Bibelstellen, dass Gottes Maßstäbe sich nicht ändern.
4. Welchen Einfluss hat es auf unser Verhalten, wenn wir annehmen, dass Gott sich ändert oder nicht?

E. »Gottes Auffassungen haben sich nicht geändert, und seine Strafen sind noch immer hart. Doch kann man in seinem Zeitplan und bei den Strafmethoden eine Veränderung feststellen.« In welchen drei Bereichen hat sich Gottes Handeln geändert:

- Vom Irdischen zum Himmlischen
- Alter Bund und Neuer Bund

1. Gott handelt nicht mehr nur an einem einzigen Volk, sondern mit Einzelnen aus allen Völkern.
2. Wir dürfen für Sünden nicht weiter die Todesstrafe verhängen, sondern sollen das Urteil Gottes über die verkündigen, die weiterhin sündigen.

- Sofortige, leibliche Strafe und zukünftige, ewige Strafe.

1. Woran sieht man, dass sich Gottes Handeln in der Welt vom »Irdischen« zum »Himmlischen« verlagerte?
2. Warum handelt Gott heute an einzelnen Menschen aus allen Völkern

statt mit einem einzelnen Volk? Wie verändert das unser Verhalten Menschen gegenüber, die weiterhin sündigen?

3. Warum bringt Gott heute nicht sofortiges, leibliches Gericht über die Menschen, die weiter sündigen? Wie können wir sicher sein, dass man sich eines Tages für seine Sünden zu verantworten hat?

F. Drei Prinzipien bestimmen das Handeln Gottes mit dieser Welt:

- je größer die Gnade, desto schwerer die Strafe, wenn man sie ablehnt
- wir sollten das Schweigen Gottes nie als Gleichgültigkeit missverstehen
- Bildlich gesprochen, müssen wir erst zum Sinai kommen, bevor wir Golgatha betreten können.

1. Beschreiben Sie mit eigenen Worten, was diese drei Prinzipien bedeuten.

2. Sind Sie am Sinai gewesen, bevor sie nach Golgatha kamen?

Die Wahrheit entdecken

A. Lesen Sie 2Mo 36,6-7; Ps 90,2; Ps 103,8-18.

1. Was lernen Sie in diesen Abschnitten über Gott?
2. Wie betrifft diese Wahrheit Sie persönlich?

B. Lesen Sie Jak 1,17; Mal 3,6; Hebr 13,8.

1. Was lernen Sie in diesen Abschnitten über Gott?
2. Warum ist es wichtig, sich an diese Wahrheit zu erinnern?

C. Lesen Sie Jes 40,8; Ps 119,89.152.

1. Was lernen Sie in diesen Abschnitten über Gottes Wahrheit?
2. Wie sollte diese Wahrheit unseren Lebenswandel beeinflussen?

D. Lesen Sie Hebr 12,18-29.

1. Wie wird der Berg Sinai in den Versen 18-21 beschrieben? Welche Bedeutung hat das?

2. Welche sechs Segnungen des Berges Zion werden in den Versen 22-24 beschrieben?

3. Welche Warnung wird in V. 25 ausgesprochen?

4. Wie wird diese Warnung in V. 26-27 bekräftigt?

5. Zu welcher Reaktion ermahnt uns der Verfasser in Vers 28?

6. Warum beendet der Verfasser diesen Abschnitt mit einem Hinweis auf das verzehrende Feuer?

E. Lesen Sie 1Kor 5,9-12; 2Petr 3,9.

1. Wie sollen sich Gläubige nach 1. Kor 5 gegenüber Menschen verhalten, die sich Christen nennen und doch weiter sündigen?

2. Was offenbart 2Petr 3,9 über das Herz Gottes? Wie missverstehen wir manchmal seine Gnade?

F. Lesen Sie Hebräer 10,31; 2Petr 3,10, Offb 6,12-14; 20,13-15.

1. Was lernen wir in diesen Abschnitten über Gott?

2. Was offenbaren uns diese Abschnitte über einen unveränderlichen Gott?

G. Vergleichen Sie 2Mo 19,16-19 mit Mt 27,45-54.

1. Welche Ähnlichkeiten finden Sie in den Abschnitten? Welche Unterschiede?

2. Welches Gottesbild entsteht, wenn Sie diese Abschnitte zusammen lesen?

3. Wenn Sie in diesem Augenblick vor Gott erscheinen müssten, meinen Sie, er wäre mit Ihnen zufrieden? Erklären Sie.

4. Lüge

Fragen
zur Gruppenarbeit

Gott hat selbst nie gelitten

Die Lüge untersuchen

A. »Ein Gott, der menschliches Leid sieht ohne einzugreifen, ist für solche Menschen kaum der Anbetung würdig. Was würden Sie einem solchen Skeptiker antworten?«

1. Beantworten Sie die Frage. Was würden *Sie* sagen?

2. Warum greift Gott nicht ein, um das menschliche Leid zu beenden?

B. »Wir müssen uns für immer von der Vorstellung eines schwachen Gottes verabschieden, der dem Chaos zum Opfer fiel, in das seine ursprüngliche Schöpfung abgeglitten war.«

1. Was würden Sie jemandem antworten, der glaubt, dass Gott wirklich gute Absichten hat, aber einfach nicht mächtig genug ist, um Leid zu verhindern?

2. Woher wissen wir, dass Gott nicht »dem Chaos zum Opfer fiel, in das seine ursprüngliche Schöpfung abgeglitten war«?

C. »Wir sind beständig herausgefordert, Gottes Liebe mit der Tatsache des menschlichen Leidens zu versöhnen. Es gibt Menschen, die denken, dass Gott sich gegen sie wandte, dass er sie in ihrer schlimmsten Leidensstunde verließ.«

1. Wie können Sie selbst Gottes Liebe mit der Tatsache des menschlichen Leides vereinbaren?

2. Wie würden Sie jemandem helfen, der der Meinung ist, Gott habe sich gegen ihn gewandt, ihn verlassen?

D. »Gott leidet im Stillen. Er weiß, er versteht und fühlt mit. Er trägt unser Leid nahe bei seinem Herzen.«

1. Warum leidet Gott im Stillen? Was bedeutet das?

2. Woher wissen wir, dass Gott weiß, versteht und mitfühlt? Wie können wir sicher sein, dass er unser Leid nahe bei seinem Herzen trägt?

E. »Das bedeutet nicht, dass alle unsere Fragen beantwortet wären, doch wir haben im Kreuz den besten Beweis, dass Gott sich um uns kümmert. Unser Trost liegt in der Tatsache, dass unser Gott nicht nur mit uns geht, sondern auch unser Leid und unsere Schmerzen teilt.«

1. Warum ist das Kreuz der beste Beweis, dass Gott sich um uns kümmert?

2. Wie hilft uns das Kreuz bei der Bewältigung unseres heutigen Kummers, unserer gegenwärtigen Leiden?

Die Wahrheit entdecken

A. Lesen Sie Jes 49,13-16; Jer 31,20; Hos 11,8.

1. Worüber beklagt sich Zion in Jes 49,14? Wie antwortet Gott in Vers 15? Und was sagt uns das über Gottes Gefühle?

2. Was lernen Sie in Jer 31,20 über Gottes Gefühle? Welcher Art sind seine Gefühle?

3. Was lernen Sie in Hos 11,8 über Gottes Gefühle? Sind sie stark oder schwach? Erklären Sie.

B. Lesen Sie Jes 43,1-4 und Ps 103,13-18.

1. Welches Bild zeichnet Jesaja von Gott? Wie tröstet Sie das?

2. Welches Mitgefühl zeigt uns Gott nach Ps 103? Warum?

C. Lesen Sie Joh 14,7-10.

1. Was ist nach der Aussage in diesem Abschnitt der beste Weg, den Vater zu erkennen?

2. Was lernen Sie über Gott, wenn Sie Jesus beobachten?

D. Lesen Sie Jes 53,3-10 und Mt 27,27-50.

1. Wie sagte Jesaja die Kreuzigung Christi voraus? Nennen sie mehrere eindeutige Prophezeiungen. Was lernen Sie hier über das Leiden Christi?

2. Wie erfüllt der Kreuzigungsbericht des Matthäus die Prophezeiungen Jesajas? Auf welche Art litt Christus?

E. Lesen Sie 2Kor 5,19 und 1Petr 2,24.

1. Warum ging Jesus ans Kreuz?

2. Was bringt das Leiden Jesu uns persönlich?

5. Lüge

Fragen zur Gruppenarbeit

Gott ist verpflichtet, auch Menschen anderer Religionen zu erretten.

Die Lüge untersuchen

A. »Ist die Behauptung nicht arrogant, dass nur ein Weg in den Himmel existiert und dass diejenigen, die ihn – auch ohne eigenes Verschulden – nicht gehen, für immer verloren sind?«

1. Wie würden Sie diese Frage beantworten?

2. Was, glauben Sie, geschieht mit den Menschen, die sterben, ohne von Jesus gehört zu haben?

B. Denken Sie über drei verschiedene Ansichten von Theologen nach. Können diese Vorschläge erklären, wie Nichtchristen gerettet werden können?

- Die Theorie vom späteren Licht
- Die Theorie vom Vorherwissen Gottes
- Die Theorie, dass Gott eine Ausnahme macht.

1. Beschreiben Sie die Argumentation jeder der drei Theorien.

2. Beschreiben Sie einige der Probleme, die diese Theorien aufwerfen.

C. »Die Schrift verlangt von uns, andere Religionen als fehlgeschlagene Versuche des Menschen zu interpretieren, um Gott mit menschlicher Bemühung und Weisheit zu erreichen.«

1. Wo lehrt die Bibel dies?

2. Kennen Sie Beispiele, wie andere Religionen lehren, dass der Mensch durch eigene Bemühungen Gott erreichen kann? Was ist an diesen Bemühungen falsch?

D. »Gott wird Menschen, die nie von Jesus hörten, nicht fragen, warum sie ihn nicht angenommen haben. Das wäre ungerecht. Das Gericht urteilt immer entsprechend dem Wissen, das ihnen anvertraut wurde.«

1. Auf welcher Basis kann man diese Aussage machen?

2. Stimmen Sie mit dieser Aussage überein? Erklären Sie.

F. »Wir können sicher sein, dass die Strafen dem jeweiligen Wissen des Betroffenen angemessen sein werden und dass Gott jeden kleinsten Umstand und die innere Herzenshaltung einbeziehen wird.«

1. Warum können wir sicher sein, dass die Strafen dem Wissen entsprechen werden?

2. Warum ist es notwendig, die innere Haltung eines Menschen mit zu berücksichtigen?

G. »Wenn Gott plante, Männer und Frauen ohne persönlichen Glauben an Jesus zu erlösen, dann hat es ihm gefallen, über diesen Plan zu schweigen. Wir müssen der Versuchung widerstehen, unsere Wünsche in die Bibel hineinzulesen. Unsere Aufgabe ist es, das Evangelium mit der festen Überzeugung zu verbreiten, dass der Glaube aus dem Hören des Wortes Gottes kommt, und dass Menschen nicht an etwas glauben können, das sie nicht wissen.«

1. Warum hat Gott Ihrer Meinung nach so viele Dinge nicht offenbart?

2. Wie nehmen Sie Ihre Verantwortung bei der Ausbreitung des Evangeliums wahr?

Die Wahrheit entdecken

A. Lesen Sie Joh 14,6; Apg 4,12 und 1Tim 2,5-6.

1. Was lehren diese Verse darüber, wie wir in Beziehung zu Gott treten können?

2. Wie würden wohl die Verfasser dieser Verse auf die Aussage reagieren: »Es gibt viele Wege zu Gott«?

B. Lesen Sie 5Mo 12,3; Ps 96,5; 1Kor 10,20-21.

1. Was lehren diese Verse über andere Götter?
2. Wie sollte sich Gottes Volk gegenüber diesen anderen Göttern verhalten?

C. Lesen Sie 1Mo 18,25 und Röm 9,14-16.

1. Was sagen diese Verse über Gottes Gericht aus?
2. Wie können uns diese Verse Frieden geben, selbst wenn wir nicht alle Antworten kennen?

D. Lesen Sie Röm 1,18-23; 2,12.14-16.

1. Wodurch zeigt Gott allen Menschen seine ewige Kraft und Göttlichkeit?
2. Welche Rolle spielt das Gewissen eines Menschen bei seiner Ver(Be)urteilung?

E. Lesen Sie Apg, Kap 10 und 11,14.

1. Erzählen Sie mit eigenen Worten die Geschichte des Kornelius.
2. Fand die Erlösung des Kornelius vor oder nach dem Besuch von Petrus statt (11,14)? Warum ist es wichtig, das festzuhalten?

F. Lesen Sie Apg 17,22-31.

1. Was lernen Sie in diesem Abschnitt über Gott?
2. Hielt der Apostel Paulus die Götter der Athener einfach für andere Wege zum wahren Gott? Erklären Sie.

G. Lesen Sie Luk 12,42-48.

1. Welches göttliche Gerichtsprinzip wird in diesem Abschnitt genannt?
2. Vor welche Herausforderung stellt Jesus uns alle, die wir diese Botschaft hören?

H. Lesen Sie 5Mo 29,28.

1. Welche Art von Geheimnissen ist Ihrer Meinung nach hier gemeint?

2. Warum sorgte Gott Ihrer Meinung nach dafür, dass dieser Vers in der Bibel steht?

6. Lüge

Fragen zur Gruppenarbeit

Gott ist nicht für Naturkatastrophen verantwortlich

Die Lüge untersuchen

A. »Die unmittelbaren Auslöser für Tornados sind Winde und Temperaturschwankungen, doch der eigentliche Verursacher ist in beiden Fällen Gott. Er nimmt auf Vorgänge in der Natur entweder direkt oder indirekt Einfluss, doch auf jeden Fall hat er die Kontrolle.«

1. Was ist der Unterschied zwischen einem unmittelbaren Auslöser und einer eigentlichen Ursache? Nennen Sie jeweils ein charakteristisches Beispiel.

2. Wie würden Sie Gottes souveräne Herrschaft über die Erde beschreiben?

B. Überlegen Sie folgende Aussagen über Naturkatastrophen:

- Der Gott, der Naturkatastrophen zulässt, könnte auch beschließen, sie *nicht* zuzulassen.

- Es scheint manchmal, dass Gott die Natur kontrolliert, ohne direkt Einfluss zu nehmen.

- Die Himmel verkünden die Ehre Gottes. Wenn es wahr ist, dass Gott seine Herrlichkeit durch die Schönheit der Natur offenbart, warum sollten die Naturgewalten dann nicht auch etwas über andere Eigenschaften Gottes offenbaren?

1. Warum könnte man Naturkatastrophen gewissermaßen als »harte Gnade« bezeichnen? Wie können solche Katastrophen zu unserem Besten dienen?

2. Was offenbaren die Naturgewalten über Gottes andere Eigenschaften?

C. »Viele Menschen, die nicht glauben, dass Gott das Wetter beeinflusst, ändern ihre Meinung ganz schnell, wenn ein Orkan auf sie zurast.«

1. Warum, glauben Sie, ändern Menschen in solchen Situationen ihre Meinung?

2. Wie ähnelt diese Aussage dem Satz: »In Schützengräben gibt es keine Atheisten«?

D. »Wir sollten die Natur beherrschen so gut wir können. Gott benutzt die Natur in vielfältiger Weise; sie kann zu unserem Segen und unserer Herausforderung dienen, für unsere Ernährung und unsere Belehrung.«

1. Welcher Unterschied besteht zwischen »die Natur beherrschen« und »die Natur missbrauchen«?

2. Was lernen wir, wenn wir die Natur bezwingen?

E. Es gibt ein paar Dinge, die wir bedenken sollten, bevor wir Gott anklagen, dass er Böses im Sinn hat:

- Für Gott gelten andere Regeln
- Lohn oder Strafe sind nicht auf dieses Leben beschränkt
- Gott freut sich nicht über die Leiden der Menschheit
- Als Geschöpfe, die den Beschränkungen von Raum und Zeit unterliegen, können wir kein unendliches Wesen beurteilen.

1. Welche Regeln gelten für Gott? Warum sind sie anders als unsere?

2. Warum beschränken sich ewiger Lohn und ewige Strafe nicht auf dieses Leben?

3. Woher wissen wir, dass Gott am Leiden der Menschheit keine Freude hat?

4. Warum sollten Geschöpfe, die den Beschränkungen von Raum und Zeit unterliegen, kein unendliches Wesen beurteilen?

F. »Naturkatastrophen sind Gottes Megafon, sie rufen uns Botschaften zu, die wir schnell lernen sollten.«

- Der Tod ist unausweichlich
- Das Gericht kommt
- Wir entgehen dem Gericht durch Buße.

1. Verstehen die Menschen normalerweise diese Botschaften, wenn eine Katastrophe sie betrifft? Warum, oder warum nicht?
2. Wie kann jemand durch Buße dem Gericht entgehen? Können Sie von sich behaupten, dass Sie dem Gericht schon entgangen sind? Erklären Sie.

G. »Wenn die Natur nicht in Gottes Händen steht, dann steht auch mein Leben nicht in Gottes Händen.«

1. Stimmen Sie dieser Ansicht zu? Warum, oder warum nicht?
2. Glauben Sie, dass Ihr Leben in Gottes Hand liegt? Erklären Sie.

Die Wahrheit entdecken

A. Lesen Sie 1Mo 3,16-19.

1. Wie hat Gott auf die Sünde Adams und Evas reagiert? Was geschah?
2. Wie hilft uns dieser Abschnitt, Naturkatastrophen zu erklären?

B. Lesen Sie Ps 135,6-7; 1Mo 6,17; 4Mo 16,31-33.

1. Welche Katastrophen werden hier beschrieben? Wer hat sie verursacht?
2. Was lernen wir aus diesen Katastrophen?

C. Lesen Sie Klgl 3,38; Amos 3,6; Hiob 2,10.

1. Welche Frage werfen alle diese Abschnitte auf? Welche Antwort wird erwartet?

2. Wie fühlen Sie sich, wenn Ihnen bewusst wird, dass Gott letztlich für Katastrophen verantwortlich ist, die uns zusetzen? Wie möchte er, dass wir reagieren?

D. Lesen Sie Lk 13,1-5.

1. Welche Art von Antwort erwarteten die Menschen Ihrer Meinung nach von Jesus? Waren sie von seiner Antwort überrascht? Erklären Sie.

2. Welches Prinzip lehrt uns Jesus in diesem Abschnitt? Wie wenden wir seine Lehre an?

E. Lesen Sie Röm 8,18-25.

1. Wird unsere Welt immer in diesem schlimmen Zustand bleiben, unter dem sie jetzt leidet? Erklären Sie.

2. Wie sollen wir leben, so lange unsere Leiber und unsere Welt noch nicht erlöst sind (V. 25)? Wie sieht das praktisch aus?

7. Lüge

Fragen zur Gruppenarbeit

Gott kennt unsere Entscheidungen erst, wenn wir sie treffen

Die Lüge untersuchen

A. »Heute diskutieren evangelikale Theologen die Frage, ob Gott allwissend sei. Ihre Meinung lässt sich folgendermaßen zusammenfassen: Gottes Wissen ist beschränkt. Er weiß zwar sehr viel mehr als wir, aber er kennt unsere Entscheidungen erst dann, wenn wir sie treffen.«

1. Sind Sie der Ansicht, dass es der Mühe wert ist, über solche Aussagen zu debattieren? Warum, oder warum nicht?

2. Angenommen, Sie finden heraus, dass Gottes Wissen begrenzt ist. Würde Sie das trösten oder schockieren? Erklären Sie.

B. Wir wollen über zwei der Gründe nachdenken, warum Theologen Gottes Wissen beschränken wollen:

- Sie meinen, dass diese Begrenzung notwendig ist, um die Entscheidungsfreiheit des Menschen zu gewährleisten.

- Sie wollen Gott vor der Anklage in Schutz nehmen, Böses angeordnet zu haben.

1. Warum denken diese Theologen, dass man nur über die Beschränkung von Gottes Wissen die Entscheidungsfreiheit des Menschen gewährleisten kann?

2. Warum kann man einen Gott mit begrenztem Wissen nicht beschuldigen, Böses angeordnet zu haben?

3. Bitte nehmen Sie zu diesen Schlussfolgerungen Stellung.

C. »Wir setzen alles aufs Spiel – und zwar insbesondere unser Vertrauen in Gott –, sobald wir die Vorsehung Gottes antasten. Gottes unbegrenztes Wissen mag uns erschrecken, doch es ist andererseits auch ein Kissen, auf dem unsere müde Seele ruhen kann.«

1. Warum wird unser Vertrauen zu Gott aufs Spiel gesetzt, wenn wir die Vorsehung Gottes angreifen?

2. Wie könnte es sich praktisch auswirken, wenn wir unsere müden Seelen auf dem Kissen von Gottes Allwissenheit ruhen lassen? Wie kann uns sein unendliches Wissen trösten?

D. Überdenken Sie vier Argumente gegen die Theorie eines »offenen Gottes«: Ist das ein Fachausdruck?

- Sie widerspricht der Bibel
- Sie gefährdet die Exaktheit der Prophetie
- Sie vermindert unseren Glauben an die Allmacht Gottes
- Sie untergräbt unser Vertrauen auf Gott.

1. Welche Bibelabschnitte lehnen die These eines »offenen Gottes« ab?

2. Wie gefährdet diese Irrlehre die Genauigkeit der Prophetie?

3. Wie vermindert diese Irrlehre unseren Glauben an Gottes Macht?

4. Wie untergräbt diese Irrlehre unser Vertrauen auf Gott?

5. Inwiefern anerkennt der Glaube an Gottes Allwissenheit die Schrift? Wie unterstützt er die Prophetie? Wie ermutigt er unseren Glauben an die Allmacht Gottes und wie fördert er unser Vertrauen auf Gott?

E. »Können Sie einem Gott vertrauen, der morgens nicht weiß, dass Sie schon abends tot sein werden? Lässt uns nicht die ›offene Sicht‹ Mitleid mit Gott empfinden, weil er nur so gut wie möglich auf die unvorhersehbaren Entscheidungen Satans und der Menschen reagieren kann?«

1. Wie würden Sie selbst die obige Frage beantworten?

2. Was denken Sie über die These von der »Offenheit Gottes«? Bitte begründen Sie Ihren Standpunkt?

F. Psalm 139 lehrt uns mindestens Dreierlei über die Allwissenheit Gottes:

- Er kennt uns ganz
- Er kennt uns ständig
- Er kennt unsere Zukunft.

1. Wie kennt uns Gott ganz?
2. Wie kennt uns Gott ständig?
3. Wie kennt er unsere Zukunft?
4. Tröstet oder ängstigt Sie Gottes Allwissenheit? Erklären Sie.

Die Wahrheit entdecken

A. Lesen Sie Jes 46,5-10; 41,21-24.

1. Wie werden falsche Götter – Götzen – in diesen Abschnitten dargestellt?
2. Wie wird der wahre Gott in diesen Abschnitten dargestellt?
3. Welche Prüfung schlägt Gott vor, um zu beweisen, wer der wahre Gott ist?

B. Lesen Sie Apg 4,27-28; 2,22-24.

1. Wie beschreiben diese Abschnitte den Tod Christi? Wie sicher wird dieses Ereignis eintreffen?
2. Welchen Zusammenhang hat dieses Ereignis mit der Vorsehung und dem Willen Gottes?

C. Lesen Sie Mt 26,53-54.

1. Sehen Sie einen Zusammenhang zwischen bestimmten Ereignissen im Leben Jesu mit biblischen Prophezeiungen? In welcher Beziehung stehen diese Prophezeiungen mit der Vorsehung Gottes?

2. Was bedeutet der Ausdruck: »Dass es so geschehen muss«?

D. Lesen Sie Lk 22,34.54-62; Joh 13,19; 6,64.

1. Inwiefern hängt die Prophezeiung Jesu über Petrus von Gottes Vorsehung ab?

2. Warum sagte Jesus den Jüngern voraus, was geschehen würde (Joh 13,19)?

3. Inwiefern hängt das Urteil Jesu über Judas von Gottes Vorsehung ab?

E. Lesen Sie 1Mo 6,6; 1Sam 15,11; 2Sam 24,16.

1. Müssen diese Aussagen bedeuten, dass Gott diese Ereignisse *nicht* vorhergesehen hat? Erklären Sie.

2. Wie konnte Gott etwas bereuen, ohne gleichzeitig zu wünschen, dass er eine andere Entscheidung hätte treffen sollen?

F. Lesen Sie Psalm 139.

1. Was lernen Sie in diesem Psalm über Gottes Vorsehung?

2. Motiviert dieser Psalm Sie, auf Gott zu vertrauen, oder lässt er Sorgen in Ihnen aufkommen? Erklären Sie.

8. Lüge

Fragen zur Gruppenarbeit

Der Sündenfall vereitelte Gottes Plan

Die Lüge untersuchen

A. »Ich fasse hier zusammen, was viele Leute glauben: Gottes Plan A sah vor, dass alle seine Geschöpfe in Gehorsam und Freude leben sollten. Doch weil die Geschöpfe ihren freien Willen missbrauchten, fiel ein Teil der Engel und später die gesamte Menschheit mit allen schrecklichen Konsequenzen in Sünde. Gott reagierte darauf mit Plan B. In der Person Christi wollte er in die Welt kommen und so viele Menschen wie möglich erlösen. Glücklicherweise sind wir Nutznießer dieses Planes und natürlich fordern wir andere auf, sich ebenfalls anzuschließen.«

1. Haben Sie schon einmal eine Variante diese These gehört? Wenn ja, wo?

2. Welche Reaktion ruft diese Behauptung bei Ihnen hervor? Wie reagieren Ihre Freunde auf solche Aussagen?

B. »Es gibt schreckliches Unrecht in der Welt. Gott freut sich auch nicht an menschlichem Leid, und doch erfüllen sich seine ewigen Pläne noch immer. Vom Standpunkt der Ewigkeit aus gesehen sind wir immer noch bei Plan A.«

1. Wie kann es sich um Gottes Plan handeln, wenn das Böse existiert und Gott das Böse verabscheut?

2. Welche radikale Änderung ergibt sich, wenn man die Dinge aus einer ewigen Perspektive sieht?

C. »Es stellt sich heraus, dass die Schöpfung das erste Glied in einer Kette ist, das einen Plan darstellt, der alles umfasst, was Gott tun will. Und das letzte Glied dieser Kette ist immer die Verherrlichung Gottes.«

1. Zählen Sie die Glieder der Kette auf. Welche Bedeutung hat jedes einzelne?

2. Warum ist das letzte Glied der Kette immer die Herrlichkeit Gottes? Besteht nicht die Gefahr, dass er überaus eitel wird?

D. »Gott ordnete das Universum so, dass unser Verlangen uns in eine Richtung zieht, dass sein Wille erfüllt wird. Interessanterweise sieht die Bibel keinen Widerspruch zwischen menschlicher Verantwortung und göttlicher Vorsehung und Leitung.«

1. Beschreiben Sie einen Vorfall aus Ihrem Leben, der deutlich macht, dass eine falsche oder sogar böse Absicht von jemandem Gottes Zwecken dienen musste.

2. Wie kann man menschliche Verantwortung mit Gottes Vorsehung unter einen Hut bringen?

E. »Wir müssen unterscheiden zwischen Gottes offenbartem Willen (der auf der Erde nicht erfüllt wird) und seinem verborgenen Willen, der immer erfüllt wird.«

1. Was verstehen Sie unter Gottes offenbartem Willen? Worum handelt es sich dabei?

2. Beschreiben Sie Gottes verborgenen Willen. Worum handelt es sich dabei?

3. Wie wirken beide zusammen, um Gottes Pläne zu erfüllen?

F. »Nur weil Gottes Souveränität sich auf jeden Teil der Geschichte erstreckt, können wir darauf vertrauen, dass das Böse schließlich durch ein höheres Gutes ersetzt wird.«

1. Auf welche Weise vermittelt uns die Souveränität Gottes Sicherheit?

2. Welche Gefühle löst die Souveränität Gottes in Ihnen aus? Erklären Sie.

G. »Was wäre, wenn Gott eine Gruppe von Menschen haben wollte, die ihm vertrauten, selbst wenn seine Wege ›unausforschlich‹ sind? Was wäre, wenn er wollte, dass wir glauben, dass er gut ist, selbst wenn es scheinbar so viel Beweise für das Gegenteil gibt?«

1. Wie würden Sie diese beiden Fragen beantworten?

2. Warum sollte Gott Gemeinschaft mit solchen Menschen wollen?

Die Wahrheit entdecken

A. Lesen Sie Psalm 33,6; Offb 4,11; Kol 1,16.

1. Wie hat Gott nach diesen Texten das Universum erschaffen?

2. Ist Gott bei der Schöpfung ein Fehler unterlaufen? Erklären Sie.

B. Lesen Sie Hiob 42,2; Dan 4,31-32; Eph 1,9-11.

1. Was sagen uns diese Verse über Gottes Willen aus?

2. Wie konkret ist Gottes Vorstellung von der Zukunft? Erklären Sie.

C. Lesen Sie Jes 43,6-7; 60,21; Jer 13,11; Ps 106,8.12; Röm 3,25-26; 2Thess 1,9.

1. Was lernen Sie in diesen Versen über die Herrlichkeit Gottes?

2. Wie definieren Sie die Herrlichkeit Gottes?

3. Warum hat für Gott die eigene Herrlichkeit einen so hohen Stellenwert?

D. Lesen Sie Eph 1,4-6; 2Tim 1,8-9; Eph 3,9-11; Offb 13,8.

1. Zu welchem Zeitpunkt erwählte uns Gott?

2. Warum könnte man sagen, dass Jesus von Anbeginn der Erschaffung der Welt geschlachtet war? Woran können wir erkennen, dass Golgatha immer Gottes Plan A war?

E. Lesen Sie 1Petr 1,6-8.

1. Wie passt Leid in Gottes Plan für sein Volk?

2. Wie sollen wir nach den Aussagen des Petrus auf Leid reagieren? Warum?

9. Lüge

Fragen
zur Gruppenarbeit

Wir müssen zwischen Gottes und unserem Vergnügen wählen

Die Lüge untersuchen

A. »Viele falsch informierte Christen denken: Entweder wir haben unser Vergnügen oder wir erfreuen Gott durch unseren Gehorsam, aber beides gleichzeitig geht nicht. Man hat die Wahl zwischen persönlichem Glück und Pflichterfüllung; die Freiheit zu tun was Spaß macht, oder man quält sich in endloser Schinderei.«

1. Warum denken Ihrer Meinung nach viele Menschen so? Haben auch Sie jemals so empfunden? Erklären Sie.

2. Haben Sie sich Gott schon einmal als jemanden vorgestellt, der überaus glücklich ist? Erklären Sie.

B. Es gibt vieles, das Gott Vergnügen bereitet, insbesondere diese drei:

- er freut sich über seinen Sohn
- er freut sich über seine Schöpfung
- er freut sich über sein Volk.

1. Warum freut sich Gott über seinen Sohn?

2. Warum freut sich Gott über seine Schöpfung?

3. Warum freut sich Gott über sein Volk?

4. Wie können auch uns diese drei Bereiche Vergnügen bereiten?

C. »Wir sind dazu geschaffen, nach Glück zu suchen. ... Unser Problem besteht nicht darin, dass wir nach Glück suchen, sondern dass wir es an den verkehrten Stellen suchen.«

1. Sind Sie auch der Meinung, dass wir dazu geschaffen sind, nach Glück zu suchen? Warum, oder warum nicht?

2. An welchen »falschen Stellen« suchen wir oft unser Glück? In welche Sackgassen sind Sie selbst dabei schon geraten?

D. »Wir sind anfällig für seichte Vergnügungen. ... Doch weltliche Freuden können ihre Versprechungen nicht einhalten.«

1. Was ist mit »seichten Vergnügungen« gemeint?

2. Warum können diese weltlichen Freuden ihre Versprechungen nicht einhalten?

E. »Geistliche Reife heißt, das größere Vergnügen höher zu schätzen als das geringere. ... Gott stellt uns auf eine Weise zufrieden, wie andere Vergnügungen es niemals können. Er gibt uns etwas von höchstem Wert – nämlich sich selbst.«

1. Warum braucht man geistliche Reife, um das größere Vergnügen mehr zu schätzen als das geringere? Wenn das Vergnügen wirklich größer ist, warum wollen viele Menschen es dann nicht?

2. In welcher Weise gibt sich Gott selbst für uns? Woran erkennt man, dass er ein Geschenk von höchstem Wert ist?

F. »Gottes und unsere Freude harmonieren miteinander. ... Gott kennen zu lernen bedeutet nicht, auf Freude zu verzichten, sondern die Erfüllung der Freude.«

1. Wie kann Gottes Freude mit unserer Freude harmonieren?

2. Haben Sie schon echte, tiefe Freude erlebt? Erklären Sie.

Die Wahrheit entdecken

A. Lesen Sie Psalm 115,3.

1. Was bestimmt Gottes Handeln?

2. Was tut Gott, um ans Ziel zu kommen?

3. Warum können wir aus dieser Tatsache erkennen, dass Gott überaus glücklich ist?

B. Lesen Sie Matthäus 17,5; Jes 42,1 und Kol 1,19.

1. Worüber freut sich Gott nach diesen Versen?

2. Was genau macht ihm Freude?

3. Wie können auch wir uns daran freuen?

C. Lesen Sie 1Mo 1,31 und Ps 104,31.

1. Worüber freut sich Gott nach diesen Versen?

2. Was genau macht ihm Freude?

3. Wie können auch wir uns daran freuen, ohne zu Götzendienern zu werden?

D. Lesen Sie Psalm 23,3 und Zeph 3,17.

1. Worüber freut sich Gott nach diesen Versen?

2. Was genau macht ihm Freude?

3. Wie können auch wir uns daran freuen?

E. Lesen Sie 1Mo 3,6.

1. Welches geringere Vergnügen wird hier beschrieben?

2. Wie wurden Adam und Eva überlistet, die größere Freude außer Acht zu lassen?

3. Was können wir aus dieser Begebenheit lernen?

F. Lesen Sie Hebräer 11,24-26; 12,2 und 1Joh 2,17.

1. Wodurch wurde Mose versucht? Wodurch wurde Jesus versucht? Welche Versuchungen erwarten Menschen, die den Willen Gottes tun wollen?

2. Was tat Mose, um der Versuchung zu widerstehen? Wie verhielt sich Jesus, als er versucht wurde? Wie kann jemand, der den Willen Gottes tun will, siegreich aus solchen Situationen hervorgehen?

G. Lesen Sie 1. Petr 1,8-9; Ps 16,5-11; 34,8-11;37,4

1. Welche Freude finden wir in Gott?

2. Wie äußert sich diese Freude?

3. Wie lange hält diese Freude an?

10. Lüge

Fragen zur Gruppenarbeit

Hilf dir selbst, dann hilft dir Gott

Die Lüge untersuchen

A. »Laut einer Umfrage glauben acht von zehn Amerikanern, dass der Satz ›Hilf dir selbst, dann hilft dir Gott‹ in der Bibel steht.«

1. Haben Sie schon jemanden getroffen, der dieses Zitat verwendete, als stünde es in der Bibel? Wenn ja, dann erzählen Sie, was passierte.

2. Warum halten Ihrer Meinung nach so viele Menschen diese Aussage für biblisch?

B. »Gott hilft denen, die sich *nicht* selbst helfen können. Wenn er nämlich denen nicht helfen würde, die unfähig sind, sich selbst zu helfen, wären wir alle verloren.«

1. Warum hilft Gott nur denen, die sich selbst *nicht* helfen können?

2. Warum wären wir alle verloren, wenn Gott uns nicht helfen würde?

C. »Anwesend, aber ohne Stimmberechtigung! Genau das gilt geistlich gesehen für uns, wenn Jesus nicht eingreift. Menschen, die geistlich tot sind, können leiblich ganz lebendig sein – sie können zur Oper gehen, Geld verdienen oder in den Alpen Ski laufen. Wir können in der Tat all das und noch viel mehr tun, aber geistlich sind wir ohne Jesus tot, d. h. ohne Verbindung zu Gott.«

1. Wie würden Sie einem Nichtchristen den geistlichen Tod erklären?

2. Was bedeutet es, ohne Verbindung zu Gott zu leben? Wie wirkt sich das in unserem täglichen Leben aus?

D. »Für Gott ist kein größerer Kraftakt nötig, um einen ›schlimmen‹ Sünder zu erretten als einen ›guten‹. Tot ist tot, und Auferstehung ist Auferstehung. Sie denken vielleicht, dass Ihre Sünde zu groß ist und Ihre Vergangenheit zu schäbig. Aber die Gnade in Gottes Herzen ist größer als die Sünde in Ihrer Vergangenheit. Es geht nicht darum, wie groß unsere Sünden sind, sondern dass Gottes wirksames Gegenmittel angewendet wird.«

1. Warum ist es für Gott nicht schwieriger, »schlimme« Sünder zu retten als weniger schlimme? Gibt es in Gottes Augen überhaupt »große« und »kleine« Sünder? Erklären Sie.

2. Haben Sie Gott gebeten, Sie von Ihren Sünden zu erretten? Falls ja: Beschreiben Sie bitte, was dann geschah. Falls nein: Warum nicht?

E. »Wenn Gott uns rettet, bekommt er, was er gerne haben möchte, nämlich Herrlichkeit, und wir bekommen, was wir gerne haben möchten, nämlich seine Freundlichkeit.«

1. Welche Art von Herrlichkeit erhielt Gott durch unsere Rettung? Warum wollte er diese Herrlichkeit?

2. Welche Art von Freundlichkeit schenkte uns Gott, als er uns rettete? Wie setzt sich diese Freundlichkeit auch heute noch fort?

F. Zweierlei Arten von Menschen tun sich schwer damit, die Gnade Gottes anzunehmen:

- Diejenigen, die voller Schuld sind. Sie denken – *Gott ist so zornig auf mich ist, dass er mich nicht annehmen kann.*

- Diejenigen, die sich in Selbstgerechtigkeit gefallen – sie fühlen sich durch Gottes Gnade beleidigt und halten sie für eine Zumutung angesichts ihrer Tüchtigkeit.

1. Wie würden Sie das Evangelium den beiden beschriebenen Personengruppen erklären?

2. Fanden Sie persönlich es schwer, Gottes Gnade zu akzeptieren? Erklären Sie.

Die Wahrheit entdecken

A. Lesen Sie Eph 2,1-3 und 2Kor 4,4.

1. Was bedeutet es, geistlich tot zu sein? Welche Konsequenzen hat dieser Tod?

2. Was heißt es, geistlich blind zu sein? Welche Konsequenzen hat diese Blindheit?

3. Wie würden Sie den Zustand beschreiben, in dem Sie sich befinden? Erklären Sie.

B. Lesen Sie Röm 4,4-8 und 11,5-6.

1. Warum können wir uns unseren Weg zu Gott nicht erarbeiten?

2. Warum können wir gute Werke und Gottes Gnade nicht kombinieren, um in den Himmel zu kommen?

C. Lesen Sie Eph 2,4-6.

1. Wie ergriff Gott für uns die Initiative?

2. Warum tat Gott das für uns?

3. Welches Resultat brachte Gottes Eingreifen für uns?

D. Lesen Sie 1Kor 1,21 und Röm 10,13-15.

1. Welche Methode benutzt Gott, um uns zu sich zu führen?

2. Warum erscheint das für Außenstehende töricht?

3. Warum hat Gott Ihrer Meinung nach gerade diese Methode gewählt?

E. Lesen Sie 2Kor 5,17.

1. Was geschieht mit jemandem, der Gottes Gnade annimmt?

2. Wie wird sich das im ganzen Leben auswirken? Auf welche Weise ändert sich das Leben?

F. Lesen Sie Tit 2,11-14.

1. Wem ist die Gnade Gottes erschienen? Warum?

2. Was lehrt uns diese Gnade?

3. Was hat die Wiederkunft Christi mit unserem jetzigen Verhalten zu tun?

4. Wie kann dieser Abschnitt die folgende Aussage entkräften: »Wenn ich Jesus annehme und alle meine Sünden vergeben sind, dann kann ich leben, wie ich will«?